KB218095

般若波羅蜜多心經

법륜 스님의 반야심경 강의

법륜 스님의 반야심경 강의

© 법륜, 2022

초판 1쇄 발행 2022년 6월 30일
초판 9쇄 발행 2025년 2월 15일

지은이   법륜

펴낸이   김정숙
기획   이상옥
편집   이현정 김옥영 손명희 신미경

펴낸곳   정토출판
등록   1996년 5월 17일 (제22-1008호)
주소   서울특별시 서초구 효령로51길 42(서초동)
전화   02-587-8991
팩스   02-6442-8993
이메일   jungtobook@gmail.com

디자인   동경작업실

ISBN   979-11-87297-41-3 (03220)

般若波羅蜜多心經

법륜 스님의 반야심경 강의

정토출판

부처님 법 만난 것을 기뻐합니다.

모든 것은 나로부터 나아가 나에게 돌아옴을 알아

부지런히 정진하겠습니다.

머리말

해탈과 열반에 이르는 바른 가르침

인생은 한두 마디 말로 어떻다고 말하기 어렵습니다. 살아봐야 그 의미를 조금이나마 알 수 있으니까요. 인생살이는 이래도 흥 저래도 흥이거나, 이러지도 저러지도 못할 일이 아닙니다. '눈 있는 자 와서 보라!' 하며 석가모니 부처님은 인생길에 대해 당당하게 설하셨습니다. 이렇게 수많은 사람들의 질문에 분명한 길을 답해준 부처님의 말씀을 모아둔 것이 팔만대장경입니다.

그 팔만대장경 가운데 하나가 『반야심경般若心經』입니다. 불자라면 모르는 사람이 없을 정도로 불교의식에서 항상 독송하지만 그 뜻이 무엇인지 정확히 아는 사람은 드뭅니다.

학생 시절 자연과학에 심취해 있던 저에게 『반야심경』이 안

거다 준 충격은 매우 컸습니다. 우주 법계의 참모습을 너무도 간결하게 묘사한 함축미와 우주적 인생관이 제시되어 있어 그 이전의 모든 세속적 가치를 잊어버리는 계기가 되었습니다.

『반야심경』은 광대무변한 우주로 우리를 인도합니다. 이 길이야말로 저 언덕(해방의 세계)에 이르는 과정이요, 깨달음의 길이 되는 것입니다. 사실 『반야심경』이 담고 있는 불교의 우주관, 세계관을 보면 자연과학을 비롯한 인류의 최신 학문의 성과들과 일치되는 공통 원리를 갖고 있음을 알 수 있습니다.

과학적이면서도 과학을 뛰어넘는 것이 바로 『반야심경』입니다. 철저히 과학의 입장에서 공空 사상을 전개하지만 알음알이에 대한 온갖 고정관념들―아집이나 법집―을 타파하고자 한 것이 『반야심경』입니다.

따라서 『반야심경』 공부는 이성과 직관만으로 내용을 이해하는 데만 관심을 두어서는 안 됩니다. 자신이 직접 체험해보겠다는 간절한 구도 정신이 필요합니다. 그래서 이제까지 자신이 안주해온 삶의 울타리를 훌쩍 벗어나 괴로움이 없는 자유로운 삶을 경험해보길 바랍니다. 자신을 둘러싼 울타리를 버리고 변화하는 자는 늘 아름다운 법입니다.

1991년에 『반야심경 이야기』를 처음 책으로 펴냈습니다. 그 뒤 지금껏 『반야심경』을 주제로 몇 차례 강의가 있어서 그때마다 대중들이 이해하기 쉽고 경험할 수 있도록 해보려고 나름 노력했습니다.

　그동안의 법문을 모아 간추리고 다듬어서 새로운 『반야심경 강의』를 펴내게 되었습니다. 처음 펴낸 책은 자연과학 이론을 중심으로 설명하다 보니 젊은 사람들은 좋아하는 반면, 연세 드신 분들은 어렵다는 의견이 많아서 적절하게 줄이고 다듬었습니다.

　이제 새로운 『반야심경 강의』을 통해 자기 인생의 주인이 되어 세상의 변화를 위해 주체적으로 살아가는 보살의 길을 가시기 바랍니다. 우리 다 함께 그 길을 갑시다.

　아제아제 바라아제 바라승아제 모지 사바하
　가자 가자 저 언덕으로 건너가자.
　저 언덕에 이르러 깨달음을 이루자.

2022년 초여름
법륜 합장

차례

반야심경에 대하여

대승불교의 공 사상과 깨달음

『반야심경般若心經』은 우리나라에서 가장 많이 알려진 경전입니다. 우리나라 사찰에서 불교의식을 행하거나 법회를 할 때마다 지극한 마음으로 독송하는 경전입니다. 그럼에도 불구하고 그 뜻을 모르는 채 독송하는 경우가 대부분입니다. 『반야심경』은 대승불교 사상의 핵심인 공 사상이 압축되어 있는 경전입니다.

경전은 부처님의 말씀입니다. 부처님의 말씀은 '깨달은 이'가 '깨닫지 못한 이'를 깨달음으로 이끌어 주는 가르침입니다. 깨닫지 못한 중생은 이런저런 일로 항상 괴로워하며 속박을 받으며 살고 있습니다. 그래서 늘 그 괴로움과 속박에서 벗어나기를 원합니다. 도대체 어떻게 하면 이 괴로움과 속박에서 벗어날 수 있을까요?

괴로움에서 벗어나는 길

흔히 돈만 많으면, 또는 출세만 하면, 혹은 인기만 있으면 괴로움에서 벗어날 수 있다고 생각합니다. 그래서 여러분이 이렇게 부지런히 살고 있지요. 그런데 이 세상 사람들을 보세요. 다들 30년 전보다는 형편이 나아졌습니다. 그러면 괴로움이 줄었어요? 아닙니다. 오히려 괴로움이 늘었습니다. 그동안 괴로움에서 벗어나려고 돈도 벌고 출세도 했잖아요. 또, 공부도 하고 취직도 하고 사업도 하고 결혼도 하고 아기도 낳고 온갖 것을 다해 봤죠. 지금까지 정말 물불 안 가리고 열심히 살았습니다. 그래서 해가 갈수록 괴로움이 줄어들고 있습니까? 조금이라도 나아지고 있다면 어린 시절을 생각하면서 그리워할 필요는 없겠지요. 그때를 생각하면 '지금 얼마나 좋아졌는지 모른다'라고 생각해야 되는데, 대부분은 '아이구, 그때가 좋았지' 이러잖아요.

또 돈만 갖고 안 되니까 권력이 있어야 한다고들 합니다. 예전에 국가 최고 지도자 자리에 있었던 분이 그 자리를 내놓고 나와서는 "이제 자유다, 책임지지 않아도 된다"고 하면서 아주 홀가분해하는 모습을 봤습니다. 이렇게 돈 있고 권력이 있어도 괴로움에서 벗어날 수는 없습니다.

또한 세상 사람들로부터 칭찬받고 싶어 하고 인기 있기를 바랍니다. 그런데 유명한 배우, 운동선수, 가수들은 인기가 오를 때는 세상이 다 자기 것인 양 생각하다가 인기가 떨어지면 무척 고통스러워합니다. 그럴 때 자살하거나 마약에 빠지거나 우울증에 걸리기 쉽다고 합니다. 그러니 인기나 명예도 우리를 이 괴로움에서 벗어나게 할 수는 없습니다.

그렇다면 무엇이 우리를 이 괴로움과 속박에서 벗어나게 할 수 있을까요? 그것은 바로 '깨달음'입니다. 마치 깜깜한 방에서 어떤 물건을 찾느라고 헤매다가 불을 탁 켜면 방 안에 있는 것들이 한눈에 보이는 것과 같습니다. 그러면 아무리 복잡해도 다른 것을 건드리지 않고 단박에 자기가 찾던 것을 잡을 수 있어요. 이렇게 어두운 방에 불이 탁 켜졌을 때와 같은 것이 깨달음입니다.

불법승 삼보에 귀의하고

모든 괴로움에서 벗어난 상태를 니르바나nirvana, 즉 열반涅槃이라고 합니다. 그리고 모든 속박에서 벗어난 상태를 해탈解脫이라고 합니다. 스스로 깨달아 해탈과 열반을 증득한 자를 부처(佛)라고 합니다. 중생을 깨달음에 이르게 하는 부처님의 가르침을 담마(法)라고 합니다. 그 가르침을 듣고 깨달음을 얻어서 모든 고뇌에서 벗어난 사람을 아라한(僧)이라고 합니다.

수행하는 사람은 부처님께 귀의歸依합니다. 스스로 깨달음을 얻었고, 중생에게 깨달음의 가르침을 열어 주었으니 그분을 찬탄하고 공경하며 귀의하는 것은 당연한 일입니다.

그리고 우리를 깨닫게 해주는 가르침인 담마, 법法에 귀의합니다. 이 법을 만나지 못했으면 세상을 헤매고 괴로워하며 살았을 텐데 이 법을 만나 마치 물에 빠진 자가 구명의 밧줄을 잡은 것처럼 괴로움의 바다에서 빠져나오게 되었으니 이 법에 귀의하는 것이지요.

또한 부처님의 가르침을 듣고 깨달은 수많은 수행자(僧)들에게 귀의합니다. 그분들이 있음으로 해서 나에게도 희망이 있기 때문입니다. 만약에 부처님의 가르침을 듣고도 깨달은 이가 없었다면 내가 깨달을 수 있다는 확신이 없을 겁니다. 부처님의 말씀을 듣고 깨달은 수행자들이 있기 때문에 나도 그분들처럼 될 수 있다는 희망이 생긴 거지요.

나아가 괴로워하는 사람들을 깨달음의 길로 인도하겠다는 원願도 세울 수 있는 것이고요. 이렇듯 불자에게 가장 중요한 것은 불법승佛法僧 삼보三寶에 귀의하는 것입니다. 우리가 법회에서 삼귀의三歸依를 하는 것은 '나도 깨달음을 이루는 그 길을 가겠다'는 확고한 의지의 표현이기도 합니다.

계정혜 삼학을 닦아

괴로움이 없는, 자유로운 삶을 추구하는 수행자는 불법승 삼보에 귀의하고 계정혜戒定慧 삼학三學을 닦아야 합니다.

첫째, 계를 지켜야 합니다. 말과 행위를 바르게 해야 합니다. 남을 해치지 않고, 남에게 손해 끼치지 않으며 남을 괴롭히지 않고, 말로도 남을 괴롭히지 않고, 술을 먹고 취해서 남을 괴롭히지 않는 누가 봐도 훌륭한 인격자로 살아야 합니다. 이것이 바로 계戒를 지키는 것입니다.

둘째, 마음을 고요히 해서 마음이 안정되고 평화로운 자가 되어야 합니다. 그러기 위해서는 선정禪定을 닦아야 합니다. 위빠사나를 행하든, 간경 수행을 하든, 염불 수행을 하든, 주력 수행을 하든, 참선 수행을 하든 선정을 닦아야 합니다.

셋째, 마음의 어리석음에서 벗어나 밝은 지혜를 증득해야 합니다. 물이 흐리면 얼굴이 비치지 않지만 물이 맑으면 얼굴이 아주 선명하게 비치듯이, 마음을 고요히 하면 온갖 세상의 이치를 알게 됩니다. 이렇게 지혜가 밝아지면 어리석음에 빠지지 않아 괴로움에서 벗어날 수 있습니다. 이것이 혜慧를 증득하는 것입니다. 이렇게 계정혜 삼학으로 열반과 해탈을 증득하는 것이 수행의 목표입니다.

우리가 『반야심경』 공부를 하는 것은 부처님의 가르침을 통해서 깨달음을 얻기 위해서입니다. 수행자는 무엇보다 먼저 부처님의 가르침에 대한 믿음(信)을 가져야 하고, 이 가르침을 올바르게 이해(解)해야 하며, 이 가르침에 따라 그대로 실천(行)해야 합니다. 이런 믿음과 이해, 실천을 통해서 나 자신이 깨달음을 증득(證)해야 합니다. 아무리 믿고 아무리 이해하고 아무리 실천해도, 궁극적으로 내가 체험을 못하면 나의 보배가 되지 않습니다.

해탈과 열반을 목표로 하다

부처님의 가르침은 수행자를 무지에서 벗어나 괴로움이 없는 세계에 도달하게 합니다. 그래서 수행자는 하루라도 그 가르침을 놓치지 않으려고 날마다 『반야심경』을 독송하는 것입니다. 그런데 뜻도 모른 채 입으로만 되뇌다 보니 내용은 점점 잊히고, 단순히 법회의 의식 절차 중 하나가 되어버렸습니다. 『반야심경』의 가르침을 늘 가슴에 새겨, 이를 자기 삶 속에서 괴로움이 생길 때마다 그 원인을 규명하며 괴로움에서 벗어나는 방법을 찾는 데 적용해야 합니다. 부부관계나 자녀 문제, 그리고 형제간 갈등이나 몸이 아플 때처럼 우리는 일상에서 언제 어디에서나 어려움을 겪습니다. 이때 『반야심경』의 가르침은 괴로움에서 벗어날 수 있도록 합니다.

수십 년을 절에 다니고도 마음의 평화와 자유로움을 얻지 못하는 것은 해탈과 열반을 수행의 목표로 삼지 않았기 때문입니다. 그러면서 '해탈과 열반은 스님들이나 구하는 거지, 우리 같은 재가在家 수행자가 어떻게 그런 것을 바라겠느냐?'라며 스스로 포기해 버립니다. 이것은 불교를 잘못 이해하고 있기에 나오는 태도입니다.

누구나 자신의 삶이 괴롭지 않고 자유롭기를 원합니다. 모든 중생은 해탈과 열반을 원하고 있는 것입니다. 경제적인 궁핍으로 괴로운 사람에게 돈이 생긴다면 잠시 동안은 괴로움을 잊을 수 있겠지만 돈으로는 사람의 고뇌를 완전히 해결하지 못합니다. 그것은 통증이 심한 사람에게 주는 진통제와도 같습니다. 완전한 해결책은 어리석음에서 벗어나는 깨달음을 얻어야 합니다. 이것이 우리가 부처님의 가르침에 따라 수행 정진하는 이유입니다.

지옥 같은 고통을 겪으며 괴로워하다가 부처님 법을 만나 괴로움에서 벗어난 경험을 한 번만이라도 하게 되면 그것이 바로 기적입니다. 가족관계도, 경제적 형편도 아무것도 변한 게 없음에도 세상이 달라지는 경이로움을 경험하게 됩니다. 이것이 법의 가피입니다. 그 순간 부처님의 가르침에 대한 굳건한 믿음이 생깁니다. 그렇게 법에 대한 믿음이 생기면 그 믿음은 무엇과도 견줄 수가 없습니다.

'믿어야지, 믿어야지' 하며 다짐하는 사람은 아직 믿지 못하고 있다는 반증입니다. 직접 체험하고 나면 저절로 믿어집니다. 깨닫게 되면 '눈 있는 자 와서 보라'고 하듯이 저절로 알게 됩니다. 억지로 각오하고 결심하는 건 수행이 아닙니다.

예를 들면 이불 속에서 '일어나야 하는데, 일어나야 하는데' 하고 결심만 하다가 다시 잠드는 일이 많습니다. 일어나야 한다고 자꾸 되뇌는 것은 일어나려고 노력하는 듯하지만, 그 마음속을 꿰뚫어 보면 '일어나기 싫다, 일어나기 싫다'고 되뇌는 것과 같습니다. 일어나기 싫음에 사로잡혀 있는 것입니다. 일어나야 한다는 생각만으로는 일어나지 못합니다. 그냥 벌떡 일어나야 합니다. 일어나야 한다고 애쓰는 것은 아직 일어나지 못한 상태에서 다짐하는 소리입니다. 일어나겠다고 결정을 했으면, 피곤하고 졸리고 일어나기 싫더라도 단숨에 벌떡 일어나야 합니다. 그러면 '일어나야지' 하는 결심은 한순간에 끊깁니다.

부부 사이에 '아내를 사랑해야지', '남편을 사랑해야지' 하고 결심하고 노력하는 것은 '사랑하기 어렵다', '얄밉기만 하다'는 말과 같습니다. 억지로 사랑하려고 노력할 게 아니라 다만 그 사람의 좋은 점을 보면 됩니다. '인물 괜찮네. 이제 보니까 말도 참 잘하는구나' 하고 긍정적으로 생각하면 사랑하는 마음이 절로 우러납니다.

이처럼 수행 방식이 잘못된 경우가 많습니다. 목표를 제대로 잡지 못하고 있는 데다, 목표를 달성하기 위한 방법도 본질에서 벗어나 있습니다. 그러다 보니 애는 애대로 쓰면서도 결과를 얻지 못합니다. 얼굴에 기쁨이 생기고 삶이 자유롭고 활동에서 힘이 있어야 합니다. 비록 돈이 없어도 돈 가진 사람이 부럽지 않고, 배운 게 없더라도 박사가 부럽지 않고, 나이가 들어도 젊은 사람 부럽지 않아서 마음이 뿌듯해야 합니다. 마음이 위축되지 않아야 합니다.

이렇게 되면 세상 사람이 나를 비난할 때 스스로 생각하기에 비난받을 만한 일이라면 받아들여 기꺼이 참회할 수 있습니다. 나를 변화시킬 계기로 삼으니 오히려 좋은 일이 됩니다. 반면에 비난받을 일이 아니라고 생각하면 그저 바람 지나가는 소리쯤으로 들으면 됩니다. 그들의 입장에서는 얼마든지 그렇게 볼 수도 있습니다. 그들이 나를 어떻게 보느냐 하는 것까지 내가 간섭할 수는 없는 일이니까요. 이런 경지가 되면 삶이 말할 수 없이 편안해집니다.

남들이 나를 칭찬할 때도 마찬가지입니다. 칭찬을 들으면 들뜨기 쉽습니다. 칭찬의 내용이 실제에 부합한다고 생각하면 담담하게 그냥 들으면 됩니다. 사실이 아니라고 생각한다고 해서 굳이 사양할 필요도 없습니다. 그의 눈에는 내가 좋게 보인 것이니, '잘 봐주셔서 감사합니다' 하고 가볍게 넘어가면 됩니다. 그렇게 하면 비난에 크게 흔들리지 않고, 칭찬에 크게 우쭐대지 않으면서 자기중심을 잡아 살아갈 수 있습니다.

『반야심경』을 공부하는 이유

『반야심경』을 공부하는 것은 바로 그런 편안한 인생을 살기 위해서입니다. 그런데 이 공부는 절에 오래 다닌다고 되는 것이 아니고, 경전을 많이 읽는다고 되는 것도 아니에요. 성냥개비를 살살 문질러서는 백 번을 문질러도 불이 일지 않습니다. 한 번이라도 세게 당기면 단박에 불이 일어납니다. 몇 번을 시도했느냐 하는 횟수와 관계없이 반드시 일정한 강도가 있어야 합니다. 해탈하겠다는 큰마음을 내어 사로잡힘에서 벗어나야 합니다. 내 생각을 버리고 부처님의 가르침에 귀의해야 하는데, 자기 마음에 드는 것만 골라 받아들이면 사로잡힘에서 벗어날 수가 없습니다.

예를 들면, 며느리가 불교를 공부하면서부터 불자였던 시어머니와 갈등이 생겼습니다. 전에는 불교를 잘 모르니 시어머니가 하는 행동이 못마땅한 점이 있어도 그러려니 했는데, 직접 불교 공부를 해보니 시어머니가 하는 불교는 잘못된 것이라는 생각이 들어 '저건 사이비야. 저건 틀렸어' 하는 시비가 생깁니다. 이런 마음이 들었다면 며느리는 불교 공부를 제대로 하지 않은 겁니다. 불교라고 하는 이름, 정법正法이라고 하는 그 이름에 집착하기 때문입니다.

공부를 제대로 한 사람이라면, 전에는 시어머니와 갈등이 있었더라도 불교 공부를 하고 나서는 오히려 시어머니의 행동이 이해가 되어서 갈등이 없어집니다. 그것이 진실로 불법에 귀의한 삶입니다. 불교 교리를 얼마나 많이 아는지는 중요하지 않습니다. 불법을 공부한 결과가 어떻게 나타나느냐를 지켜봐야 합니다. 불경 내용을 꿰뚫어 안다고 해도 공부한 결과가 부처님의 가르침에 반反한다면, 부처님의 말씀을 내세워 자기주장을 되풀이하는 것에 불과합니다.

부부가 서로 다투면서도 내심으로는 자기가 옳다는 확신이 부족한 경우가 많습니다. 그럴 때는 오히려 부부간의 갈등이 심각하지 않습니다. 그런데 불교 공부를 하면서 '부처님도 이렇게 말씀하셨네' 하며 자기가 옳다는 생각이 확실해지면, 그때부터는 부처님의 말씀을 내세워 자기 생각을 강하게 주장하기 시작합니다. 그러면 불교 공부를 하면 할수록 자기가 옳다는 생각이 더욱더 강고해집니다. 이처럼 부처님의 가르침을 내세워 자기가 옳음을 고집하는 것이 바로 법집法執입니다. 그러니 앞으로는 아집我執뿐 아니라 이러한 법집까지도 타파해야 함을 염두에 두고 『반야심경』을 공부해 나가시기 바랍니다.

반야심경의 구성

불교 경전은 크게 대승경전과 소승경전으로 나눕니다. 소승경전인 아함경은 『장아함경長阿含經』 『중아함경中阿含經』 『잡아함경雜阿含經』 『증일아함경增一阿含經』 등으로 나눕니다. 대승경전은 일반적으로 방등부方等部·반야부般若部·법화부法華部·열반부涅槃部·화엄부華嚴部 등 다섯 부분으로 나눕니다.

『반야심경』은 대승경전 중 반야부에 속합니다. 『금강경金剛經』도 반야부에 속하는 경전입니다. 반야부에는 600권이 있는데, 그 반야부 경전의 내용을 가장 짧게 요약한 것이 『반야심경』이라고 할 수 있습니다.

모든 경전은 크게 세 부분으로 구성되어 있습니다. '이와 같음을 내가 들었사오니(如是我聞)'로 시작하며, 경전이 설해진 배경을 기록한 '서분序分', '가장 바르고 으뜸이 된다'는 뜻으로 본론에 해당하는 '정종분正宗分', 설법이 끝난 뒤에 깨달음을 얻은 대중이 기뻐하는 모습과 이 좋은 법을 널리 전하겠다고 발원하는 장면들이 묘사된 '유통분流通分'이 있습니다. 『반야심경』은 서분, 정종분, 유통분이 다 갖춰진 광본廣本과 정종분만으로 이루어진 약본略本이 전하는데, 우리가 독송하는 『반야심경』은 약본입니다.

광본을 보면, 이 경이 설해진 곳은 왕사성 영축산(기사굴산)입니다. 부처님은 많은 비구와 보살들을 영축산에 모아두고 깊은 명상에 드셨습니다. '광대심심삼매廣大甚深三昧'라고 하는 깊은 명상에 들어 있을 때, 그 대중 가운데 한 보살이 제법諸法이 공空하다는 것을 깨닫고 해탈의 경지에 이르렀습니다. 관자재보살, 즉 관세음보살이 높은 깨달음의 경지에 이르는 것을 지혜제일 사리불존자가 보고 너무나 기뻐서 관세음보살님에게 대승보살의 세계에 대해서 질문을 합니다. 그러자 관세음보살은 사리불존자에게 대승 보살의 세계에 대해서 설명해 줍니다. 여기까지가 경전이 설해진 배경에 해당하는 서분입니다.

이어서 정종분에서는 관세음보살이 사리불에게 모든 법이 공함을 낱낱이 설명합니다. 제법이 공함에 대한 설명이 끝나자 부처님께서 삼매에서 깨어나셔서 두 사람의 문답이 다 훌륭하다고 칭찬을 합니다. 그러자 관세음보살의 얘기를 들은 사리불

존자도, 얘기한 관세음보살도 모두 기뻐합니다. 이 자리에 앉아 있던 모든 대중들도 기뻐합니다. 이것이 유통분입니다.

이 중에서 서분과 유통분을 생략하고 관세음보살이 사리불 존자에게 대승의 공空 사상을 말한 정종분만 우리가 독송하고 있습니다. 경전의 서술 양식은 형식적으로는 사리불이 질문하고 관자재보살이 대답하지만, 실질적으로는 질문과 답이 모두 부처님의 위신력을 빌려 이루어졌기 때문에 이 경전 내용은 부처님의 말씀입니다.

260자로 이루어진 약본(정종분)은 세 단락으로 이루어져 있습니다. 첫 번째, '관자재보살觀自在菩薩 행심반야바라밀다行深般若波羅蜜多'에서 '부증불감不增不減'까지는 관자재보살이 대승사상의 요지인 공空 사상을 설파한 내용입니다.

두 번째, '시고是故 공중무색空中無色'부터 '무지역무득無智亦無得'까지는 소승불교의 오류와 한계를 지적하는 내용입니다. 소승불교가 법집에 사로잡혀 불법을 잘못 이해하는 부분을 바로잡는 것입니다. 불교의 핵심 사상인 연기법緣起法에 대한 해석상의 오류를 찾아 설명합니다.

연기법은 무상無常과 무아無我로 대표되는데, 그 가운데 특히 중요한 것이 무아 사상입니다. 많은 사람들이 부처님 법을 공부하면서도 유아有我의 관념에 젖어 있다보니 무아를 유아적으로 이해합니다. 무아라는 용어를 쓸 뿐이지 실제로는 유아적 사고를 갖고 있습니다. 만약 그렇다면 겉으로는 불교라는 이름을 내세운다 할지라도 그 내용은 부처님의 가르침이 아닙니다.

이렇게 언어와 문자에 매여 집착하는 태도가 법집입니다. 선禪에서는 언어와 문자에 사로잡혀서 본질을 꿰뚫어보지 못하는 것을 경계하여 '언어와 문자에 집착하지 마라. 언어와 문자를 통해서는 완전한 진리에 접근하기 어렵다'라고 가르칩니다. 이것이 불립문자不立文字입니다. 문자에만 지나치게 사로잡히면 오히려 본질을 놓칠 수 있음을 경고한 것입니다. 하지만 이를 잘못 알아듣고 문자로 된 공부는 할 필요가 없다고 주장한다면 그 또한 한쪽으로 치우치는 것입니다.

부처님께서는 '자기 생각에 사로잡힌 아집에서 벗어나라. 자기 생각에 사로잡히면 결코 진리를 볼 수 없다'라고 가르치십니다. '자기 생각 버리기'는 어느 정도 공부를 하면 어렵지 않게 극복됩니다. 문제는 진리가 따로 있다는 생각입니다. 허상을 버리면 그것이 곧 실상을 보는 것인데, 허상이 아닌 실상이 따로 존재한다고 생각하기 때문에 거기서 다시 새로운 상이 생깁니다. 이전에는 자기 생각으로 진리를 삼았다면 이번에는 부처님의 말씀을 절대화해서 진리로 삼는 것입니다.

부처님의 말씀을 절대화해서 오로지 거기에만 지나치게 매달리면 법집에 빠지기 쉽습니다. 부처님께서는 '나의 가르침은 뗏목과 같다'라고 하셨습니다. 즉, 부처님의 가르침은 강을 건너기 위한 수단이지, 그 자체를 그대로 절대화해서는 안 된다는 말씀입니다. 부처님 법을 믿는다면서 부처님의 말씀을 절대화해서 거기에 집착하면 오히려 불교와는 거리가 멀어집니다. 그런 폐단을 지적하고 있는 게 『반야심경』입니다. 법집에 빠진 것을 바로잡아서 제법이 공함을 다시 밝히고, 부처님의 가르침인 무아를 강조하고 있습니다.

이처럼 두 번째 단락은 오온五蘊, 십이처十二處, 십팔계十八界, 십이연기十二緣起, 사성제四聖諦, 팔정도八正道에 대해 소승불교에서 부처님의 가르침을 잘못 이해한 폐단을 지적하는 내용입니다. 하지만 우리가 잘못 받아들여 소승불교 자체를 부정하는 것으로 본다면 이 또한 편견에 불과합니다.

세 번째 단락인 '이무소득고以無所得故'에서 마지막 '모지사바하菩提娑婆訶'까지는 대승의 깨달음인 반야般若의 위대함을 찬탄하는 내용입니다. 관자재보살을 비롯해 대승의 모든 보살들이 반야바라밀다般若波羅蜜多에 의지해서 열반을 증득했으며, 과거·현재·미래의 모든 부처님들도 반야바라밀다에 의지해서

위없는(가장 높은) 도를 이루었다는 것입니다. 그러니 반야바라밀
다는 그 어떤 믿음이나 앎이나 실천보다도, 그 어떤 증득보다도
뛰어나고 진실하여 헛됨이 없습니다. 반야바라밀다를 행해서
깨달음을 얻으면 모든 고뇌에서 벗어날 수 있습니다. 이렇게 대
승사상의 위대함을 다시 한번 강조하고 찬탄하는 부분이 마지
막 단락입니다.

제1장

경의 제목을 해설함

마하반야바라밀다심경

摩訶般若波羅密多心經

1
『반야심경』이름의 뜻

『반야심경般若心經』의 본래 이름은『마하반야바라밀다심경摩訶般若波羅密多心經』입니다. 반야般若란 완전한 깨달음을 얻었을 때 증득되는 지혜, 곧 부처의 지혜를 뜻하고, 마하摩訶는 한없이 많고 커서 그야말로 헤아릴 수 없는 무한함을 말합니다. 그러므로 마하반야摩訶般若는 '한없이 큰 지혜'가 됩니다.

바라波羅는 '저 언덕', 밀다蜜多는 '건너다'는 뜻이니, 바라밀다波羅密多는 '저 언덕으로 건너가다'라고 풀이됩니다. 이 언덕은 괴로움의 세계를 상징하고 저 언덕은 괴로움이 없는 열반의 세계를 상징하니, '저 언덕으로 건너간다'는 것은 모든 고苦에서 벗어나 열반에 이른다는 의미입니다.

심경心經이란 가장 완전하고 핵심적인 부처님의 말씀을 뜻합니다. 그러므로 『반야심경』은 '모든 고뇌에서 벗어나게 하는 가장 핵심적인 부처님의 지혜로운 말씀'입니다. 그러면 하나하나 자세히 살펴보겠습니다.

2
마하

摩訶

마하摩訶는 범어(산스크리트어)를 중국말로 번역할 때 뜻을 옮기지 않고 그냥 소리 나는 대로 옮긴 것입니다. 인도의 사상이 중국으로 건너갈 때 특정 단어의 개념이 중국에 없거나 비슷한 말이 있지만 그렇게 번역하면 의미 전달이 제대로 안 될 경우, 인도 말, 즉 음音을 그대로 따서 썼습니다. 이런 단어들은 우리 입장에서 한자의 뜻을 그냥 해석해버리면 안 됩니다. 비슷한 글자의 소리(音)만 따서 쓴 음역音譯이기 때문입니다. 이렇듯 문명 수준이 비슷하거나 높은 곳에서 낮은 곳으로 발전, 전개될 때 그 개념을 정확히 옮길 단어가 없으면 음을 그대로 따서 쓰는 음역이 많았습니다. 글자의 뜻은 아무 관련이 없고 비슷한 발음의 글자를 따서 적기 때문입니다.

그럼 '마하'는 범어에서 무슨 뜻일까요? 크다는 뜻입니다. 크다는 뜻이면 큰 대大 자를 쓰면 되지 않을까요? 그렇지 않습니다. 마하는 무엇이 무엇보다 크다는 상대적 개념의 '크다'가 아니고, 무한히 크다는 절대적 개념의 '크다'는 뜻입니다. 그렇기 때문에 마하를 큰 대大 자로 옮기면 의미 전달이 제대로 안 됩니다. 마하는 수학의 무한대(∞)와 똑같은 뜻입니다. 무한히 크다는 뜻이고 또 거기에는 무한히 많다는 뜻도 포함됩니다. 공간적인 개념과 수량적인 개념이 모두 포함되는 말입니다. 공간적인 개념으로 '무한히 크다'고 하면 사람은 다 자기 식대로 '크다'를 상상하겠죠. 여기서 무한하다는 것은 그 어떤 상상력도 미치지 못하는 무한히 큰 것을 의미합니다.

우리가 사는 곳과 우리가 경험하고 알 수 있는 전체를 하나의 '세계'라고 합니다. 옛날 언어에서 세계란 그것 외에는 더 이상 없다는 개념이에요. 부처님은 "너희가 알고 있는 세계라는 게 전부가 아니다. 가장 크다고 하는 세계의 밖에 더 큰 세계가 또 있다"라고 말씀하셨어요.

우리가 알고 있는 가장 큰 것을 '세계'라 한다면, 그것의 천 배가 되는 넓은 세계가 있고 그것을 '소천세계小千世界'라고 합니다. 소천세계가 천 개 모여 있는 것을 '중천세계中千世界'라고 하

고 그 중천세계가 다시 천 개가 모인 것을 '대천세계大千世界', 또
는 '삼천대천세계三千大千世界'라고 합니다. 바로 이 삼천대천세계
와 같은 것을 마하라고 합니다. 이 마하의 의미만 제대로 알아
도 번뇌가 사라진다는 거예요. 왜 그럴까요?

마하의 의미만 알아도
해탈한다

무한한 우주 속에서는 지구도 하나의 티끌에 불과하고 이 무
한한 시간 속에서는 지구의 수명이라는 45억 년도 찰나에 불과
합니다. 우주의 성간물질이 모여서 별이 형성되고 머물다 사라
지는 이 같은 별의 수명이 100억 년 정도 된다고 합니다. 그런
데 이 무한한 우주에서는 지금도 생기는 별이 있고 유지되는 것
도 있고 폭발하는 것도 있고 사라져버리는 것도 있다고 합니다.
꼭 밤하늘의 폭죽놀이와 비슷합니다. 폭죽이 펑 터져서 불빛이
쭉 가다가 사그라들 때까지가 100억 년인 거죠. 우리 눈으로 보
면 100억 년이지만 우주 눈으로 보면 1초 밖에 안 되는 거예요.
그런데 거기에 사는 인간은 크기로 보나 시간으로 보나 하찮은
것이지요. 그런 하찮은 것들이 모여서 옳으니 그르니 하는 것

또한 하찮기는 마찬가지겠지요.

제가 어릴 때 개미들이 전쟁하는 걸 봤는데, 개미가 싸울 때
는 입으로 상대의 허리를 싹둑 잘라버립니다. 그렇게 몸통이 잘
려 죽은 개미가 길에 깨를 뿌려 놓은 것처럼 새카맣게 수십 미
터씩 널려 있습니다. 수십만 마리가 죽었을지도 모릅니다. 그렇
게 개미들도 전쟁을 해서 엄청난 사상자를 냅니다. 그들에게는
그 전쟁에서 이기고 지는 게 엄청나게 중요할지 모르지만 우리
가 보기에는 별것 아니지요. 그게 큰 눈으로 보면 무의미하지만
작은 눈으로 볼 때는 엄청난 전쟁이란 말이에요.

우리들도 재물을 두고 싸우는 게 당사자에게는 죽고 사는 문
제잖아요. 누군가에게 돈을 빌려줬는데 도망가서 못 받았다, 그
래서 죽네 사네 하는데 비행기 타고 하늘 위에서 내려다보면 어
떨까요? 사람들이 사는 집이 개미집만큼 작죠. 로켓 타고 달나
라에서 지구를 보면 더하겠죠.

어떻게 볼 거냐 하는 문제입니다. 구더기도 자기들끼리 비교
하면 잘난 게 있고 못난 게 있고, 하루살이도 자기들끼리 비교
하면 수명이 긴 놈이 있고 짧은 놈이 있어요. 우리도 우리끼리
비교하니까 잘났느니 못났느니, 지위가 높으니 낮으니, 재산이
많으니 적으니 합니다. 하지만, 한 발만 딱 떨어져서 내려다보면
많은 게 많은 게 아니고 적은 게 적은 게 아니에요.

큰 눈으로 보면
번뇌가 사라진다

그러니까 잘하고 잘못한 것을 따져서 문제를 풀 수도 있지만 큰 눈으로 보면 문제가 저절로 풀립니다. 예를 들어 열 살짜리와 열한 살짜리 형제가 어떤 물건을 놓고 서로 자기 것이라고 막 싸운다고 합시다. '어째서 이게 네 것이냐' 하고 하나하나 따지고 설명해서 문제를 해결할 수도 있고, 해결이 안 될 수도 있고, 해결을 해도 감정은 남을 수가 있을 거예요. 그런데 그 후 전쟁이 나서 목숨이 오락가락하는 상황에서 그때를 생각해 보면 어떨까요? 시간이 흘러 다른 차원에서 보면 그 자체가 의미가 없어집니다. 그러면 저절로 해결이 되죠. 어느 쪽이 옳아서 해결이 된 것이 아니라 옳고 그른 것 자체가 무의미해졌다는 것이지요. 그러니까 작은 눈으로 보면 우리 삶에 온갖 문제가 있지만, 큰 눈으로 딱 보면 아무 문제도 없습니다. 그래서 '마하'만 알아도 모든 번뇌를 없앨 수 있습니다. 무릎이 아프도록 절을 하고, 앉아서 호흡을 관찰하고, 화두를 들고 이렇게 하지 않아도 마음을 한번 크게 내서 저 하늘 위에서 내려다보듯이 이 세상을 바라보면 금방 해결이 됩니다.

한마디로 우리가 살고 있는 우주가 무한히 크고, 그 무한한 세계 속에서 우리는 티끌 같은 작은 존재입니다. 그래서 이 무한한 우주적 시간에서 보면 우리의 일생이란 것은 찰나도 안 된다는 말이에요. 지구의 역사를 1년이라고 봤을 때 인류 역사는 불과 5분도 채 되지 않습니다. 고인류인 네안데르탈인이 적어도 30만 년 전에 나타났다가 지금으로부터 약 3만 5천 년 전에 멸종했다고 합니다. 그렇다면 30만 년 정도 유지되었잖아요. 현생 인류가 다 죽는다 하더라도 현생 인류는 출현한 지 겨우 15만 년밖에 안 되는 거예요. 그러니까 빙하기를 거듭하면서 죽고, 또 새로 번성했다가 다시 또 죽고, 또 다시 새로운 인간이 출현한다 해서 지구가 망하는 건 아니에요. 크게 보면 별문제가 아니라는 말입니다. 다만 오늘 우리가 환경을 파괴함으로써 더 빨리 인류가 멸망하는 길로 가고 있으니 이를 막자고 환경운동을 하는 것입니다. 멸망의 길로 가면서 우리가 고통을 받게 되니까, 이러한 괴로움에서 벗어나 자기도 행복하고 남도 행복하게 하려면 어리석음에서 벗어나 큰 눈으로 보아야 합니다.

자, 마하는 한량없이 크다는 것을 살펴보았습니다. 그런데 이런 우주만 한량이 없이 클까요? 우리 마음도 한량이 없이 크고 넓습니다. 우리가 마음을 떡 하니 넓혀서 큰마음을 내면 이 우주가, 삼라만상이, 삼천대천세계가 이 마음 안에 쏙 들어와도 마음 어디에 놓았는지 흔적도 보이지 않는다고 해요. 마음이 그만큼 넓다는 말입니다.

번뇌를 분석하고 절을 하고 참회를 해야만 수행을 하는 게 아니에요. 큰 눈으로 한 발 떨어져서 세상을 보면 달리 수행할 것도 없어요. 왜 그럴까요? 본래 아무 문제도 없었으니까요. 괜히 낮잠 잘 자다가 잠꼬대하는 것과 같은 게 번뇌예요. 잠을 깨면 본래부터 아무 문제도 없다는 것입니다. 공연히 나 혼자 온갖 번뇌를 일으켜 마치 큰일이라도 일어난 것처럼 난리법석을 피웠던 겁니다. 누에가 자기 입에서 뽑아낸 실로 고치를 만들고는 그 안에 갇혀서 답답해 죽겠다고 아우성치는 것과 같아요. 구멍을 뚫고 나오면 나비가 되어 훨훨 날 수 있습니다. 그처럼 내가 지은 생각의 울타리를 과감하게 차고 나오면 나는 이미 대자유인인 것입니다.

오늘 여러분이 크게 마음을 내면 이 세상에는 괴로울 일이 없습니다. 이 세상에서 벌어지는 온갖 일들은 잘되고 잘못된 것이 본래 없습니다.

3
반야

般若

반야般若는 팔리어 '빤야paññā', 산스크리트어 '프라즈냐prajñā'
의 음역으로 '깨달음', '지혜'라는 뜻입니다. 지혜에도 여러 가
지 종류가 있습니다. 세 살 먹은 아이의 지혜에서 여든 살 노인
의 지혜까지, 범부 중생의 지혜에서 성인의 지혜까지. 모두 '지
혜'라는 하나의 단어로 표현되지만 그 수준은 엄청나게 차이가
납니다. 그중에서 반야는 한량없고 완전한 부처님의 지혜를 말
합니다.

이미 반야가 완전한 지혜, 완전한 깨달음이라는 의미이기 때
문에 사실 반야라는 말 앞에는 어떤 수식어도 붙을 필요가 없
습니다. 그런데도 굳이 마하摩訶나 금강金剛이라는 말을 붙여

'마하반야', '금강반야'라고 하는 이유는 붓다의 깨달음이 그만큼 더 완벽하고 더 위대하다는 것을 강조하기 위해서입니다. 일체의 번뇌를 다 깨뜨리는 큰 힘을 강조할 때에는 '금강반야'라 하고, 광대한 우주에서 눈에 보이지 않는 티끌 하나까지 빠짐없이 일체 법의 실상을 다 알고 있음을 강조할 때에는 '마하반야'라고 씁니다.

실상반야, 관조반야, 그리고 방편반야

반야는 세 가지 의미로 나눌 수 있습니다. 실상반야實相般若, 관조반야觀照般若, 방편반야方便般若가 그것입니다.

실상實相은 사물의 실제 모습, 있는 그대로의 모습을 말합니다. 많은 사람이 환상이나 허상을 보면서 실상을 보고 있다고 착각하지요. 내 배우자, 내 부모, 내 자식, 내 친구를 나만큼 잘 아는 사람이 없다고 생각하지만 사실 내가 아는 모습, 내가 보는 그의 모습은 실상이 아니라 허상입니다. 심지어 자기 자신에 대해서도 허상을 붙들고 있기는 마찬가지입니다.

물론 지금 내가 경험하는 세상이, 수십 년 동안 똑똑히 지켜본 상대의 모습이 허상이라는 사실을 받아들이기는 쉽지 않습니다. 길 가는 사람 누구든 붙잡고 물어봐도 다 '내가 옳고 상대가 잘못했다'고 말할 겁니다. 하지만 바로 그런 때 내가 알고 있는 것들이 정말 실상인가를 돌아봐야 합니다. 내가 그토록 확신했던 것이 허상임을 알면 그 순간부터 인생이 완전히 달라집니다. 내가 알고 있는 것이 허상인 줄만 알아도 일단은 나를 고집하지 않게 되고 마음이 한결 가벼워집니다. 지금까지 엉뚱한 걸 붙잡고 고집하고 있었다는 사실을 알았으니 미련 없이 내려놓기만 하면 되니까요.

간혹 그렇지 못하고 인생이 허망하게 느껴져 오히려 전보다 더 괴로워하는 사람도 있습니다. '내가 지금까지 뭐하고 살았나', '뭘 믿고 살았나', '절에 뭐 하러 다녔나' 한탄하고 괴로워합니다. 하지만 이것 또한 허상입니다. 허상이 허상인 줄 몰랐으면 남은 평생을 계속 어리석음과 괴로움 속에서 살았을 텐데, 이제라도 허상이 허상인 줄 알게 되어 앞으로는 그렇게 어리석게 살지 않아도 되니 얼마나 다행입니까.

어느 날 병원에서 암이라는 진단을 받았다고 합시다. 지금껏 내 몸속에 암이 있다는 사실을 내가 몰랐을 뿐이지 암 덩어리가 지금 갑자기 생긴 건 아니에요. 내가 몰랐을 때에도 내 몸에 암은 있었습니다. 오늘 그 사실을 알게 됐으니 앞으로 치료를 하든지 인생 마감을 준비하든지 남은 인생을 새롭게 살 기회를 얻게 된 것입니다. 모른 채로 지낸다면 그런 기회를 놓치게 됩니다. 그래서 수행하는 사람은 오늘 병원에 가서 암이라는 진단을 받아도 웃을 수 있습니다. 암 걸린 게 좋은 일이라는 뜻이 아니라 몰랐던 사실을 알게 됨으로써 내가 거기에 대응할 수 있게 된 것, 내 삶의 선택권을 내가 갖게 된 게 기쁜 일이라는 뜻입니다.

허상을 보고 있었음을 알고 나면 앞으로 인생을 제대로 살아갈 기회가 주어집니다. 모르고서는 아무 기회도 얻지 못합니다. 꿈속에서 강도를 만났을 때 그것이 꿈인 줄 모르면 밤새도록 도망 다녀야 하지만, 그것이 꿈인 줄 알면 눈을 떠서 깰 수 있는 길이 있습니다.

예를 들면, 붉은색 안경을 끼고 흰 벽을 보면 그 벽이 붉게 보입니다. 나는 이 벽을 평생 붉은 벽인 줄 알고 살았지만, 사실 그 붉은빛은 내 안경에서 생긴 것이지 벽 자체가 붉은빛은 아니었습니다. 이때 그 벽이 흰 벽이라면 그 흰 벽을 실상반야라 하고, 붉은 벽인 줄 알다가 안경을 벗고 실제의 흰 벽을 보게 된 것을 관조반야라고 합니다. 우리가 흔히 '반야'라고 할 때는 이 관조반야를 일컫습니다. 실제의 모습 자체는 실상반야이고, 내가 그 실상을 알아차리는 것이 관조반야인 셈입니다.

방편반야는 다른 사람이 허상을 실상인 줄 잘못 알고 있을 때, 그것을 바르게 알도록 깨우쳐 주는 지혜를 말합니다. 중생의 모든 고통을 하나하나 다 해결해 줄 수 있는 방법을 아는 지혜입니다. 그래서 부처님의 가르침은 방편반야입니다. 중생의 고통을 다 알고 그것을 해결할 수 있는 방법을 알고 계십니다.

　　반야란 이렇게 세 가지 의미를 다 포함하며, 상황과 맥락에 따라 그중 한 가지 또는 여러 가지 의미로 쓰입니다. 『반야심경』의 반야도 물론 이 세 가지 뜻을 다 담고 있지만 특히 모르던 실상을 깨닫는 관조반야의 의미가 제일 크다고 하겠습니다.

　　정리하면 마하반야는 '큰 지혜'라는 의미입니다. 앞에서 말했다시피 반야라는 말 자체가 완전한 지혜, 완전한 깨달음이기 때문에 사실은 수식어가 필요 없습니다. 마하반야바라밀이나 반야바라밀이나 같은 말인데 그래도 이 깨달음이 눈곱만큼의 흠집도 없는 완벽한 것이라는 의미를 더 강조하기 위해서, 우주 법계의 티끌 하나도 놓치는 법이 없는 무한한 지혜라는 것을 강조하기 위해서 마하를 붙인 것입니다.

4
바라밀다

波羅蜜多

바라밀다波羅蜜多는 산스크리트어 '파라미타paramita'를 음역한 것인데, '파라미타'는 '저 언덕으로 건너간다'는 뜻입니다. 그러면 저 언덕으로 건너간다는 것이 뭘 뜻할까요?

여기서 이쪽 언덕, 차안此岸은 사바세계를 뜻하고 저쪽 언덕, 피안彼岸은 극락세계를 뜻합니다. 이쪽 언덕은 괴로움의 세계를 뜻하고, 저쪽 언덕은 괴로움이 소멸된 세계, 열반을 뜻합니다. 이쪽 언덕은 속박을 뜻하고 저쪽 언덕은 속박을 벗어난 해탈을 뜻합니다. 이쪽 언덕은 무명·무지·어둠을 뜻하고, 저쪽 언덕은 광명·지혜·밝음을 뜻합니다. 이쪽 언덕은 중생의 세계를 뜻하고, 저쪽 언덕은 부처의 세계를 뜻합니다. 이쪽 언덕은 사바세계를 뜻하고 저쪽 언덕은 정토세계를 뜻합니다.

따라서 바라밀다, '저 언덕으로 건너간다'는 말은 괴로움에서 괴로움이 없는 세계로, 속박에서 속박을 벗어나는 세계로 나아간다. 즉 속박과 고통의 세계에서 자유와 행복의 세계로 간다, 해탈과 열반의 세계로 나아간다는 의미입니다.

그럼 '파라미타'라는 말이 왜 생겼을까요? 인도의 갠지스강의 지류들은 히말라야산맥에서 남쪽으로 흘러내립니다. 북쪽에 히말라야산맥이 있으니까 강물이 골짜기마다 발원해서 북쪽에서 남쪽으로 주욱 흘러내려서 이게 모여 서쪽에서 남동쪽으로 흘러 뱅골만으로 들어갑니다. 아리안족이 힌두스탄 평원을 서쪽에서 동쪽으로 점령해 갔단 말이에요. 그러니까 남북으로 흐르는 강을 건너서 자꾸 동쪽으로 진출을 하죠. 그렇게 하면서 강과 강 사이에 나라를 건설합니다. 그때는 모든 나라가 남북으로 길쭉하고 동서는 좁게 건설이 됐어요. 그러면 강을 건너는 게 곧 국경을 넘는 셈이었습니다. 그 나라 안에서 고통받는 사람은 강을 건너서 저쪽으로 도망가버리면 거기는 속박이 없는 세계예요. 그걸 건너가는 게 바로 자유의 세계로, 행복의 세계로 가는 거니까 강 건너 언덕을 바라보면서 희망을 갖죠. '저기만 가면 이 모든 괴로움에서 벗어날 수가 있는데.' 그래서 '파라미타'라는 말이 생겨났습니다.

강을 건너려면 배가 필요해요. 그처럼 괴로움에서 벗어나려면 깨달음, 즉 반야를 얻어야 해요. 그래서 반야용선般若龍船이란 말이 나왔습니다. 반야의 배, 깨달음의 배를 타고 괴로움의 강을 건너간다는 말입니다. 바로 깨달음으로써 이 괴로움에서 벗어난다는 뜻입니다.

우리나라 사람들은 어떨까요? 우리는 산으로 둘러싸여 있어요. 우물 안 개구리처럼 산과 산 사이에 갇혀서 살지요. 그러니까 이 속박으로부터 벗어나는 길, 도망가는 길은 산을 넘어가는 거예요. 근데 산은 험해서 넘을 수가 없어요. 산을 넘는 유일한 통로가 고개예요. 고개가 바로 고통으로부터 벗어나는 유일한 통로인 셈이지요. 그러니까 '아리랑 고개를 넘어간다'라는 말이 '파라미타'란 말과 똑같은 뜻이예요.

서방정토의 유래

그러면 왜 극락세계를 서방정토西方淨土라고 할까요. 인도 역사를 살펴보면 옛날 아리안족의 역사에서는 원래 계급이 없었어요. 완전히 평등한 세계였습니다. 그런데 남쪽으로 남하해서 동쪽으로 개척하고 정복해 가면서 계급이 발생하고 전쟁이 일어나고 사람을 죽이고 굶어 죽고 병들어 죽고 억압받는 등 갖가지 고통이 있었습니다. 그러니까 옛날 조상들이 살았던 고향을 그리워하게 되죠. 그 고향이 어느 쪽에 있냐 하면 서쪽에 있단 말이에요. 편잡 지방에서 힌두스탄 평원을 따라 동쪽으로 이동해 왔기 때문에 고향인 서쪽이 이상 세계가 된 것이고, 서방정토라는 말이 생긴 거예요.

강을 건너 저 언덕(彼岸)으로 가는 방법에도 차이가 있습니다. 말하자면 그것이 대승大乘과 소승小乘의 구분입니다. 내가 못 가는 한이 있더라도 반드시 여럿이 함께 배를 타고 같이 강을 건너겠다는 원願을 가진 입장이 대승이라면, 다른 사람들이 안 가겠다면 일단 나 혼자만이라도 강을 건너가겠다는 원을 세운 입장이 소승입니다. 소승의 마음가짐은 다른 사람과 아무 상관없이 나 혼자만 가겠다는 이기적인 마음이 아니라 '남들이 다 술을 먹더라도 나는 안 먹는다', '남들이 다 거짓말을 해도 나는 안 한다', '남들이 다 늦잠 자도 나는 일찍 일어나서 기도한다'는 수행자의 자세를 말합니다. 그것이 소승의 본래 의미입니다.

'다 안 가더라도 나는 꼭 가겠다'라는 발원과 '남이야 어떻게 되든지 나만 가면 그만'이라는 이기심은 분명히 다릅니다. 다만,

이러한 소승의 본래 정신이 이기적으로 변질되었다는 게 문제지요. 소승이 비판을 받는 것은 이런 변질 때문이지 원래부터 잘못되었다는 뜻이 아닙니다. 소승의 간절한 발원과 계율을 지키는 정신은 대승도 배우고 지켜야 할 부분입니다.

그렇다면 대승 보살은 어떤 사람일까요? 내가 비록 강을 건너지 못하더라도, 대중을 버리고 혼자서는 절대 가지 않겠다는 원을 세운 사람입니다. 반드시 일체중생과 더불어 같이 가겠다는 것이지요. 그런데 오늘날의 대승은 '다른 사람들이 모두 안 간다고 하니 나도 그만 두겠다'라는 식으로 원래의 정신이 변질되고 있습니다. 남들이 아무도 안 간다는데 나 혼자만 가면 뭐 하느냐고 아예 강 건널 생각을 안 한다면 그는 대승 보살이 아니라 그저 중생일 뿐입니다.

다른 사람이 안 간다고 해도 나는 꼭 가야겠다, 나라도 먼저 깨달음을 얻겠다는 발원이 수행자의 자세입니다. 그리고 우선 내가 깨달아 해탈하면 내 깨달음의 결과가 남을 이롭게 할 수 있습니다. 내가 먼저 깨달아 다른 사람들까지 다 이롭게 하는 것이 바로 자리이타自利利他입니다.

대승 보살은 상대의 괴로움을 그의 입장에서 함께 아파합니다. 나는 부처님의 가르침을 받아서 아무 문제없이 행복하지만 술 먹고 들어오는 남편의 심정, 아내의 괴로운 마음을 내가 더 아파하고 상대방의 입장에서 걱정하는 것이 대승 보살입니다. 상대의 입장이 되면 그의 행동이 이해가 되고, 그러면 내 속에 있던 미움과 원망이 사라집니다. '화내면 안 된다', '화는 본래 없는 거다', 머릿속으로 이렇게 생각해서 화를 없애는 게 아니라 그를 이해하고 받아들이는 순간에 있던 화가 그냥 없어져버립니다. 아예 화가 일어나지 않습니다.

　내 욕구 때문이 아니라 진심으로 그를 이해하고 받아들이면 내 괴로움이 사라집니다. 이타행利他行으로 하화중생下化衆生하면 내 깨달음을 이루는 상구보리上求菩提가 저절로 이루어집니다. 상구보리와 하화중생, 이 둘은 별개가 아닙니다. 소승은 자리自利를 통해 상구보리로 하화중생을 이루고, 대승은 중생을 구제하는 이타利他를 통해 성불의 길로 나아가는데, 실제로 이 두 길은 따로 있는 게 아니라 우리 삶 속에서 늘 함께 이루어집니다.

5
심경

心經

심경心經은 '가장 요긴한 부처님의 말씀'이라는 뜻입니다. 심心 자를 마음이라고 번역해서 '큰 깨달음으로 괴로움의 바다를 건너는 마음에 대한 부처님의 말씀'이라고 해석하는 사람이 있습니다. 그런데 그렇게 해석한다고 잘못된 것은 아니지만, 여기서 심心은 마음이 아니라 핵심이란 뜻이에요. 가장 요긴한 알짜배기란 뜻입니다. 그리고 경經은 성인의 말씀, 부처님의 말씀을 뜻합니다. '완전한 지혜로 모든 괴로움에서 벗어나는 가장 핵심이 되는 부처님의 말씀'이 '마하반야바라밀다심경'의 뜻입니다.

석가모니 부처님은 돈이나 권력이나 명예나 건강 같은 것으로는 삶의 괴로움에서 완전히 벗어날 수 없다는 사실을 깨닫기

전에도 이미 알고 있었습니다. 카필라성의 태자로 태어나서 화려하고 부유한 생활을 충분히 누려봤지만 그것으로 인생의 고뇌가 해결되지는 않았습니다. 그 길은 행복해지는 길도 아니고 자유로워지는 길도 아님을 확실히 알게 되었습니다.

그래서 부처님은 스물아홉 살에 스스로 왕궁의 삶을 버리고 출가를 했습니다. 하지만 집을 떠났다고 해서 인생을 어떻게 살아야 하는지에 대한 답이 쉽게 찾아지는 것은 아니었습니다. 고행하는 사람을 따라 고행도 해보고, 선정주의자禪定主義者를 스승으로 모시고 선정도 해보고, 이 사람 저 사람에게 배우면서 부지런히 정진했습니다. 하지만 어떤 길도 열반으로 이끌어주지는 못했습니다.

그러기를 6년 만에 쾌락과 고행을 버리고 중도의 행을 통해 보리수나무 아래에서 홀로 용맹정진한 끝에 연기법緣起法을 깨달아 해탈과 열반을 이루었지요. 그런데 막상 깨달음을 얻고보니 그 이치가 참 쉽고 간단했습니다. 모를 때에는 앞이 안 보여 도저히 찾을 수 없을 것 같았는데, 알고 보니 말할 수 없이 쉬웠습니다. 그래서 자신이 깨달은 그 쉽고도 바른 법을 괴로움 속에 허덕이는 온 세상 사람들과 나누고자 45년 동안 길 위에서 교화 설법을 하였습니다.

부처님은 아무도 바른 길을 알려주는 스승이 없어서 온갖 시행착오를 거듭했지만, 우리는 그분이 가르쳐 주는 길을 따라서 가기만 하면 됩니다. 싫어서 안 가니까 도달하지 못하는 것이지, 가고자 하는 사람이라면 누구든지 갈 수 있습니다. 문제는 깨달음을 통해서 자유로워지고 행복해질 수 있다고 아무리 말해도 어리석어서 믿지를 못한다는 것이지요. 한번 깨달아 보겠노라고 애를 쓰다가도 조금만 힘이 들면 "이제까지도 그런대로 잘 살았는데 나는 그냥 살렵니다", "깨달으면 뭐가 달라집니까?", "깨달은 뒤에는 뭘 하는데요?" 하며 포기하기 일쑤입니다.

붉은색 안경을 끼고 보면 흰 벽도 붉게 보입니다. 안경을 썼다 벗었다 하는 사람이라면, 저 벽은 본래 흰색인데 붉은 안경 때문에 자기 눈에만 붉게 보인다는 사실을 압니다. 하지만 태어나서 한 번도 안경을 벗어본 적이 없는 사람은 그 벽이 원래 붉은색이라고 믿습니다. 마찬가지로 파란색 안경을 낀 사람은 당연히 그 벽이 파란색 벽이라고 믿겠지요. 그래서 붉은색 안경을 낀 사람이 "벽 색깔이 붉으니까 보기 좋네"라고 하면, 파란색 안경을 낀 사람은 "저게 어떻게 붉어? 파란색인데 당신 눈이 삐었나?" 하게 됩니다.

지금 우리는 이런 안경을 하나씩 끼고 있습니다. 그 안경이 이른바 업식業識(karma)입니다. 아상我相이라고도 하고, 고정관념이라고 할 수도 있습니다. 우리는 누구나 각자의 업식, 고정관념을 가지고 살아갑니다. 안경을 통해 세상을 보듯이 저마다 자기 업식을 통해 세상을 보고 판단하면서도 자기는 실상을 보고 있다고 착각합니다. 그러나 누구든지 끼고 있던 안경을 딱 한 번만 벗어보면 하얀색의 실상을 볼 수 있습니다. 그러면 그 뒤로는 다시 안경을 끼고 다닌다 해도 벽 색깔 때문에 다른 사람과 갈등을 일으키는 일은 없습니다. 벽 색깔이 파랗다고 말하는 사람을 만나면 '아, 저 사람은 안경 색깔이 파랗구나' 이렇게 이해하니까 갈등이 일어나지 않습니다. 그의 업식을 알게 됨으로써 그를 이해하게 됩니다.

이렇듯 안경을 벗으면 나를 알고 남도 알게 됩니다. 그것을 보고 '관념의 벽을 무너뜨린다', '아상을 부순다', '아집을 버린다', '업식을 소멸한다', '한 생각 돌이킨다' 등 여러 가지 표현을 씁니다. 모두 깨달음의 다른 표현이지요. 우리가 자기 안경을 끼고 세상을 살아가고 있기 때문에 부부는 부부대로 싸우고, 부모 자식은 부모 자식대로 싸우고, 지역은 지역대로 싸우고, 나라는 나라대로 싸우는 것입니다. 괴로움과 번뇌가 다 거기에서 생깁니다. 안경을 벗었을 때 비로소 실상을 볼 수 있고 괴로움에서 벗어날 수 있습니다.

이것이 깨달음으로 모든 괴로움에서 벗어나는 이치입니다. 악몽에 시달리다가도 잠에서 깨어나 눈을 뜨면서 '어, 다 꿈이었네!' 하면 그만이듯이, 우리 인생의 괴로움도 이 관념의 안경을 벗으면 다 헛된 꿈일 뿐입니다. 그러니 그 안경을 평생 벗고 살지는 못하더라도 적어도 한 번은 벗어봐야 합니다. 안경을 한 번 벗어본 경험이 있는 사람에게는 지금 이 이야기가 너무나 쉽고 당연한 이야기입니다.

제 2 장

대승 보살 사상

관자재보살 행심반야바라밀다시 조견오온개공 도일체고액

觀自在菩薩 行深般若波羅蜜多時 照見五蘊皆空 度一切苦厄

사리자 색불이공 공불이색 색즉시공 공즉시색 수상행식 역

舍利子 色不異空 空不異色 色即是空 空即是色 受想行識 亦

부여시 사리자 시제법공상 불생불멸 불구부정 부증불감

復如是 舍利子 是諸法空相 不生不滅 不垢不淨 不增不減

1
부처와 중생, 그리고 보살

觀自在菩薩

『반야심경』정종분은 가장 핵심적인 내용을 첫 문장으로 보여주고 있습니다. 첫 번째 문장이『반야심경』전체 내용을 담고 있는 가장 중요한 구절입니다. 풀이하자면, '대승 보살인 관자재 보살이 반야바라밀 수행법을 닦아서 제법이 공한 이치를 깨달으니 모든 괴로움이 사라져 버리고 모든 속박에서 벗어나 마침내 완전한 자유와 행복인 해탈과 열반을 얻었다'라는 뜻입니다.

붓다의 경지에 오른 대승 보살은 과연 어떤 존재일까요? 보살의 원어는 보디사트바bodhisattva입니다. 발음을 따서 옮긴 것을 우리 식으로 읽으면 보리살타菩提薩埵가 됩니다. 보리살타를 줄여서 '보살'이라고 합니다. 보리菩提는 밝음으로 상징되는 깨달음·부처라는 뜻이고, 살타薩埵는 어둠으로 상징되는 무지·무명·중생이라는 뜻입니다. 이 둘을 합하면 보디사트바, 번역하면 '깨달은 중생'이 됩니다. 중생은 중생인데 깨달은 중생입니다.

깨달은 중생,
보살

중생이 깨달으면 곧 부처가 됩니다. 보살의 뜻인 '깨달은 중생'에서 깨달음을 강조하면 보살은 '부처'라는 뜻이 됩니다. 반대로 중생을 강조하면, 깨닫긴 깨달았으되 아직은 '중생'이란 뜻입니다. 그러므로 중생으로부터 부처에 이르는 그 중간 지점에 있는 사람을 보디사트바, 즉 보살이라고 할 수 있습니다.

중생으로서 깨달음의 길에 처음 발을 내디딘 사람을 초발심 보살이라고 합니다. 초발심 보살은 거의 중생이나 다를 바 없습니다. 또 보살이 계속 정진하여 부처를 이루기 직전까지 왔다면, 깨달음의 마지막 단계에 해당하는 등각보살等覺菩薩, 묘각보살妙覺菩薩에 이르게 됩니다. 명칭은 보살이지만 실제로는 거의 부처나 다름이 없지요. 보살의 범주는 이렇게 넓습니다.

보살의
52단계

『화엄경華嚴經』에서는 깨달음을 얻어가는 보살을 52단계로 나눕니다. 첫 번째 단계는 '나도 부처가 될 수 있다'는 믿음, 신심信心의 단계입니다. 지금은 비록 괴롭게 살고 있는 중생이더라도 이 어리석음을 깨뜨리면 모든 괴로움에서 벗어나 행복하고 자유로운 삶을 살 수 있다는 믿음이 필요합니다. 믿음이 없으면 중도에 포기하게 됩니다. 내가 지금 어떤 어려움에 빠져있더라도 부처님의 가르침에 의지해서 수행정진하면 이 모든 괴로움에서 벗어나 부처님처럼 자유롭고 행복한 상태인 열반과 해탈을 얻을 수 있다는 믿음에서부터 출발해야 합니다. 그런 믿음으로 '아뇩다라삼먁삼보리심阿耨多羅三藐三菩提心'을 발한 자, 즉 최상의 완전한 깨달음을 얻겠다고 마음을 낸 자를 보살이라고 합니다.

이렇게 해서 열 가지 믿음인 십신十信의 단계, 열 가지 머무름인 십주十住의 단계, 열 가지 행인 십행十行의 단계, 열 가지 회향인 십회향十回向의 단계를 거쳐, 대지와 같이 확고부동하게 마음이 안정된 경지인 십지十地의 단계까지 모두 50위를 지나고 나면 말이 보살이지 부처의 경지에 거의 이르렀다 해서 보살

51위를 '등각等覺'이라 하고, 마침내 아주 미묘한 무상정등정각無上正等正覺을 얻은 경지를 '묘각妙覺'이라 합니다. 이 보살의 52위인 묘각위 보살을 곧 부처라 합니다. 이것이 『화엄경』에서 말하는 보살의 52위입니다.

일체중생을 구제하려는 마음

『금강경』에서 해공제일解空第一 수보리존자가 어떻게 하면 부처를 이룰 수 있는지를 여쭈었을 때, 부처님께서는 일체중생을 구제하겠다는 마음을 내라고 대답하셨습니다. 내 인생 문제 하나도 해결하지 못해서 도움을 좀 얻어보려고 요청을 드렸는데, 오히려 일체중생의 괴로움을 다 해결해주겠다는 마음을 내라 하셨으니 도움을 얻기는커녕 혹 떼려다가 혹 붙인 격이지요.

돈이 없어 괴로워서 하소연했더니 다른 사람을 도와주라 하시고, 사랑받지 못해서 괴롭다고 했더니 다른 사람을 먼저 사랑하라고 하십니다. 상대가 나를 이해해주지 않아서 괴롭다고 하소연했더니 그보다 먼저 그 사람을 이해하라 하시고, 이 고통에서 나를 구제해달라고 하니 오히려 고통받는 일체중생을 구제하라고 하십니다. 어떻게 하면 이 괴로움과 속박에서 벗어나 이 번뇌를 항복받을 수 있는지를 물었더니 일체중생을 구제하겠다는 마음을 내라고 대답하셨습니다. 거기서 더 나아가 "일체중생을 다 구제해 마쳤다 하더라도 내가 중생을 구제했다는 이 생각마저도 없어야 해탈할 수 있다"고 말씀하셨습니다.

지장보살은 중생을 구제하는 것이 본원本願이고, 모든 보디사트바는 깨달음을 얻는 것이 본원입니다. 그리고 그것은 둘이 아니라 하나입니다. 이 세상에 한 중생도 괴로워하는 자가 없도록 구제해 마치면 그때 마침내 내가 깨달음을 얻는다고 했기 때문입니다. "한 중생이라도 지옥에 남아있는 한 나는 성불하지 않으리라"는 지장보살의 서원은 성불하지 않겠다는 얘기가 아닙니다. 중생을 구제해야만 부처를 이룰 수 있기에 지장보살은 한 중생이라도 지옥에 남아있는 한 부처가 될 수 없습니다. 그래서 지장보살은 지옥 중생을 구제하는 것으로 수행을 삼습니다.

중생을 위한 중생 구제와 내 수행을 위한 중생 구제 사이에는 어떤 차이가 있을까요? 중생을 위해서 중생을 구제하겠다는 것이 좀 더 훌륭하게 보이고, 내 수행을 위해서 중생을 구제한다고 하면 이기심으로 보이나요? 하지만 그렇지 않습니다.

모든 중생은 각자 자기 잘못, 자기 업보로 인해 지옥에 떨어집니다. 불쌍한 마음을 내어 한 번 구해주면 정신을 차려서 다시는 지옥에 오지 않아야 하는데, 어리석은 중생은 제 업식을 버리지 못하고 다시 지옥에 떨어집니다. 여러 번 되풀이해서 구해주었는데도 아무 소용 없이 자꾸만 다시 지옥으로 되돌아오면, 구제하기를 포기하고 심지어 중생을 원망하기에까지 이릅니다. 중생을 위해 중생을 구제하려 들면 이 문제를 극복하지 못하고 결국 중생 구제의 원을 멈추고 맙니다.

그러나 열 번 구해주면 열 번 돌아오고, 백 번 구해주면 다시 백 번 돌아오는 중생이라 하더라도 그를 구제해야 내가 성불할 수 있다면 중생 구제는 내 일이 됩니다. 중생을 위하는 일이 곧 내 일입니다. '나의 일'이라 여기면 중생을 원망하는 마음이 들어설 데가 없습니다. 그가 업을 짓고 지옥에 떨어지는 것은 그의 일이고, 고통받는 중생을 구제하는 것은 나의 일이기 때문입니다. 나는 다만 구제할 뿐입니다. 다른 어떤 기대와 바람이 없습니다. 이것이 보살의 수행법입니다. 지옥 중생이 끝없이 많으니 중생을 구제하려는 보살의 원도 끝이 없습니다.

부처와 중생의 사이,
보디사트바

어두운 영역의 중생과 밝은 영역의 부처 사이에 보디사트바가 있습니다. 보살이 부처가 되고자 부처의 영역으로 가까이 가면 어둠은 점점 줄어들고 밝음은 점점 커집니다. 그러나 밝음의 세계로 아무리 더 가까이 가더라도 어둠이 있는 한 완전한 밝음의 세계는 만나지 못합니다. 중생의 어둠이 있는 한, 그 어둠의 그림자가 비치기 때문입니다. 반대로, 보살이 아무리 어두운 중생에 가까이 가더라도 부처의 광명이 비치고 있는 한 완전히 어둠에 덮이지는 않습니다. 부처가 있는 한 보디사트바는 중생이 될 수 없고, 중생이 있는 한 보디사트바는 부처가 될 수 없습니다.

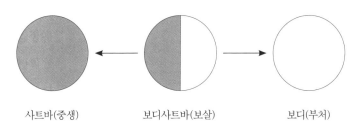

사트바(중생)   보디사트바(보살)   보디(부처)

어떻게 하면 보디사트바가 부처가 될 수 있을까요? 보디사트바가 부처가 되려면 중생 세계로 나아가 중생들을 하나도 남김없이 구제해야 비로소 그는 부처가 됩니다. 보디사트바는 이러한 사상과 관점을 가지고 수행하는 사람입니다. 대승 보살은 중생 구제를 해탈의 방편으로 삼으니, 그가 선택한 수행처는 깊은 산속이 아니라 고통받는 중생이 사는 세속입니다. 그래서 지장보살은 지옥을, 관세음보살은 사바세계를 수행의 도량으로 삼습니다.

아미타불의 서원

『무량수경無量壽經』에서 법장비구法藏比丘는 부처님께 "중생들이 다 함께 행복하게 살 수 있는 세계를 만들어 주십시오" 청합니다. 부처님께서는 "그런 세계를 네가 만들어라"라고 답하십니다. 어떻게 하면 그것이 가능할지를 다시 여쭈니, 부처님께서 신통력으로 십만 억 가지의 세계를 보여주셨습니다. 척박한 환경 속에서 중생이 온갖 고통을 겪어야 하는 세계도 있고, 부러울 것 없는 조건으로 중생이 행복하고 자유롭게 사는 세계도 있었습니다. 그것을 다 보고 난 법장비구는 마흔여덟 가지 원을 세웁니다. 신체 장애가 없는 세상, 여성 차별이 없는 세상, 전쟁이 없는 세상 등등 마흔여덟 가지 조건을 정하고, 그 목표를 달성하기 위해서 세세생생, 다겁생래로 끊임없는 수행정진을 합니다. 마침내 그 세계를 이루어내고 그는 곧 부처가 되었는데, 그 세계가 바로 극락세계이고 그 부처님의 이름이 '아미타불阿彌陀佛'입니다.

지장보살과
관세음보살의 서원

지장보살은 "지옥에 한 중생이라도 남아 있는 한 나는 성불하지 않으리라"라는 대원을 세우고 정진하는 분이기에 오늘도 지옥 중생을 구제하고 계십니다. 그러니 우리가 진심으로 지장보살의 원을 믿는다면 지옥에 갈 걱정 따위는 할 필요가 없습니다. 또 지옥에 간다 하더라도 걱정할 필요가 없습니다. 위대한 지장보살도 지옥에 계신데, 한낱 내가 잠시 지옥에 있는 것이 무슨 큰일이겠습니까?

관세음보살은 "이 세상에 그 어떤 사람이라도 괴로워한다면 내가 그의 고통을 알아볼 것이며 그의 괴로움을 다 들어주겠다" 하는 큰 원을 세웠어요. 내가 괴로워하면 관세음보살님이 나보다 더 빨리 내 괴로움을 알고 해결하려고 합니다. 그러니 관세음보살님을 지극하게 믿는다면 자잘한 인생살이를 걱정할 일이 없습니다. 그런데도 괴로워서 죽겠다고 아우성치는 것은 관세음보살을 믿는 것이 아닙니다.

인연과에 대한
믿음

믿음이란 이치에 맞고 분명해야 굳건한 믿음이 됩니다. 우리의 삶이 시시때때로 흔들리는 것은 그런 믿음이 없기 때문입니다. 하는 일도 없이 그저 공짜로 얻으려고 하고, 능력도 없으면서 높은 자리에 올라가려 하고, 부처님께 빌어서 부정한 방법으로 자기의 헛된 이익이나 꾀하는 등 어리석음과 욕심으로 가득 차 있으면서 어떻게 해탈을 할 수 있겠습니까? 이건 불법의 도리와도 맞지 않습니다. 지은 인연의 과보는 깊은 산속, 깊은 바닷속에 숨는다 하더라도 피할 수 없습니다.

대부분 사람들은 어려움에 처하면 자기 욕심으로 부처님을 찾습니다. 자기 생각으로 세상을 보고 끊임없이 의심합니다. 그러나 불자라면 자신에게 벌어지는 일들을 괴로워하거나 두려워하지만 말고 과거에 알게 모르게 지은 인연의 과보임을 받아들여야 합니다.

사랑을 받으려고 하지 말고 내가 먼저 사랑하는 마음을 내면 괴로움이 사라집니다. 도움을 받지 못해서 괴롭다면 도와주려는 마음을 내고, 이해받지 못해서 괴로우면 이해하는 마음을 내보십시오.

상대를 이해하지 못하면 내 마음이 답답합니다. 하지만 '아, 그랬구나!' 하고 상대를 이해하는 마음을 내면 내 마음이 시원해집니다. 산에 가서 산을 좋아하고 바다에 가서 바다를 좋아하면 산이나 바다가 아니라 내가 좋은 것처럼, 내 남편을 사랑하고 아이를 좋아하면 내 삶이 기쁘고 행복해집니다. 내가 행복해지려면 남을 사랑하고 이해하고 도와주어야 합니다. 우리가 괴로운 이유는 남으로부터 사랑받지 못하고 도움받지 못하고 이해받지 못해서가 아니라, 내가 남을 사랑하지 않고 도움을 주지 않고 이해하지 않기 때문입니다.

대승 보살의
바라밀 수행

우리가 이처럼 이치를 거꾸로 알고 있기 때문에, 방법이 잘못되었기 때문에 열심히 노력하면서도 원하는 결과가 나타나지 않는 것입니다. 이것을 무지無智, 혹은 무명無明이라고 합니다. 모든 괴로움의 원인은 무지와 무명인데, 우리는 공연히 사주팔자를 탓하고 하늘을 탓하고 전생을 탓합니다. 어리석음을 깨우칠 생각은 하지 않고 남을 탓합니다. 이것은 해탈의 길이 아닙니다.

무엇보다 불법에 대한 올바른 이해가 필요합니다. 그것이 수행의 출발점입니다. 그러고 나서 부지런히 정진해야 합니다. 불법에 대한 올바른 이해 없이는 아무리 부지런히 수행해도 해탈에 이르지 못합니다. 바른 길을 따라 걸어야만 목적지에 도착할수 있습니다. 길을 잘못 들어 거꾸로 간다면 아무리 땀을 흘리며 부지런히 걷는다 해도 목적지에 도달하지 못합니다. 해탈로 가는 길을 제대로 찾아서 그 길로 부지런히 걸어야 합니다. 그렇게 정진해 나가는 것이 대승 보살의 반야바라밀 수행법입니다.

'상구보리上求菩提 하화중생下化衆生'은 위로 깨달음을 구하고 아래로 중생을 구제한다는 뜻입니다. 위와 아래로 구분해 말하지만 깨달음을 먼저 구하고 그다음에 중생을 구제한다는 얘기가 아닙니다. 깨달음을 구하는 것과 중생을 구제하는 것은 수행의 양쪽 날개입니다. 어느 한쪽에 치우치거나 어느 한쪽을 외면하고서는 부처를 이룰 수 없습니다.

대승 보살의 수행에는 승속이 없습니다. 머리를 기르느냐 깎았느냐가 아니라 발심發心을 했느냐 안 했느냐가 중요합니다. 발심을 하지 않는 사람은 보살이 아닙니다. 아무리 더러운 흙탕물에 빠졌어도 나오려는 마음만 있다면 거기서 기어 나오면 됩니다. 길을 가다 넘어졌어도 일어나려는 마음을 갖고 있다면 일어납니다. 이런 관점과 자세가 중요하지 출가 수행자인지, 재가 수행자인지는 중요하지 않습니다. 모두가 다만 한 사람의 수행자일 뿐입니다.

중생의 고통을 환히 다 아는 관자재보살

수많은 보살들 가운데서 이 경전의 주인공은 관자재보살입니다. 관자재보살은 범어로 '아바로기테스바라Avalokiteśvara 보디사트바Bodhisattva'입니다. '아바로기테'라는 말은 '지켜본다'는 뜻입니다. 있는 그대로 모습을 확연히 지켜본다는 의미가 담겨 있으며, 한문으로는 관觀이라고 옮깁니다. '스바라'는 자유자재하다는 뜻입니다. 그래서 '아바로기테스바라'는 '자유자재하게 그 어떤 것도 있는 그대로를 밝게 지켜보는 능력이 있다'라고 풀이됩니다.

깨달음을 표현하고자 할 때는 흔히 깨달을 각覺이나 지혜 지智 자를 쓰기도 하고, 『반야심경』의 조견오온개공照見五蘊皆空에서처럼 볼 견見 자를 사용하기도 합니다. 사람이 세계를 인식하는 방법에는 보고, 듣고, 냄새 맡고, 맛보고, 만져보고, 생각하는 여섯 가지가 있으나, 그중 가장 중요한 방법은 보는 것입니다. 아는 것을 보는 것과 연관지어 표현하는 이유가 그것입니다. 특히 관자재보살의 관觀 자는 단순히 겉으로 드러난 모양과 색깔뿐 아니라 그 본성을 꿰뚫어보는 것을 뜻합니다.

중국의 구마라습鳩摩羅什(344-413)대사는 아바로기테스바라를 '관세음觀世音'이라 번역하였고, 현장玄奘(602?-664)법사는 '관자재觀自在'라고 번역했습니다. 이것은 다만 번역상의 차이입니다. 관자재는 자유자재로 법의 실상을 있는 그대로 다 안다는 뜻입니다. 제법이 공한 도리를 꿰뚫어 알아보는 자라는 뜻입니다. 그런데 중생의 고통을 하나도 남김없이 다 아는 자를 뜻한다고 본다면 '관세음'이라고 번역할 수도 있습니다. 관세음은 세상의 소리를 다 듣는다는 뜻으로, 고통 속에 허덕이는 중생의 신음 소리, 괴로움의 신음 소리는 곧 세상의 소리입니다. 그 소리를 다 듣고, 고통의 현장을 환하게 다 알며, 고통받는 중생을 다 구제하는 분이라는 뜻으로 '관세음'이라고 번역하였습니다.

관자재보살은 극락세계 아미타부처님의 좌보처로 계십니다. 이분의 머리에는 항상 부처님 상이 있으며, 한 손에는 연꽃을 쥐고 있습니다. 연꽃은 더러움에 물들지 않는 성품을 상징합니다. 비록 지금은 고통 속에 있으나 중생은 본래 부처입니다. 자신이 부처임을 깨닫는다면 언제라도 모든 고통에서 벗어날 수 있습니다. 더러움에 물들지 않는 연꽃처럼 어느 중생이라도 한 생각 돌이키기만 하면 해탈에 이른다는 것을 상징합니다. 또 다른 한 손에는 감로수 병을 들고 있습니다. 그 감로수로 괴로워하는 중생의 몸과 마음을 치료합니다. 괴로움 속의 중생을 애민하고 섭수하여, 중생이 스스로 진리를 깨달아 다시는 괴로움이 없는 세계에 들도록 인도함을 나타냅니다.

모든 보살은 부처가 되겠다는 원을 지니고 있습니다. 그리고 부처가 되는 길은 중생을 구제하려는 마음을 내는 데서 시작됩니다. 관세음보살은 '이 세상에서 괴로워하는 중생 가운데 누구 한 사람이라도 내 이름을 부르고 도움을 요청하면 내가 그의 고통을 다 들어주고 구제해 주겠다'는 원을 세웠습니다. 천 개의 눈으로 중생의 괴로움을 지켜보고, 천 개의 손으로 중생의 고통을 어루만져 구제하니, 그래서 천수천안千手千眼 관자재보살觀自在菩薩이라고도 불립니다. 천 개의 눈, 천 개의 손이란 실제 숫자인 천을 넘어서서 한없는 눈을 가져 무엇이든 알아보고, 한없는 손을 가져 누구든 구제할 수 있는 전지전능한 분이라는 의미입니다.

관음보살
연기

원을 세워 관세음보살이 되기까지의 과정이 담겨 있는 이야기를 '관음보살 연기緣起'라 합니다. 인도의 남쪽 어느 바닷가 마을에 아주 부유한 장자가 살았습니다. 아내와 두 아들과 행복하게 살다가 어느 날 갑자기 아내가 세상을 떠났습니다. 장자는 두 아들을 키우기 위해 새 아내를 맞이할 마음을 먹고 광고를 냈습니다.

"누구든지 내 아이들을 자기 아이처럼 사랑하고 보살펴준다면 신분을 불문하고 아내로 맞이하겠다."

당시 인도의 풍습으로는 신분이 다른 사람들끼리 결혼하는 일이 없었기 때문에, 아이만 잘 키워준다면 신분이 낮아도 상관

없다는 말을 듣고 많은 사람들이 지원했습니다. 장자는 그 많은 지원자 중 착실해 보이는 한 여자를 아내로 맞아들여 두 아이를 돌보게 했습니다.

그 여인은 가난한 집에서 어렵게 살다가 장자의 집에 시집오면서 처음으로 넉넉한 생활을 하게 되었고, 또 신분이 낮아 천대를 받으며 살았는데 이제 귀한 대접을 받고 하인까지 부리며 살게 되었습니다. 이런 복이 갑자기 주어진 것은 두 아이를 돌보기 때문이었으니, 이 여인은 두 아이를 정말이지 정성스럽게 돌봤습니다. 비록 새어머니이지만 생모보다 더 지극하게 보살폈습니다. 처음에는 보모나 유모쯤으로 여기던 남편도 그 정성스런 모습에 감동하여 진심으로 그녀를 부인으로 받아들이기 시작했습니다. 그러던 몇 년 후 둘 사이에 아기가 태어났습니다. 아이가 태어나면 누구나 자기 아이에게 더 관심을 갖게 마련이지만 부인은 전처의 두 아이를 더욱 아끼고 사랑했습니다. 장자는 아내가 아이들을 학대할까봐 늘 불안해하며 아내를 의심했는데, 자기 아이를 낳았음에도 불구하고 전처의 두 아이를 한결같이 사랑하는 아내를 보고 비로소 안심했습니다. 그래서 집안일을 모두 아내에게 맡기고 먼 장삿길을 떠났습니다.

남편 없는 집에 혼자 남은 부인이 어느날 가만히 생각해 보니, 이제 자기가 이 집의 주인이나 다름없었습니다. 하인들도 마음껏 부리고 주인 행세를 하며 지냈습니다. 이 모든 복이 저 두 아이 때문에 생겼다고 생각하니 두 아이가 더없이 고맙고 사랑스러워졌습니다.

그런데 어느 순간 갑자기 '저 두 아이가 자라서 내가 더 이상 필요없게 되면 그때 나는 어떻게 될까? 남편이 나에게 이렇게 많은 혜택을 주고 사랑을 베푸는 것도 다 아이들을 잘 키우라는 것인데, 저 아이들이 커 버리고 내가 쓸모없어지면 나는 결국 버려지는 것은 아닐까? 그때에는 내가 낳은 이 아이도 같이 버려지고 모든 재산은 저 두 아들에게 상속되는 것 아닌가?' 하는 생각이 떠올랐습니다. 지금은 남부러울 것 없이 행복하지만, 먼 미래를 생각해 보니 결국은 예전처럼 고통스럽고 가난한 생활로 다시 돌아갈 것 같아 마음이 갑자기 불안해졌습니다.

미래에 올 재앙은 결국 저 두 아이 때문이며 저 두 아이만 없어진다면 많은 재산과 남편의 사랑을 모두 자기 아이가 독차지할 수가 있으리라는 데까지 생각이 미치자, 부인은 그런 재앙이 오기 전에 하루빨리 두 아이를 없애야겠다는 결심을 하기에 이르렀습니다. 부인은 소풍을 가자며 아이들을 데리고 나와서 배를 타고 멀리 떨어진 무인도로 갔습니다. 그리고 아이들이 바닷가에서 노는 데 정신이 팔려 있는 동안 혼자 조용히 배를 타고 집으로 돌아왔습니다.

바닷가에서 놀던 두 아이는 엄마가 보이지 않는다는 사실을 깨달았습니다. 날이 어둑해지고 배도 고파서 집에 가고 싶었지만 아무리 목놓아 엄마를 불러도 엄마는 나타나지 않았습니다. 그제서야 아이들은 자신들이 버림받았다는 사실을 깨달았습니다. 친어머니가 아니기 때문에 자신들을 버렸다는 생각을 하니 새어머니가 말할 수 없이 원망스러웠습니다. 아버지가 새장가를 갔기 때문에 이런 고통을 겪게 되었다는 생각에 아버지도 미워졌고, 급기야는 죽은 친어머니까지도 원망스러워졌습니다. 어머니만 죽지 않았어도 이런 고통을 겪지 않았을 것이라는 생각이 들었기 때문입니다.

　그렇게 하루, 이틀, 사흘, 시간이 흐르면서 아이들은 지쳐 쓰러졌습니다. 아이들의 가슴에는 한이 쌓였습니다. '여기서 내가 죽는다면 다음 생에는 꼭 원수를 갚겠다'는 증오심이 자리 잡았습니다. 결국 어린 동생이 먼저 쓰러져 죽었습니다. 죽어가는 동생을 보면서 형의 마음속 증오심은 더욱 깊어졌습니다. 만약 그렇게 원한이 극에 달한 상태에서 죽음을 맞이했다면, 아이는 다음 생에 반드시 그 원한을 갚았을 겁니다. 또 그랬다면 서로 죽고 죽이는 원한이 몇 생을 돌고 돌았을 것입니다.

　아이가 숨이 끊어지기 직전, 그때 문득 다른 생각이 떠올랐습니다. '내가 아무리 소리쳐 불러도 새엄마도, 아버지도, 친엄마도 나의 고통을 모르고 내 부름에 응답하지 않는구나. 이 세상에는 나처럼 이렇게 극심한 고통에 처해서 도움을 요청하는데도 아무런 도움을 받지 못한 채 혼자 괴로워하는 사람이 얼마나 많겠는가?'라며 자기 고통을 통해 비로소 남의 고통을 이해하기 시작했습니다. 더 이상 자기 고통에 파묻혀 원망하는 데만 머무르지 않고 타인의 고통에 연민을 느꼈습니다.

이어서 아이는 '다음 생에 태어나서는 이렇게 서로 죽고 죽이는 사바세계의 원한을 되풀이하지 않겠다. 지금의 나처럼 고통속에서 살아가는 중생을 구제하는 사람이 되리라. 누구든 내이름을 한 번만 불러도 나는 그 소리를 듣고 그 고통에 응답하리라. 고통에서 헤어나고자 하는 사람이 있다면 나는 그를 기꺼이 구제하리라'라는 원을 세우고 숨졌습니다.

이것이 보살의 발심입니다. 그 마음이 씨앗이 되어 싹이 돋고 꽃이 피어 열매를 맺었고, 또다시 씨앗이 되어 싹이 트고 자라고 꽃이 피어 났습니다. 그러기를 다겁생래多劫生來로 되풀이하면서 발원의 역량이 점점 커져갔습니다. 한 명을 구제하다백 명을 구제하고 천 명을 구제하다 만 명을 구제하니, 마침내아무리 많은 중생이 고통에 아우성을 쳐도 그 모든 고통을 다알고 구제하기에 이르렀습니다. 마치 아기가 울 때 엄마가 그울음소리만 들어도 배가 고픈지 몸이 아픈지 알아차리고 아기를 보살피듯이, 그렇게 일체중생을 구제할 수 있는 힘을 얻게 되었습니다.

이분이 바로 관세음보살입니다. 관세음보살은 고통받는 중생이 있다면 그 어떤 중생도 차별하지 않고 구제합니다. 중생의 고통이 있는 곳이라면 어디든 몸을 나투고, 부모처럼 자비롭게 중생의 아픔에 깊은 연민을 느끼며, 그 큰 원력으로 중생의 고통과 환난을 구제합니다. 그런 까닭에 우리가 '나무南無 보문시현普門示顯 원력홍심願力弘深 대자대비大慈大悲 구고구난求苦求難 관세음보살觀世音菩薩'이라고 기도하는 것입니다.

관세음보살을 부르는 뜻

1991년, 제가 처음으로 인도에 갔을 때의 일입니다. 목이 말라 물을 사러 나갔다가 골목길에서 한 여인을 만났습니다. 그 여인이 저에게 무언가를 달라는 손짓을 하기에 1루피짜리 동전을 건넸습니다. 그 여인이 그것을 받지 않아 이상하게 여기며 숙소로 돌아가려는데 그녀가 다시 저의 옷깃을 잡고 끌어 밝은 가로등 밑으로 데리고 갔습니다. 따라가 보니 그녀는 아기를 안고 있었습니다. 손을 들어 한 번은 아기의 입을 가리키고 또 한 번은 아기의 배를 가리켜서 배가 고프다는 뜻을 전하려 애를 썼습니다. 그러고 저를 가게 앞으로 데려가서는 손가락으로 분유통을 가리켰습니다.

'아, 분유를 사달라고 그러는구나' 하고 알아차리고는 주인에게 값을 물으니 60루피라고 했습니다. 그 말을 들은 순간, 저는 가슴이 덜컹했어요. 왜냐하면 인도로 떠나기 전 사전 교육 때 거리에서 구걸하는 사람들에게 절대로 1루피 이상 주지 말라는 당부를 받았던 기억이 떠올랐기 때문입니다. 좋은 마음으로 적선을 하지만 따라다니는 사람들 때문에 여행이 어렵다는 것이었습니다. 저는 순간적으로 난감해져서 그 여인을 외면하고 도망치듯 자리를 떠났습니다.

숙소에 돌아와서 안내해주는 분에게 60루피가 우리나라 돈으로 얼마인지를 물었더니 2,400원이라고 했습니다. 그때 갑자기 가슴이 미어지면서 답답해졌습니다. 굶주리는 아이에게 2,400원짜리 분유 한 통을 사달라는 아기 엄마의 간절한 부탁을 뿌리치고 도망치듯 와버린 제 자신이 너무 한심하고 부끄러워서 견딜 수 없었습니다. 그래서 돈을 가지고 다시 뛰어나가 골목 구석구석을 아무리 찾아봐도 그 여인은 보이지 않았습니다. 죄스러운 마음이 가슴에 맺혀서 '오늘의 이 잘못을 참회하는 마음으로 앞으로 이 돈의 수천, 수만 배로 배고픈 이들에게 반드시 갚으리라' 하는 마음이 저절로 우러났습니다.

그 일을 겪고 난 후 빚진 마음이 들어서 꼭 필요한 만큼의 돈과 꼭 필요한 옷만 남겨두고는 달라는 사람이 있을 때마다 달라는 대로 줘버렸습니다. 그러자 수없이 많은 아이들이 무리 지어 저를 뒤쫓아 다니곤 했습니다.

한번은 어느 시골길에서 차를 세우고 잠시 휴식을 취하던 중, 아이들 몇몇이 멀찍이 떨어져 우리를 쳐다보며 웃고 있었습니다. 제가 사탕을 주려고 봉지를 들고 아이들을 불렀더니 아이들이 갑자기 모두 도망가버리는 거예요. 지금까지는 아이들이 마구 쫓아와서 달라고 아우성치는 판이었는데, 여기 아이들은 달라고 하지 않을 뿐만 아니라 제가 주려고 하는데도 오히려 도망가는 것이었습니다.

그 사건은 제게 또 한 번의 큰 충격을 주었습니다. '내가 잘못 생각했구나! 아이들이 거지가 되어 구걸을 하는 이유가 가난 때문인 줄만 알았는데…. 관광객들이 자꾸 적선을 하니까 멀쩡한 아이들까지 구걸을 하게 되는구나!' 하는 생각이 들어서 그다음부터는 따라오며 구걸하는 이가 있어도 아무것도 주지 않았습니다.

그러다가 보드가야에 이르러 수자타 템플로 순례를 갔을 때,

두 다리를 쓰지 못하는 아이가 두 팔로 걸어 따라오면서 박시시를 요구했습니다. 제가 아무것도 주지 않으니 아이는 1킬로미터 가까이 우루벨라 가섭의 수행 터까지 따라왔습니다. 저는 또다시 헷갈리기 시작했습니다. '이럴 때는 어떻게 해야 할까? 아이들에게는 아무것도 주지 않는 것이 교육상 좋다고 하지만, 그건 다만 내 생각일 뿐이지 않을까? 이 장애 아이는 사탕이든 과자든 먹을 것이 필요한데 이 아이에게 아무것도 주지 않는 게 과연 잘하는 일인가?' 또다시 마음이 답답해졌습니다. '주긴 주되 거지가 되지 않도록 주는 방법이 무엇일까?'가 여행 중 저의 화두가 됐습니다.

1993년 겨울, 부처님께서 6년 동안 고행하신 둥게스와리의 전정각산 유영굴에 갔을 때, 동굴로 올라가는 길에 수백 명의 아이들이 지그재그로 길을 따라 앉아 있었습니다. "일요일도 아닌데 왜 아이들이 학교에 가지 않고 여기서 구걸하고 있어요?" 하고 물었더니 그곳에는 학교가 없다는 대답이 돌아왔습니다. '아니, 아이들이 이렇게 많은데 학교가 없다니!' 참배하고 내려온 뒤에 마을사람들과 얘기를 나누어 보니 학교가 없다는 말이 사실이었습니다. 마을에 아이들이 수백 명이나 있는데도 그 많은 아이들이 다닐 학교 하나가 없다는 것은 큰 충격이었습니다.

가만히 생각하니 우리가 노력한다면 학교 하나쯤은 지어줄 수 있을 것 같았습니다. 옛적에 수자타가 부처님께 미음을 공양으로 올려서 쓰러진 부처님을 살렸듯이, 부처님의 제자인 우리가 수자타의 후손들에게 배울 기회를 제공하여 그 은혜를 갚아야겠다 싶었고, 또 이렇게 하면 처음 인도에 왔을 때 분유를 사달라던 여인을 외면한 빚을 갚을 수 있겠다는 생각도 들었습니다. 그래서 '수자타 아카데미'라는 이름을 붙이고 학교를 짓기로 했습니다.

처음에는 150여 명 아이들이 공부할 수 있는 조그만 학교를 짓기로 계획했는데, 학교가 완성되기도 전에 학생이 300명 가까이 모여서 2층을 지을 수밖에 없었습니다. 거기다 제각기 동생들을 데리고 오는 탓에 공부하기가 어려워지자, 타개책으로 어린아이들만 따로 모아 유치원을 열게 되었습니다. 또 멀리 양민마을 학교에 다니던 몇몇 아이들도 오게 되어, 나이 많은 아이들을 1학년에서 공부하게 할 수 없어 3, 4학년 반도 만들었습니다. 그러는 사이에 2, 3년 뒤부터는 졸업생이 나오기 시작했습니다. 졸업한 아이들 가운데 남학생은 정부에서 운영하는 멀리 떨어진 중학교에 진학하지만 여학생은 그럴 수 없었습니다. 진학하지 못한 여학생들은 중학교 과정을 만들어달라고 사정했습니다. 문맹 퇴치를 위하여 초등학교를 세운 것일 뿐 우리는 교육사업이나 자선사업하는 사람들이 아니라고 거절했지만, 다음 해에 다시 만났을 때에도 아이들은 울면서 중학교 과정을 만들어달라고 졸랐습니다.

때마침 이웃 동네에서도 유치원을 만들어달라는 요구가 있었는데, 그 두 가지 문제가 들어맞으면서 좋은 생각이 떠올랐습니다. 수자타 아카데미를 졸업하고 중학교에 진학하고 싶어하는 아이들에게 유치원 선생이 되어 보겠느냐고 제안했더니 다들 흔쾌히 수락했습니다. 그 아이들이 오전에는 마을에서 유치원생을 가르치고, 오후에는 중학교로 와서 공부를 하는 것으로 유치원과 중학교를 세운다는 숙제를 한꺼번에 해결했습니다. 그렇게 중학생은 유치원생을 가르치고, 고등학생은 초등학생을 가르치고, 대학생은 중학생을 가르치면서, 이제 초등학교 학생이 700명, 유치원생은 1,000명에 이르는 학교가 되었습니다.

둥게스와리의 아이 몇 명을 보살피는 마음으로 시작했는데 시간이 흐르면서 점점 학교가 커져갔습니다. 처음에는 저 혼자 마음을 냈지만, 점차 인도에 가서 봉사하겠다는 사람이 나타나고 보시하겠다는 사람도 생겼습니다. 한 사람이 원을 내어 처음에는 한 명을 보살폈지만, 두 사람의 원이 되고 다시 세 사람이 원을 세우니 그것이 점점 커져 수많은 아이들이 보살핌을 받게되었습니다. 저같이 보잘것없는 사람도 원을 세우고 25년이 지나니 현재는 2천여 명의 아이들을 보살필 수 있게 되었습니다.

우리도
관세음보살처럼

관세음보살은 큰 원을 세우고 헤아릴 수 없는 생을 거듭하는 동안 그 원이 점점 커져 갔습니다. 어릴 때 부모로부터 버려져 고통 속에서 죽어가면서도 타인의 아픔을 생각하고, 거기서 크게 한 생각 돌이켜서 발심한 것이 시작이 되었습니다.

이제 우리도 자꾸 남을 원망하거나 미워하지 말고 마음을 한번 돌이켜 봅시다. 관세음보살은 일체중생의 아픔을 감싸 안고 중생을 구제하겠다고 마음을 냈습니다. 우리는 명색이 불자이고 관세음보살을 믿는 사람인만큼, 아직 힘이 약해 일체중생은 어렵더라도 우선 내 남편, 내 자식, 내 부모는 책임지고 보살펴야 하지 않겠습니까? 그들의 고통과 아픔을 내가 다 감싸 안고 나가겠다고 발심한다면 우리도 작은 관세음보살이 될 수 있습니다.

관세음보살을 부르는 뜻은 나도 관세음보살처럼 살겠다는 결심입니다. 우리가 지금 아무리 힘들다 해도 어린아이가 부모에게 버려져서 죽는 고통보다는 덜할 것입니다. 그런 상황에서도 한 생각 돌이켜 발심을 했는데 우리가 왜 보살이 되지 못하겠습니까. 부처가 될 수 있다는 믿음, 이 모든 고통을 관세음보살께서 보살펴줄 것이라는 믿음, 또 관세음보살처럼 남을 돕는 마음을 일으켜 나도 해탈하고 남도 해탈하게 하는 보살이 될 수 있다는 믿음으로 정진해야 합니다.

이런 마음을 낸다면, 우선 나 자신이 행복해지고 내 가정이 화목해집니다. 이런 수행자들이 늘어나면 우리 사회가 더 평화로워집니다. 이런 불자가 한 명, 두 명 늘어나면 세상이 변화합니다. 우리는 이런 힘, 이런 원으로 관세음보살을 부르고 지장보살을 불러야 합니다.

2
참을 게 없으면 괴로움도 없다

行深般若波羅蜜多時

과거·현재·미래의 모든 부처와 보살은 반야바라밀다 수행을 통하여 위없는 깨달음을 얻었습니다. 반야般若는 지혜, 혹은 깨달음이라는 뜻이고, 바라밀다波羅蜜多는 '저 언덕(彼岸)으로 건너간다'는 뜻입니다. 저 언덕은 괴로움이 없는 세계인 열반의 경지이니, 저 언덕으로 건너간다는 말은 번뇌의 바다, 고통의 바다를 건너가 부처가 됨을 의미합니다.

우리는 늘 무엇에든 의지하여 살아갑니다. 여러분이 가장 의지하는 사람은 누구입니까? 아내에게는 남편, 남편에게는 아내, 어린아이에게는 부모, 부모에게는 자식입니다. 그토록 굳건히 의지하던 아내나 남편, 부모나 자식이 세상을 떠나면 하늘이 무너지는 것 같은 슬픔을 느낍니다. 또한 대부분의 사람들이 돈과 건강에 의지합니다. 그래서 가족, 재산, 건강 등 내가 의지했던 삶의 기둥이 한꺼번에 무너졌을 때 인생의 괴로움은 극에 이릅니다.

이렇게 괴로움이 극한에 이르렀을 때도 악몽에서 깨듯 그 고통에서 벗어날 도리가 있으니 그것이 바로 깨달음입니다. 사람들은 많이 벌고, 출세를 하고, 명예를 얻고, 건강하게 오래 살기를 원합니다. 그러나 그 원하는 바를 다 이루었다고 해도 괴로움에서 완전히 벗어나지는 못합니다. 모든 괴로움에서 완전히 벗어나 자유와 행복에 이르는 길은 오직 반야, 즉 깨달음뿐입니다. 관자재보살은 반야바라밀다를 행하고 깨달음을 얻었기에 모든 괴로움에서 벗어났습니다.

보시바라밀

'저 언덕'에 이르는 방법에는 육바라밀六波羅蜜이 있고, 그 가운데 가장 대표적인 것이 반야바라밀般若波羅蜜입니다.

육바라밀의 첫째는 보시바라밀布施波羅蜜입니다. 보시바라밀은 베풂을 통해 이 괴로움의 바다에서 벗어나는 수행법입니다.

그러나 단순히 베풀기만 한다고 보시바라밀을 행한다고 할 수는 없습니다. 범부 중생은 베풂 없이 얻으려고만 하고, 현인은 더 많이 얻기 위해서 베풀며, 성인은 베풂의 대가를 바라는 마음이 없습니다. 성인은 본래 내 것이라 할 것이 없음을 알기 때문입니다.

어리석은 범부 중생은 얻을 때 행복하고 얻지 못하면 괴롭습니다. 그래서 늘 바라기만 합니다. 언제나 도와달라고 빌고 도움을 받으면서도 원하는 만큼 얻지 못했다고 괴로워합니다. 주는 자가 있어야 얻는 이도 있는 법인데, 세상은 얻으려는 사람은 많고 베풀려는 사람이 적으니 원하는 바를 이룰 수가 없습니다.

두 남녀가 만나서 부부의 연을 맺습니다. 서로 사랑해서 결혼한다고 말하지만, 현실적으로 배우자를 선택할 때는 인물, 학벌, 집안, 재산, 직업, 성격 등 여러 가지를 골고루 따집니다. 친구를 사귈 때는 그가 의리 있는 사람인지를 살피고, 사업을 할 때는 상대가 신용이 있는 사람인지만 살피는데, 왜 결혼할 때는 그렇게 여러 가지를 두루 가늠하는 것일까요? 한 사람을 잘 만나서 평생 덕을 보려고 하기 때문입니다. 가난하고, 신체 장애가 있고, 배운 것도 없는 사람에게 한눈에 반했다는 얘기를 들어본 적이 없습니다. 한눈에 반했다는 말은 자신이 원하는 조건이 다 갖추어졌다는 뜻이니까요. 그러면서도 사람들은 사랑해서 결혼했다고 말합니다. 사랑이라기보다는 욕심이라고 말하는 게 사실에 가깝지 않을까요?

사랑하는 사람끼리 만나 살면서도 심각한 갈등에 시달리는 이유는 무엇일까요? 상대에게서 얻으려는 마음이 전제되어 있기 때문입니다. 요즘은 오랜 시간 사귀어보고 여러 해 동거를 해보고도, 결혼하면 몇 년 되지 않아 쉽게 이혼합니다. 하지만 옛사람들은 상대편 얼굴도 보지 않은 채 결혼해서도 죽는 날까지 함께 살았습니다. 시대가 시대인지라 어쩔 수 없이 살아야 하는 경우도 있었지만, 그보다는 그 시절의 결혼은 덕보려는 생각이 적었기 때문에 갈등이 덜했던 것입니다. 시집가서 3년은 눈 감고, 3년은 귀 막고, 3년은 입 다물고 살았습니다.

그렇게 10여 년을 살다 보면 어느새 안주인이 되어 있었던 거예요. 그 시절의 결혼이 바람직하다는 얘기를 하려는 게 아닙니다. 객관적인 조건보다 자신의 기대치가 중요함을 알아야 한다는 뜻입니다. 내가 100을 기대하고 있을 때는 상대가 70을 주더라도 손해 보는 것 같고, 내가 50을 바라면 똑같은 70을 주는데도 이익을 보는 것 같습니다. 그러므로 바라는 마음이 없으면 누구와 산다고 해도 행복한 반면 바라는 마음이 크면 천하의 누구와 살아도 불행합니다.

현명한 사람은 준 바가 없으면 받을 것도 없음을 당연하게 여깁니다. 범부 중생은 베푼 바 없이 그냥 얻으려 하지만, 현인은 베풂으로써 얻으려고 합니다. 인연을 지으면 그 과보를 기꺼이 받고, 자기의 노력을 통해 이익을 만들어냅니다.

그러나 현명한 사람도 괴로움에서 벗어날 수는 없습니다. 그것은 투자했다고 반드시 이익이 붙어 돌아오는 것은 아니기 때문입니다. 뜨거운 여름볕을 견디며 부지런히 농사지었다고 해서 반드시 가을에 수확이 있다는 보장은 없습니다. 열심히 농사지어도 기후가 나빠 흉작이 될 때도 있습니다. 그럴 때 사람들은 후회합니다. '이럴 줄 알았으면 농사짓지 말걸 그랬다', '이럴 줄 알았으면 베풀지 말걸 그랬다'고 후회합니다. 이 또한 윤회의 씨앗을 심는 것에 불과합니다. 이 사람의 베풂을 '보시'라 이름 붙일 수는 있지만, '보시바라밀'을 행했다고 볼 수는 없습니다.

보살의 경지인 성인은 베풀되 대가를 바라지 않습니다. 다만 베풀 뿐입니다. 보시바라밀을 이루려면 조건 없이 베풀어야 합니다. 이것을 무주상보시無住相布施라고 합니다.

엄마가 갓난아기를 대하는 모습을 보면 무주상보시가 어떤 것인지 알 수 있습니다. 무엇이든 아낌없이 다 해주면서도 아무 요구가 없지 않습니까. 그래서 갓난아기하고는 싸울 일이 없습니다. 그때의 엄마는 성인과 같습니다. 그야말로 보살입니다.

사랑에 있어서도 무주상보시의 마음이 되어야 제대로 사랑한다고 할 수 있습니다. 다만 사랑할 뿐 보상을 바라지 않는 마음이어야 사랑입니다. 우리가 산을 좋아한다고 해서 산을 보고 "내가 너를 좋아하면 너는 나한테 무엇을 줄래?" 하고 묻나요? 바라는 것이 없으면 미워하는 마음도 생기지 않습니다. 사랑하기 때문에 미워지는 것이 아니라, 사랑받으려 하기 때문에 미움이 생기고 눈물이 생깁니다. 내가 너를 사랑하니까 너도 그만큼 나를 사랑하라는 마음은 사랑이 아니라 거래입니다. 사랑하는 마음에는 기쁨이 있고 해탈이 있을 뿐이지 어떤 부작용도 없습니다. 미움이 생기는 이유는 사랑받으려 하나 뜻대로 되지 않기 때문입니다. 지금 우리는 남에게 도움을 줄 생각은 하지 않으면서 남에게서 도움을 얻지 못해 괴로워합니다. 얻으려고 하면 가난뱅이요, 주려고 하면 부자입니다.

두 사람이 밭에서 똑같이 일하고 있을 때는 누가 주인이고 누가 객인지 가릴 수가 없습니다. 일을 마친 뒤 한 사람이 다른 사람에게 "수고하셨습니다" 하고 인사하거나, 한 사람이 다른 사람에게 수고비를 건넨다면, 인사하고 수고비를 건네는 그 사람이 바로 주인입니다. 주인과 객을 가려내는 방법은 간단합니다. 베푸는 사람은 주인이고, 받는 사람은 객입니다. 얻는 사람은 객이고, 주는 사람은 주인입니다.

바라는 마음은 나를 속박하는 올가미가 되어 점점 더 내 목을 조입니다. 바라는 게 있는 만큼 상대의 눈치를 보게 되고 내 인생은 점점 더 상대에게 종속됩니다. 상대가 어떻게 생각하고 말하느냐에 따라 나의 행불행이 좌우됩니다. 내 목에 밧줄을 매서 상대가 끌고 다니도록 내주는 격입니다. 그러니 중생의 삶은 주인이 이끄는 대로 이리저리 끌려다니는 소와 같습니다. 바라는 마음을 놓아버리는 것은 고삐를 풀어버리는 것과 같고 멍에를 풀어버리는 것과 같습니다. 그러면 세상 누구도, 세상 그무엇도 나의 행불행을 좌우할 수 없습니다. 괴로움과 속박에서 벗어나는 길이 거기에 있습니다.

보살은 중생을 사랑하고 보호하고 중생의 아픔을 보살피고 의지처가 되어주면서도 도무지 베푼다는 생각이 없습니다. 그래서 보살은 괴롭지 않습니다. 관세음보살은 일체중생을 보살피면서도 아무런 괴로움이 없고 지장보살은 지옥에 가서 지옥 중생을 구제하면서도 괴로움이 없습니다.

수자타 아카데미가 있는 인도의 둥게스와리는 부처님께서 6년간 고행했던 곳인데, 아직까지도 환경이 매우 열악합니다. 편안하게 자란 한국의 많은 젊은이들이 그곳에 가서 일하고 있습니다. 보살에게 정토는 이미 완성되어 있는 세계가 아니라 완성을 향해 보살이 활동하는 세상입니다. 중생을 구제하는 삶의 현장이 곧 정토인 것입니다. 그러니 둥게스와리에서 일하고 있는 봉사자들에게는 둥게스와리가 바로 정토입니다.

그런데 정작 둥게스와리 마을에 사는 사람들은 그곳이 떠나고 싶은 예토입니다. 가난하기 때문이 아니라 얻으려 하기 때문입니다. 자신들에게 주려고 갖다 놓은 물건까지도 훔쳐 갑니다. 봉사자들도 처음에는 그런 모습에 배신감을 느끼며 괴로워했습니다. 그들을 돕겠다고 그 먼 곳까지 찾아갔는데 거기서 오히려 그들을 미워하게 되니 괴로운 게 당연하지요. 왜 이런 현상이 생길까요? 그들을 돕는 일이 보시임은 분명하지만 보시바라밀을 이루지는 못한 것입니다. 기대하는 마음이 있기 때문입니다. 물질적인 도움을 준다는 이유로 마음 한켠에 '내가 이렇게 너희를 보살펴주니 너희는 내 말 잘 들어야 한다'라는 생각이 자리 잡고 있기 때문입니다.

학교에 가본 적 없는 아이를 초등학교에 다닐 수 있도록 도와주면 처음에는 매우 고마워합니다. 그러나 그 아이들이 초등학교를 졸업하고 중학교에 가고자 할 때 더 이상 지원할 수 없다고 하면 대부분 실망하여 원망합니다. 지극한 마음으로 열심히 도와주면 그들이 당연히 고마워하리라 생각하지만, 그것은 중생의 마음을 모르는 것입니다. 비난받을 줄 알면서도 그들을 도와야 합니다. 비난을 받더라도 이 아이들을 돌봐야 합니다.

남을 도우려는 마음을 내면서 그에 대한 칭찬을 기대하면 배신감이 생겨 괴로워집니다. 남을 돕고도 비난받을 마음의 준비가 되어 있으면 어떤 일이 벌어져도 괴롭지 않습니다. 그런 마음을 가져야만 바라밀이 됩니다. 지장보살이 지옥 중생을 구제해 놓아도 그 중생은 다시 지옥에 떨어집니다. 그런 인연을 짓고 과보를 받아 지옥에 떨어지는 것은 그들의 문제이고, 지장보살이 할 일은 그들을 지옥에서 건지는 것입니다. 그 일이 자신에게 보람이고 기쁨이어야 합니다. 베푼다고 해서 무조건 바라밀이 되는 게 아닙니다. 돕고 베푼다는 생각까지 완전히 내려놓아야 마침내 바라밀이 됩니다.

누군가를 사랑할 때는 다만 사랑할 뿐이어야 합니다. 내가 지금 괴로운 이유는 사랑받지 못하기 때문이 아니라 사랑하지 않기 때문입니다. 그가 나를 사랑하고 아니고는 그의 문제입니다. 그런데도 남의 인생에 간섭하면 자연히 갈등이 생기고 괴로움이 일어납니다.

지계바라밀

육바라밀의 두 번째는 지계바라밀持戒波羅蜜입니다. 지계는 계율을 지킨다는 뜻입니다. 계란 마땅히 행해야 하는 것을 행하고, 행하지 말아야 할 것을 행하지 않는 것입니다. 그렇다면 마땅히 행해야 할 것이 무엇이고 행하지 말아야 할 것이 무엇인지 자기 자신을 먼저 살펴보아야 합니다.

살아있는 생명을 죽이지 말라(不殺生)

생명을 가진 모든 존재는 살고자 하는 본능이 있습니다. 살아있는 생명은 무엇이든 마찬가지입니다. 나뿐만 아니라 다른 사람도 그러하고, 사람만이 아니라 다른 생명체도 그렇습니다. 만약 누군가 강제로 생명을 빼앗으려 한다면 저항이 있을 게 당연합니다. 미움과 원한이 솟아나고 그 원한을 갚으려 합니다. 누군가로부터 죽임을 당할 뻔 했다면 반드시 그 원수를 갚으려 들고, 누군가 내 부모를 죽였다면 또한 그 사람을 죽이려 합니다. 이 세상에 제일 큰 원한이 살인의 원한이며, 그 원한은 그렇게 돌고 돕니다. 칼로 찌르고 총을 쏘는 행위 자체로는 하나의 작은 동작에 불과하지만, 그 행위로 한 생명이라도 죽였을 때 돌아오는 과보는 엄청납니다. 그러니 현명한 사람이라면 작은 행위로 막대한 손실을 보는 짓을 하지는 않겠지요. 살생은 그렇게 바보 같은 짓입니다.

반대로 내가 굶어 죽어가거나 물에 빠져 죽을 위기에 처했을 때 누군가가 나를 구해주었다면 그는 나의 생명의 은인입니다. 물에 빠진 사람을 장대로 구해준 것은 작은 노력이지만, 생명을 건진 사람 입장에서 보면 엄청난 은혜이니 당연히 그 은혜에 보답하려 합니다. 생명을 구해준 작은 행위로 말미암아 나에게 돌아오는 복은 매우 큽니다. 그것이 방생의 공덕입니다.

따라서 지혜로운 자라면 살아있는 생명을 함부로 죽이지 않으며 죽어가는 생명은 기꺼이 살려야 합니다. 그것이 지계의 첫번째입니다. 마땅히 행하지 말아야 할 일을 행하지 않으며, 마땅히 행해야 할 일을 능히 행하는 것입니다. 살생하지 않는 것은 재앙을 받지 않는 길이며 방생하는 것은 큰 복을 얻는 길이니, 이 계율을 지키는 것은 누구보다 자신에게 이로운 일입니다.

주지 않는 남의 물건을 훔치지 말라(不偸盜)

아끼던 물건을 누군가 훔쳐갔거나 빼앗아갔다면, 혹은 잠깐 실수로 잃어버렸다면 누구나 아깝고 속상한 마음이 듭니다. 빼앗겼다면 되돌려 받으려 하고, 잃어버린 것이라면 다시 찾으려고 하겠지요. 남의 물건을 빼앗거나 훔치는 것은 남의 마음을 아프게 하고 손실을 입히는 일이기 때문에 보상을 해야 합니다. 결국에는 작은 이익을 취한 결과로 큰 손실이 따릅니다.

반면에 어렵고 곤궁할 때 누군가 나를 도와준다면 고마운 마음을 이루 말로 표현하기 어렵습니다. 배고플 때 밥 한 그릇에도 얼마나 감사합니까? 그 고마움을 수십 수백 배로 갚고자 하는 마음이 저절로 일어납니다. 그래서 가난한 사람을 돕는 일은 또한 비길 수 없는 큰 공덕입니다.

삿된 음행을 하지 말라(不邪淫)

낯선 사람이 다가와서 사랑한다고 끌어안으면 기분이 몹시 상하고 불쾌하며 괴롭기까지 할 겁니다. 그에게 크게 화를 내면 그는 이렇게 대꾸합니다. "내가 당신에게 뭘 어쨌다고 그럽니까? 내가 당신을 때리거나 손해를 끼쳤나요? 내가 한 일은 당신을 사랑해서 그저 포옹한 것 밖에 더 있습니까?" 그 말이 사실이라 하더라도 당한 사람은 괴로운 마음이 사라지지는 않습니다.

그 괴로움의 이유는 무엇일까요? 남녀 사이의 애정 문제나 성적인 문제는 내가 아무리 좋아해도 상대가 원하지 않으면 상대를 괴롭게 됩니다. 그러므로 내가 좋다 하더라도 상대가 원하지 않는 바를 행하면 상대에게 괴로움을 주기 때문에 그것은 해서는 안되는 삿된 음행에 해당합니다.

그렇다면 두 사람이 서로 동의하는 경우는 언제나 괜찮을까요? 두 사람의 당사자는 동의하지만 그것이 다른 누군가를 괴롭게 하는 경우도 삿된 음행에 해당합니다. 상대가 남편이 있는 여자라면 연애하는 두 사람은 좋지만 그 여자의 남편은 괴롭습니다. 상대가 아내가 있는 남자라면 그 아내가 괴로워집니다. 또한 만약 상대가 미성년자일 때에는 그 부모가 너무나 큰 괴로움에 시달리게 됩니다. 그래서 이 세 가지의 경우는 '삿된 음행'에 속합니다. 내가 좋다고 남을 괴롭히면 그 과보가 매우 큽니다. 이와 반대로 괴로운 사람을 위로하고 슬픈 사람을 기쁘게 해주면 그 공덕이 매우 큽니다.

거짓말을 하지 말라(不妄語)

믿었던 사람의 이야기가 거짓말이었음을 알게 되면 굉장히 불쾌합니다. 다른 사람에게 욕을 먹었을 때도 기분이 나빠집니다. 그렇듯 말로 남을 괴롭히는 행위를 하지 말아야 합니다. 남을 속이고 욕하고 비난하고 거짓으로 꾸며서 말하거나, 여기저기에 서로 다른 이야기를 전하며 이간질하지 말라는 것입니다.

모르는 것을 알려주고 틀린 것을 고쳐주고 외로울 때 위로해주고, 부드럽고 자비롭게 칭찬해주는 말은 상대를 기쁘게 합니다. 진실을 말하고 자비롭게 말하라는 계율입니다.

술을 먹지 말라(不飮酒)

지금까지 설명한 네 가지 계율이 사바라이四波羅夷입니다. '매우 중요한 네 가지 계율'이라는 뜻입니다. 여기에 마지막으로 '술을 마시고 취하지 말라'는 한 가지가 덧붙여집니다. 이 말은 술을 먹고 취해서 남을 괴롭히지 말라는 뜻입니다. 또한 중독성 물질을 섭취하지 말라는 뜻도 있습니다. 술이나 담배, 마약 등이 다 여기에 해당됩니다. 이런 물질을 섭취하면 잠깐은 기분 좋을 수도 있지만 건강에 좋지 않고 타인에게 괴로움을 주는 경우가 많기 때문입니다. 또 중독성 물질을 섭취하면 이성을 잃고 정신이 혼미해져서 앞의 네 가지 계율을 범할 확률이 매우 높아집니다.

남편이 지나치게 술을 마시는 문제로 가정불화가 생기는 경우가 많습니다. 가정불화가 아니더라도 술 때문에 생기는 일상의 사회적 분쟁도 매우 흔합니다. 술 마시는 사람은 기분이 좋을지 모르지만 타인에게는 큰 괴로움일 뿐 아니라 자신의 건강에도 좋지 않습니다. 이런 어리석은 짓은 하지 않는 것이 좋습니다.

계율을 지키는 것은 우리 사회가 자유롭고 행복해지는 가장 빠른 지름길입니다. 서로 모르는 낯선 남녀 둘이 외딴 곳에 있다 하더라도 상대가 절대로 사람을 때리거나 죽이지 않고, 물건을 빼앗거나 훔치지 않고, 원치 않는 성적 접촉을 하지 않으며,

거짓말이나 욕설을 하지 않고, 술에 취해 이성을 잃는 일이 없는 사람이라면 두려워할 이유가 전혀 없겠지요. 그런 만큼 오계는 우리 모두의 삶을 평화롭게 하는 기본 원칙입니다.

담배를 피우던 사람이 담배를 끊으려면 무척 힘이 듭니다. 하지만 담배를 피우는 것이 나쁜 줄을 확연히 아는 사람은 피우지 않아도 괴롭지 않습니다. 그래서 범부는 계율을 지키지 못하고 현인은 계율을 지키는 것입니다. 성인은 그것이 나쁜 일인 줄 알고, 그 행동이 자신에게 엄청난 손해로 돌아옴을 알기에 행하지 않습니다. 담배가 몸에 얼마나 해로운지를 확연히 알면 아예 마음에 갈등이 일어나지 않습니다. 계율을 지킨다는 생각 없이 지키는 것이 성인의 수준입니다. 따라서 어리석은 자에게 지계는 무거운 속박이지만, 인연의 고리를 볼 줄 아는 지혜로운 자에게는 자유로움입니다. 마땅히 행해야 할 일임을 확연히 알고 나면 계율은 더 이상 속박이 아니고 자유입니다.

담배 피우는 사람은 담배를 피우지 않고 어떻게 사느냐고 묻습니다. 그러나 애초에 담배를 피우지 않는 사람은 아무렇지도 않습니다. '담배를 피우지 말아야지. 참아야지' 하고 결심하고 있다면 지금 담배 피우고 싶은 욕구에 이미 사로잡혔음을 알아야 합니다. 사실 담배를 피우지 않는 사람은 피우지 말아야 한다는 생각 자체가 들지 않습니다. 그것이 지계바라밀입니다. 계율의 가르침을 확연히 깨달으면 지계바라밀은 저절로 이루어지고, 단순히 계를 지키는 것에만 머물러 계율에 속박을 받게 되면 자꾸 계율을 어기게 됩니다. 계율을 지키는 것은 좋은 일이지만 지키는 것만으로는 바라밀의 경지에는 이르지 못합니다.

인욕바라밀

육바라밀의 세 번째는 인욕바라밀忍辱波羅蜜입니다. 인욕바라밀은 옳고 그른 것이 없기 때문에 참을 것이 없는 것을 뜻합니다. 사람은 누구나 자기를 중심에 놓고 앞뒤, 좌우, 동서남북의 방향을 가릅니다. 자기를 기준으로 해서 모든 사물을 봅니다. 옳고 그름에 대한 판단 역시 자기 카르마를 기준으로 해서 보기 때문에 생겨나는데, 그 사실을 곧잘 잊어버리고는 자기 기준을 절대화합니다. 우리는 황해를 서해라 하지만 중국에서 보면 그 바다는 동해입니다. 모든 판단은 상대적입니다.

저마다 자기 기준에서 본 것을 절대화하면 갈등이 생길 수밖에 없습니다. 현대인은 자기 기준을 절대화하다 보니 자기 주장이 너무 강해서 매사를 다른 사람들의 잘못으로 알고 남을 탓하다 보니 스트레스가 많습니다. 흔히 사람들은 인간관계를 원만히 하기 위해 자기 주장을 내세우지 않고 억울한 마음이 들어도 참고 삽니다. 그렇게 하면 겉으로 보면 갈등이 없는 것 같지만 오히려 병이 깊어집니다. 그래서 참는 것은 결코 행복에 이르는 해탈의 길이 아닙니다.

한국인에게 잘 나타나는 질병 가운데, 화병이라는 독특한 병이 하나 있습니다. 이유 없이 얼굴이 벌겋게 달아오르고, 가슴이 답답하고, 목이 뻐근하고, 뒷골이 자꾸 쑤시고, 눈이 침침해집니다. 이런 사람이 병원에 가면 화를 너무 참아서 생긴 병이니 그냥 화를 내버리라고 가르칩니다. 자기가 미워하는 사람을 인형으로 만들어 놓고 혼자서 욕하고 때리며 화풀이를 하라고도 합니다. 하지만 그것은 근본적인 치료가 아닙니다. 화가 난다는 것은 내가 옳고 상대가 그르다는 생각에 빠져 있다는 뜻입니다. 정신을 차리고 깨어있는 눈으로 깊이 관찰해 보면, 본래 옳고 그른 게 따로 있지 않고 서로 생각이 다를 뿐임을 알 수 있습니다. 이 사실을 깨달아야 합니다. 내 기준으로 보았기 때문에 내가 맞고 상대가 틀린 것으로 비춰진 겁니다.

옳고 그른 게 없이 다만 서로 다를 뿐입니다. 나를 기준으로 옳고 그름의 분별을 일으키며 그것을 절대화, 객관화하는 것을 '상을 짓는다'고 합니다. 우리는 지금 그 상에 집착하고 있습니다. 그로 인해 갈등이 생긴다는 것을 깨달으면 더 이상 참을 것이 없어집니다. 용서는 아름다운 행동이지만 거기에도 여전히 '내가 옳다'는 생각이 밑바닥에 자리 잡고 있음을 보아야 합니다. 그래서 용서는 해탈의 길이 아니라 현인의 길입니다. 성인의 길, 불보살의 길은 용서해줄 것이 없는 경지에 있습니다. 애초에 옳고 그른 바가 없기 때문입니다. 참을 것이 없는 이러한 경지가 인욕바라밀입니다.

아들 집에 다니러 온 시어머니가 며느리에게 자꾸 "우리 아들은 이 나물은 데쳐서 무친 걸 좋아한단다. 이건 익히지 않고 그대로 무친 걸 좋아하는데 삶았구나" 하면 며느리 입장에서는 귀찮고 기분이 상합니다. "시어머니 잔소리 때문에 못살겠어요. 그냥 가만히 좀 계시면 좋겠어요. 밥해 드리면 드시고, 구경시켜 드리면 구경 갔다 오고, 그렇게 계시다 가면 좋을 텐데 집에 오시면 늘 생활에 간섭하셔서 힘들어요" 하고 하소연할 겁니다.

여기 갖다 놓으면 여기 가만히 있고 저기 갖다 놓으면 저기 가만히 있는 건 꾸어다 놓은 보릿자루지, 사람이 어떻게 그렇습니까? 그건 시어머니를 제 마음대로 하고 싶다는 말입니다. 어린 애처럼 밥 주면 밥 먹고, 구경시켜 주면 구경이나 하고, 입 다물고 가만히 있으라는 말입니다. 나에게는 남편인 그 사람이 시어머니에게는 아들입니다. 아들의 습성에 대해서 누가 더 잘 알겠습니까? 어머니는 아들에 관해서라면 당신이 며느리보다 훨씬 더 잘 안다고 생각합니다. 그래서 자기가 아는 바를 얘기할 뿐인데, 며느리 입장에서는 그것이 간섭이고 잔소리가 됩니다.

지혜로운 며느리라면 '남편에 대해서는 나보다 어머니가 더 잘 아시니 남편이 어떤 식성을 갖고 있고 어떤 취향을 갖고 있는지 좀 배워야겠다'고 마음을 냅니다. 그러면 '이런 음식들을 좋아하는구나. 그래서 내 나름으로는 정성 들여 해주는데도 젓가락으로 뒤적거리기만 하고 맛있게 먹지 않았던 거구나.' '아침에 옷 입을 때마다 곧잘 신경질을 내서 왜 저러나 했더니 속옷이 구겨져서 그랬구나' 하고 생글생글 웃으며 즐거이 배우게 됩니다. 이렇게 되면 며느리는 더 이상 시어머니 잔소리를 듣고 참는 것이 아닙니다. 이웃집에서 "저 집 며느리 대단하다. 시어머니 잔소리를 저렇게 잘 참고 견디네"라며 감탄하더라도, 사실이 며느리에게는 조금도 참을 일이 없습니다. 참을 것이 없는 자는 괴로움이 없으므로 영원히 참을 수 있습니다. 이런 상태를 인욕바라밀이라고 합니다.

정진바라밀

육바라밀의 네 번째는 정진바라밀精進波羅蜜입니다. 정진은 부지런히 닦아 꾸준히 나아간다는 뜻입니다. 좋고 싫은 마음은 나의 카르마(업식)에서 비롯됩니다. 카르마에 따라 일어나는 좋고 싫은 분별을 탁 놓아버리면, 하기 싫은데 하려고 애쓰는 게 아니라 그냥 할 뿐인 삶이 됩니다.

해야 한다는 것은 생각이고 하기 싫다는 것은 마음입니다. 생각은 마음의 바탕 위에 있습니다. 노력한다는 말은 하기 싫다는 마음의 다른 표현입니다. 새벽에 일어나야 하는데 이부자리에 누워 '일어나야지, 일어나야지…' 하는 건 일어나기 싫은 마음 때문입니다. 그럴 때는 일어나려고 노력하지 말고 일어나기 싫다는 마음을 놓아버리면 됩니다. '일어나야지' 하는 식의 공부는 해탈도가 아닙니다. 일어나려는 생각의 밑바닥에 일어나기 싫은 마음이 깔려 있음을 알고 그 싫은 마음을 놓아버리는 것이 해탈의 길입니다.

그러면 그 싫은 마음을 어떻게 하면 놓을 수 있습니까? 그냥 놓으면 됩니다. 뜨거운 불덩이를 쥐었을 때 '앗, 뜨거워!' 하고 느끼는 순간 아무 생각 없이 그냥 내려놓지 않습니까. 불덩이를 쥐는 데는 여러 방법이 있지만 내려놓는 데는 특별한 방법이 필요 없습니다.

"담배를 끊으면 좋다는 것은 알겠는데 어떻게 하면 끊을 수 있습니까?" 하는 말은 담배를 끊고 싶지 않다는 뜻입니다. 사람들은 자기 안에 그런 마음이 숨어 있다는 사실을 살피지 못합니다. 스스로도 자기 생각과 마음을 헷갈려 합니다. 담배 끊는 방법은 아주 쉽습니다. 그냥 안 피우면 됩니다. 오히려 담배를 피우려면 번거로운 과정이 필요하죠. 돈이 있어야 하고, 담배를 사와야 하고, 포장을 뜯어서 담배를 입에 물어야 하고, 불도 붙여야 합니다. 하지만 담배를 끊는 데에는 아무런 방법도, 노력도 필요하지 않습니다. 그냥 안 피우면 그만입니다.

'일어나야지, 일어나야지' 하는 것은 '일어나기 싫다, 일어나기 싫다'를 반복하는 것입니다. 일어나는 데에도 아무 방법이 없습니다. 그냥 싹 일어나면 됩니다. 자명종이 울리는 순간 싹 일어나는 게 공부입니다. 한번 싹 일어나 보면 그 일이 아무것도 아니었음을 알게 됩니다. 열심히 노력한다는 말은 맞지 않습니다. 노력할 것도 없고 애써 닦으려고 할 것도 없습니다. 그냥 행하는 바가 그대로 닦음이 되는 경지가 정진바라밀精進波羅蜜입니다.

선정바라밀

육바라밀의 다섯 번째는 선정바라밀禪定波羅蜜입니다. 선정은 번뇌가 사라져 마음이 고요한 상태를 뜻합니다. 우리의 마음은 늘 초조하고 불안하고 산만하고 들떠 있습니다. 이렇게 자기 마음이 산란해도 산란한 줄을 알아차리지 못합니다. 마음이 산란한 이유는 경계에 끌려다니기 때문입니다. 선정을 닦는다는 것은 마음이 산란함을 알아차리고 호흡을 가다듬고 한가하고 고요하게 하는 것입니다. 하루 종일 가부좌를 틀고 앉아 있는다고 해서 선정바라밀이 되는 건 아닙니다. 욕망을 따라가면 쾌락이고 억눌러 참으면 고행입니다. 그 두 가지 모두 해탈의 길이 아닙니다. 참는 것도 아니고 따라가는 것도 아닌 길, 다만 알아차릴 뿐입니다. 그것을 다만 그것으로 알고, 일어났다 사라지는 모습을 지켜봐야 합니다. 마음속에서 일어나는 욕망을 억누르고 참는 것은 고행이지 해탈의 길이 아닙니다.

그래서 고요하려고 애쓸 것 없이 고요함에 이른 사람은 혼자 있으면 호젓해서 좋고, 둘이 있으면 외롭지 않아서 좋습니다. 산에 가면 산이 좋고, 저자에 가면 저자가 좋습니다. 사람이 많으면 전법할 수 있어 좋고, 혼자 있으면 자기 정진하기 좋습니다. 돈이 있으면 보시하기 좋고, 돈이 없으면 인욕행忍辱行을 하기 좋습니다. 그런 경지가 선정바라밀禪定波羅蜜입니다.

반야바라밀

보시, 지계, 인욕, 정진, 선정이 바라밀의 수준에 이르기 위해서는 그 바탕에 깨달음의 지혜가 있어야 합니다. 아무것도 바라는 마음 없는 보시만이 자기를 이롭게 한다는 깨달음이 있어야 보시바라밀이 됩니다. 지킨다는 생각이 없는 지계바라밀, 참는다는 생각이 없는 인욕바라밀이 되기 위해서도 근본 이치에 대한 지혜가 있어야 합니다. 그래서 여섯 번째 바라밀, 반야바라밀般若波羅蜜 안에는 육바라밀이 다 들어 있고, 반야바라밀을 행하는 것은 여섯 가지 바라밀을 다 행하는 것이기도 합니다.

군이 구별하자면 여섯 가지 바라밀로 구분할 수 있다는 것이지, 사실 그 여섯 가지는 다 반야바라밀에 들어 있습니다. 가장 중요한 것은 지혜입니다. 이치를 온전하게 알고 나면 베풀고 지키고 참고 노력하는 것이 하나도 힘들지 않고, 시간과 장소를 가릴 필요 없이 지금 여기 하루하루의 삶 그대로가 선정이 됩니다. 법에 대한 깨달음이 있어야 바른 수행이 가능하며, 또한 그런 수행을 통해서 마침내 완전한 깨달음인 반야바라밀을 얻을 수 있습니다.

관자재보살은 베풀되 아무 대가 없이 베풀고, 계를 지키되 지킨다는 생각 없이 지키며, 참는 바 없이 잘 참으며, 애쓰지 않고도 할 일을 다 하며, 매순간 깨어있어 선정의 삶을 삽니다. 그렇게 행함으로써 온갖 법이 다 공함을 알아 마침내 괴로움이 없는 세계로 나아갔습니다.

3

모든 괴로움에서 벗어나는 법

照見五蘊皆空 度一切苦厄

오온五蘊은 색수상행식色受想行識 다섯 가지의 쌓임입니다. 오온이 공하다는 것은 색수상행식이 다 공하여(皆空) 일체가 텅비어 실체가 없다는 뜻입니다. 또한 오온이 곧 일체一切이며 일체는 제법諸法이니, 세상 만법萬法의 본질은 텅 빈 자리입니다. 천하 만유는 '이것이다'라고 규정할 그 어떤 자아나 실체를 갖고 있지 않습니다. 그 텅 빔의 진리를 깨달으면 지금까지의 모든 괴로움과 액난으로부터 벗어날 수 있습니다. 그리하여 온갖 번뇌와 고뇌가 흔적 없이 사라짐을 도일체고액度一切苦厄이라 합니다.

다섯 가지의 쌓임
—오온

근본불교에서는 일체를 오온五蘊이라고도 하고 십이처十二處라고도 합니다. 오온은 색수상행식을 말합니다. 색色은 우리 몸을 포함해서 세상에 있는 물질 현상계 전체를 일컫습니다. 눈으로 보든, 귀로 듣든, 코로 냄새 맡든, 혀로 맛보든, 손으로 만지든 '인식의 대상'이 되는 것은 다 색이라 합니다. 또는 우리의 의식 중에 물질적 존재로 인식되는 이미지라고도 볼 수 있습니다.

수受는 외부의 정보를 받아들이는 감각 작용이 일어날 때, 몸과 마음에서 일어나는 반응인 '느낌'을 말합니다. 우리가 외부세계의 정보를 인식할 때는 각자가 가지는 업으로 인해 몸과 마음에서 다양한 감각과 느낌이 일어납니다. 각자의 업식에 따라 일어나는 그러한 쾌, 불쾌의 느낌과 즐겁고 괴로움의 감정을 '수'라 합니다. 느낌은 몸과 마음에서 순간적으로 일어났다가 사라지고, 또 일어나고 사라집니다.

상想은 저장된 정보를 기억해내는 작용입니다. 외부에서 들어온 정보는 내부에 저장되었다가 필요한 때 언제든지 되살아납니다. 들어온 정보는 그대로 단순히 저장되는 게 아니라 이미지로 만들어져 저장되고 기억으로 되살아납니다. 우리는 간혹 이런 생각 작용과 실제를 구분하지 못하는 착각을 일으키기도 합니다. 마치 붉은색 안경을 끼고 흰 벽을 보면 벽 색깔이 붉게 보이는데, 그럴 때 우리는 그 벽을 붉은 색깔의 벽이라고 착각하는 것과 같습니다. 본래 벽 색깔을 알지 못하고 내 눈에 보이는 것을 가지고 본래 벽의 색깔이 붉은색이라고 착각하는 것입니다.

행行은 의지 작용입니다. 정보를 받아들이는 과정에서는 기분이 좋다 나쁘다, 생각이 옳다 그르다 등의 느낌과 생각과 감정이 일어나는데, 그 느낌과 생각과 감정들로 인해 하고 싶다, 하기 싫다, 해야 한다, 말아야 한다 등의 여러 가지 행위를 유발합니다. 그렇게 행위를 유발하는 작용을 '행'이라 합니다. 행에는 뜻으로 하는 행과 말로 하는 행, 몸으로 하는 행의 세 가지가 있습니다.

행이 일어나면 거기에는 자연히 과보가 따릅니다. 행에 의해 새로운 업식이 형성되어 다시 식識에 축적이 됩니다. 그래서 지금 이 순간 작용하는 식은 이전에 작용하는 식과 이후에 작용하는 식과는 다릅니다. 그런 까닭에 우리가 사물을 객관적으로 본다는 것은 거의 불가능합니다. 각자에겐 각자의 식이 있고, 우리의 인식 작용은 그것과 반응하여 일어나기 때문입니다.

우리는 저마다 다른 업식을 갖고 있는 탓에 똑같은 대상을 보고도 그 반응은 지극히 주관적입니다. 물론 업식이 완전히 소멸된다면 객관적 인식이 가능해지겠으나, 우리가 생존하는 한 식의 완전한 소멸은 어렵습니다. 사람마다 견해도, 생각도, 가치도 다를 수밖에 없습니다.

그러나 그런 사실을 확연히 알면 더 이상 '내가 옳다'고 고집하지 않게 됩니다. 내가 보기에 붉은 저 벽을 두고 다른 사람이 푸른색이라고 주장해도 갈등이 생기지 않습니다. 내 눈에는 붉게 보이지만 그의 눈에는 푸르게 보일 수 있다는 걸 알기 때문입니다.

색수상행식 중에 색은 육체적 작용이고 수상행식은 정신 작용에 속합니다. 수는 몸과 마음에서 일어나는 감각과 느낌입니다. 몸에서 느끼는 감각이나 마음에서 일어나는 느낌 모두를 '수'라고 부릅니다. 일반적으로는 일체를 몸과 마음으로 나누어 말하지만, 그 작용을 면밀하게 관찰해 보면 그렇게 간단히 둘로 나누기는 어렵습니다. 일체는 다섯 가지 쌓임일 뿐, 그 어떤 실체도 없습니다. 다만 색수상행식의 '작용'일 뿐입니다.

이런 진리를 깨치고 나면 우리의 고뇌가 생기는 이유를 알 수 있고, 고뇌의 원인을 알고 나면 그 고뇌로부터 벗어나는 길을 찾을 수 있습니다. 이런 이치를 확연히 알게 되면 세상을 눈으로 보고, 귀로 듣고, 코로 냄새 맡고, 혀로 맛보고, 손으로 만지고, 머리로 생각하면서도 마음에 괴로움이 일어나지 않을 수 있습니다.

십이처와
십팔계

십이처十二處는 안이비설신의眼耳鼻舌身意와 색성향미촉법色聲香味觸法입니다. 우리의 감각기능을 감각기관과 인식의 대상으로 분류한 것입니다. 즉 눈(眼)으로 보는 색色, 귀(耳)로 듣는 성聲, 코(鼻)로 냄새 맡는 향香, 혀(舌)로 맛보는 미味, 몸(身)으로 느끼는 촉觸, 그리고 머리(意)로 생각하는 법法을 말합니다. 그러므로 십이처설에서 일체란 눈으로 보고, 귀로 듣고, 코로 냄새 맡고, 혀로 맛보고, 몸이나 손으로 만지고, 머리로 생각함을 말합니다.

그런데 십이처설로 일체 현상을 설명하기에는 조금 부족함이 있습니다. 시력이 같은 두 사람이 동시에 하나의 사물을 보아도 그들이 인식한 내용은 서로 다른 경우가 있습니다. 각자가 정확하게 관찰했음에도 그 결과가 다르다면 십이처설만으로는 그 이유를 설명하기 어렵습니다. 또 제정신이 아닌 사람은 눈이 있더라도 제대로 볼 수 없는데, 이런 경우들은 과연 어떻게 설명할 수 있을까요?

우리에게는 보고, 듣고, 냄새 맡고, 맛보고, 접촉하고, 생각하는 데 영향을 주는 과거 경험의 식識이 있습니다. 이 식이 여섯 가지 감각기관에 따라 안식眼識·이식耳識·비식鼻識·설식舌識·신식身識·의식意識의 식이 있어 십이처에 더해서 일체 현상을 설명하는 방법을 십팔계설十八界說이라고 합니다.

정리하자면 근본불교에서 일체를 설명하는 방식에는 오온설과 십이처설, 그리고 십팔계설의 세 가지가 있습니다. 오온이 모두 공하다는 것은, 오온뿐 아니라 십이처와 십팔계가 모두 다 공하다는 뜻으로 이해하면 됩니다. 다시 말해 만법이 다 공하다는 뜻입니다.

일체가 오온이므로 오온이 모두 공함을 깨달았다는 것은 만법이 모두 공함을 깨달았다는 뜻입니다. 실상이란 있는 그대로의 모습입니다. 모든 현상과 존재에는 어떤 한 가지 고정된 모습의 실체가 존재하지 않습니다. '이것이다'라고 부를 만한 본성이 본래 없다는 것이 세계의 실상입니다. 존재의 실상에 대해 '제법諸法이 공空하다'라고 표현합니다.

그래서 이 문장의 핵심은 '오온이 곧 제법'이라는 것입니다. 여기서 제법은 정신적이든 물질적이든 '존재하는 모든 것'이란 의미로 해석할 수 있습니다.

모든 것은
텅 비어 있다

공성空性은 모든 존재의 특성입니다. 존재하는 모든 것의 실상은 텅 비어 실체가 없다는 것입니다. 칼 든 강도가 나를 쫓아오는 악몽을 꿀 때, 꿈속에서는 분명히 강도가 있습니다. 두려움에 떨며 도망치다가 더는 피할 수 없는 순간이 되면 구해달라고 비명을 지릅니다. 그때 누군가가 나타나서 강도로부터 벗어날 길을 열어주면, 나는 두려움에서 벗어나 안도하게 됩니다. 강도로부터 생겨난 두려움이 고苦라면 누군가에게서 보호받아 마음이 편안해진 상태는 낙樂입니다. 꿈속에서는 분명히 고가 있었고, 그 고를 벗어나서 낙을 얻었습니다.

그런데 어느 순간 눈을 떠보면 그것이 모두 꿈이었음을 알게 됩니다. 잠에서 깨어나면 강도는 본래 없었으며, 강도가 본래 없었으니 사실은 두려워할 일도 없었습니다. 꿈에서 깨어나면 도망갈 일도, 도움을 요청할 일도, 나를 구해줄 사람도, 내가 보호받을 일 또한 없습니다. 꿈에서 깨어나야만 비로소 그것이 꿈인 줄 압니다. 그래야만 그 모든 것이 하나의 환영幻影이고, 헛것이고, 실재하지 않음을 알게 됩니다.

꿈속에서 강도가 있다고 의심 없이 믿었던 것처럼, 지금 우리가 실체라고 여기는 것을 오온이라고 합니다. 그러나 눈을 뜨고 나면 그건 환영이고 착각일 뿐 실체는 없습니다. 그것이 바로 공空입니다. 꿈속에서는 분명 괴로움에 힘겨웠으나, 눈뜬 상태에서는 아무 괴로움이 없습니다. 이 사실을 바로 알면, 오온이 다 공하다는 공성을 확연히 아는 것입니다. '오온이 공함을 비추어 보았다(照見五蘊皆空)' 함은 '꿈에서 깨어나 그것이 꿈이었음을 알게 되었다'는 뜻입니다. 그리하여 마침내 모든 괴로움은 흔적도 없이 사라져버립니다(度一切苦厄).

이 구절은『반야심경』전체 경문의 핵심입니다. 우리는 수행자로서 반야바라밀다를 행하려고 합니다. 반야바라밀다 수행, 즉 육바라밀 수행을 하면 제법의 공성을 깨달아 모든 번뇌가 사라지고 해탈과 열반을 증득할 수 있습니다.

범어로 된 원문을 보면, 보시바라밀을 행함으로써 제법이 공한 도리를 깨닫는 게 아니라, 보시를 행하는 과정에서 제법의 공성을 깨닫게 됨으로써 비로소 그 보시가 완성된다고 기록되어 있습니다. 보시를 행함으로써 모든 괴로움에서 벗어나는 것이 바로 보시의 완성입니다. 여기서 중요한 것은 제법이 공한 이치를 깨달아야 한다는 부분입니다. 제법이 공한 이치를 알아야 우리의 수행이 해탈과 열반으로 나아갈 수 있습니다. 그래야 보시행을 할 때도 그 베풂이 참된 보시바라밀행이 될 수 있습니다. 즉 보시를 행할 때 본래 내것이라고 할 것이 없음을 알아야 참된 보시가 될 수 있다는 뜻입니다. 이것을 보시의 완성, 보시바라밀이라고 합니다.

제법諸法의 공성空性을 깨닫겠다고 결심한다고 해서 바로 깨쳐지지는 않습니다. 그것은 공이라는 또 다른 상을 짓는 것에 불과합니다. 이런 사람은 제법이 공하다는 생각에 사로잡혀 있습니다. 공의 모양을 생각으로 지었다 하여 공상空相이라고 합니다. 공이라는 모양을 생각으로 지으면, 그것은 공이 아니라 공이라고 이름 붙여진 하나의 상일 뿐입니다.

제법이 공하다는 생각만으로는 결코 번뇌가 사라지지 않습니다. 제법이 공함을 지식으로 잘 알고 있는데도 번뇌와 괴로움이 사라지지 않는 것도 바로 이 때문입니다. 불교 교리에 한없이 해박한 사람이라 할지라도, 그것을 지식으로만 갖고 있다면

그의 인생 문제는 한 가지도 해결되지 않습니다. 이것이 공병空
病입니다. 이런 사람은 "그건 색이야"라고 말하면 "아니야, 공이
야" 하며 대립합니다. "공인 것을 왜 아니라고 하지? 그건 불교
가 아니야" 하며 논쟁하려 듭니다. 제법이 공한 도리에서는 다
툴 일이 일어나지 않습니다. '공'이라는 상에 집착하니 분별이
일어나고 번뇌가 따르는 것입니다.

괴로움과 즐거움의
쳇바퀴

흔히 인생이 괴롭다고들 하지만, 살다 보면 즐거울 때도 있습
니다. 괴로울 때가 있고, 즐거울 때가 있으며, 괴롭지도 즐겁지
도 않을 때가 있습니다. 따라서 인생에는 고苦가 있고, 낙樂이
있으며, 고도 낙도 아닌 상태가 있습니다. 고와 낙은 결코 영원
하지 않습니다. 고가 낙이 되기도 하고 낙이 고가 되기도 하니,
중생은 고와 낙을 끊임없이 오갑니다.

이러한 고락의 오감을 윤회라 하는데, 결국 윤회 그 자체가
고입니다. 지금 이 순간 낙을 얻었다 하더라도 시간이 지나 상
황이 바뀌면 이내 고가 되어버리고 말아 낙의 본질도 고일 뿐

입니다. 그래서 '일체는 고'라 할 때의 '고'는 고와 낙을 윤회하는 것을 말합니다.

중생은 끝없이 낙을 추구하며 살아도 때로는 원치 않는 고를 만나게 되고, 고에 떨어져 괴로워하다가도 그 가운데서 뜻밖의 낙을 맛보기도 합니다. 중생은 고를 싫어하고 오로지 낙을 구하나, 낙은 쉽게 구해지지 않으며 구해진다 하더라도 지속되지 않기에 우리는 늘 고에 허덕입니다. 그래서 '일체가 다 고'라고 합니다.

그 이유는 삶의 이치를 알지 못하는 무지無知, 무명無明 때문입니다. 꿈속에서 강도에게 쫓기는 사람의 두려움은 강도가 그를 해치려는 데서 비롯된 게 아니라 없는 강도를 있는 것으로 착각한 데서 일어납니다. 깨닫고 보면 나를 해치려는 사람은 어디에도 없습니다. 도깨비에게 홀리는 것처럼 환영 속에 휩쓸렸을 뿐입니다. 사물을 있는 그대로 보지 못하고 자기 업식에 따라 생겨난 환영을 진실상이라고 착각하고 있습니다.

전도몽상顚倒夢想 때문에 우리 삶의 고통이 시작됩니다. 이 고통에서 벗어나려면 환영인 줄 알아야 합니다. 꿈이 꿈인 줄 알아야 합니다. 꿈에서 깨어나는 그 순간 모든 두려움에서 벗어날 수 있습니다. 같은 악몽을 거듭 꾸다 보면, 꿈을 꾸는 중에도 꿈이라는 것이 알아차려지고 눈을 뜨려고 애써 본 경험이 있을 겁니다. 눈을 뜨려는 노력은 지금 꿈꾸고 있다는 자각이 일어났기 때문에 가능합니다. 꿈속에서라도 꿈인 줄 알아야만 눈뜨려는 노력을 하게 됩니다.

『금강경』 사구게 가운데 '범소유상凡所有相 개시허망皆是虛妄'이라는 구절이 있습니다. 무릇 형상이 있는 모든 것은 다 허망하다는 뜻입니다. 허망하다 함은 허무하다는 것이 아니라 텅 비어 환영과 같아 실체가 없다는 뜻입니다. 허망하다는 것을 좀 더 구체적으로 비유를 들어 '여몽환포영如夢幻泡影 여로역여전如露亦如電'이라고 덧붙입니다. '꿈과 같고 꼭두각시와 같고 물거품과 같고 그림자와 같으며 또한 이슬과 같고 번개와 같다'고 했습니다. 꿈을 꿈인 줄 알고 모두가 허망한 줄을 알아차려서 꿈에서 깨어나면, 꿈속에서의 모든 괴로움이 사라져버리니 그것을 두고 곧 부처를 보는 것이라고 했습니다.

팔만사천
번뇌 망상

우리가 허덕이는 삶의 고통을 생로병사生老病死 네 가지로 나누어 사고四苦라 부릅니다. 태어나고, 늙고, 병들고, 죽어가는 인생살이 자체가 바로 고입니다.

생로병사가 육체적 한계에서 오는 것이라면, 나머지는 정신적 고통입니다. 생로병사에 정신적 고통 네 가지를 합해서 팔고八苦라 하기도 합니다.

첫 번째가 애별리고愛別離苦, 즉 사랑하는 사람과 헤어지는 고통입니다. 나는 그를 좋아하지만 그는 나를 좋아하지 않을 수 있습니다. 상대도 날 사랑한다면 더없이 좋은 일이지만 실제로는 그렇지 않은 경우가 많습니다. 좋아하기 때문에 괴로운 게 아니라, 좋아해서 함께하고 싶은 마음을 뜻대로 이루지 못하기 때문에 괴롭습니다. 좋아하는 마음 자체는 문제가 될 것이 없습니다. 바다를 좋아하거나 별을 좋아하면 절대로 괴롭지 않습니다. 좋아하는 데서 괴로움이 생기는 게 아니라 좋아해서 일어나는, 함께 있고 싶은 마음이 뜻대로 이루어지지 않아 괴로워지는 것입니다. 이것이 애별리고입니다.

두 번째는 원증회고怨憎會苦, 미워하는 사람과 함께해야 하는 괴로움입니다. 중생은 싫어하는 사람과는 헤어지고 싶어하고, 싫어하는 일은 하지 않으려 합니다. 그런데 싫어하면서도 하지 않을 수 없고, 싫어하면서도 한 집에 살아야 하고, 싫어하면서도 같이 일해야 하는 조건에 처하니 괴롭지 않을 수 없습니다.

그러나 좋아한다고 해서 그 마음이 항상 즐거운 것은 아니듯, 싫어하는 마음도 늘 괴로움인 것은 아닙니다. 싫어서 헤어지고 싶은데 그것이 뜻대로 되지 않으니 괴로워집니다. 길 가던 사람 둘이 우연히 만나 차 한잔 함께 마시는 거라면 싫은 마음이 들 때 언제든 자리에서 일어나 헤어지면 그만이지만, 만약 결혼한 사이라면 헤어지는 일은 결코 쉽지 않습니다. 부모 자식의 관계라면 헤어지기란 더더욱 어렵습니다. 다니는 직장에 싫은 사람이 있다면 그 사람을 보지 않으려고 무작정 직장을 그만둘 수는 없는 일입니다. 사랑하는 사람과 헤어지는 괴로움도 아프지만, 어쩌면 미운 사람과 같이 있어야 하는 괴로움이 더 크다고 할 수도 있습니다.

세 번째, 무언가를 얻으려고 하나 얻어지지 않고, 이루고자 하는데 이루어지지 않을 때 일어나는 괴로움을 구부득고求不得苦라 합니다.

네 번째, 일체는 오온으로 이루어져 다만 다섯 가지의 쌓임에 불과하니, 항상함이 없고 고정된 실체가 없기 때문에 필연적으로 따르는 괴로움을 오음성고五陰盛苦라 합니다.

또 인간의 괴로움을 108번뇌라는 말로 표현하기도 하지요. 108번뇌는 모든 괴로움을 대신하는 상징적 표현입니다. 마찬가지로 사고四苦와 팔고八苦 또한 인생의 괴로움이 네 가지다, 여덟 가지다 하는 뜻이 아니라 그렇게 나누어볼 수 있다는 정도로 이해하면 됩니다. 인간의 번뇌가 헤아릴 수 없이 많다는 의미에서 팔만사천 번뇌라고 부르기도 합니다.

『반야심경』에서는 사고와 팔고, 108번뇌와 팔만사천 번뇌를 일체고액一切苦厄이라고 표현합니다. 그리고 오온이 모두 공함을 알면 일체고액에서 벗어난다는 뜻으로 '건너다, 깨닫다' 등의 의미를 가진 도度 자를 붙여 '도일체고액度一切苦厄'이라 했습니다. 모든 괴로움을 넘어섰다는 뜻이죠. 바꿔 말하면 '괴로움이 없는 저 언덕으로 건너갔다', '피안에 이르렀다'는 뜻이므로 바라밀다와 같은 의미, 마침내 열반을 증득했다는 뜻입니다.

일체의 고액에서 벗어나기 위해서는 반야바라밀을 행하여 제법이 공함을 깨쳐야 합니다. 철학적인 측면에서는 모든 법이 공함을 잘 이해해야 하고, 수행적인 측면에서는 반야바라밀을 행함으로써 공한 이치를 경험으로 증득해야 합니다. 반야바라밀을 실천해서 스스로 경험해야만 진리를 체득할 수 있습니다.

오늘부터라도 아무 바라는 마음 없이 남편을 사랑하고, 아내를 사랑하고, 자식을 사랑하는 연습을 해보기 바랍니다. 물론 하루아침에 될 리는 없지만, 그때마다 '아, 내가 또 기대를 했구나' 하고 알아차리면서 다시 하면 됩니다. 그러다 보면 어느 순간 그 사람이 다만 그 사람으로 보이기 시작합니다. 다만 돌멩이일 뿐이고 풀 한 포기일 뿐이듯, 그도 다만 한 사람일 뿐입니다. 돌멩이가 이렇게 생기면 나쁜 돌멩이고 저렇게 생기면 좋은 돌멩이가 아닌 것처럼 그 사람도 그렇습니다. 그를 좋다 한 것도 나쁘다 한 것도 내 마음과 내 기준으로 만든 모습일 뿐이지, 실상 그는 좋은 사람도 아니고 나쁜 사람도 아닙니다. 그것이 공입니다.

모든 괴로움에서
벗어나는 법

괴로움이 없는 사람이 되는 것은 천신만고 끝에 이르는 힘겨운 목표가 아니며 누구나 이룰 수 있는 경지입니다. 우리가 괴로운 것은 착각 속을 헤매고 있기 때문이니, 착각에서 깨어나기만 하면 곧 괴로움이 없는 경지에 이르게 됩니다.

사람을 99명이나 죽인 살인자 앙굴리말라Aṅgulimālya도 부처님의 말씀을 듣고 꿈에서 깨듯 착각에서 벗어났고, 깨고 난 후에는 이전의 모든 악행이 악몽과 같다고 느꼈습니다. 그는 그 악몽에서 깨어난 것입니다. 하지만 세상 사람들은 여전히 그를 두려워했습니다. 한 산모는 아기를 낳던 중 앙굴리말라가 왔다는 말을 듣고 기절해 버린 일까지 있었습니다. 앙굴리말라는 그런 사연을 부처님께 하소연했습니다. 부처님께서 이렇게 말씀하셨습니다.

"아힘사Ahimsa(앙굴리말라의 출가 후 이름) 비구여, 그 여인에게로 가서 '나는 이 세상에 태어난 이래로 한 번도 살생한 적이 없습니다'라고 말하시오."

앙굴리말라는 숱하게 많은 살생을 저지른 사람입니다. 그럼에도 이 세상에 태어난 이래로 살생한 적이 없다는 말씀은 무슨 뜻일까요? 여기서 중요한 것은 '이 세상에 태어난 이래로'라는 구절입니다. 그것은 '꿈에서 깬 이래로'라는 의미이며, 그가 이전에 저질렀던 살생은 이미 꿈속의 일이라는 뜻입니다.

꿈에서 깨어나듯 고뇌에서 벗어나는 길이 깨달음입니다. 꿈속의 강도로부터 도망치며 누군가의 도움을 받아 위협에서 벗어나려는 행동은 눈앞의 복을 구하는 마음과 같습니다. 남보다 출세하고 큰 돈을 벌고 건강하게 해달라는 기복은 꿈속의 강도에게서 도망쳐 위기를 극복하려는 것입니다. 눈을 딱 뜨면 본래 강도는 없습니다. 괴로워할 일이 없고, 도움받을 일도 없으며, 도울 사람도 없습니다. 아무리 오랫동안 불법을 공부해도 이렇게 분명한 관점을 갖지 않으면 해탈에 이르지 못합니다. 강도가 본래 없는 것인 줄 알아야 하는데, 강도가 있다는 생각을 버리지 못하니 자꾸 불보살에게 도움을 요청할 수밖에 없습니다.

그렇다 해도 도움을 구하는 중생의 마음은 이해해야 합니다. 꿈속에서 헤매는 사람을 비난하면 안 됩니다. 우리가 해야 할 일은 그 사람을 흔들어 깨워 눈뜨도록 하는 것입니다. 꿈꾸는 사람에게 "강도는 없어, 그건 꿈이야"라고 아무리 속삭인다 해도 꿈속에 사로잡힌 사람에게는 그런 속삭임이 들리지 않습니다. 그러니 누군가를 미워하고 한을 품은 사람에게 "괴로워할 일은 없어. 미워할 일이 어디 있나!"라고 이야기해 봤자 그에게는 어떤 것도 보이지 않고 어떤 말도 들리지 않습니다. 그가 괴로움에서 벗어나도록 돕고자 한다면 흔들어 깨워야 합니다.

이렇게 눈을 떠서 모든 괴로움에서 벗어나도록 인도하는 것이 불법佛法입니다. 오늘날 불교가 다른 종교와 비슷해진 이유는 불교의 그러한 특성을 살리지 못했기 때문입니다. 꿈속에서 나를 도와준 사람이 누구인지를 가려내 '이 사람이 낫다', '저 사람이 더 잘 도와준다'고 경쟁하는 것이 일반적인 종교라면 불법은 눈뜨는 소식, 잠에서 깨는 소식을 전합니다.

일상에서도
깨달을 수 있는 이치

이런 이야기들은 우리의 현실과 어떤 관계가 있을까요? 제법이 공하다는, 이 꿈에서 깨는 소식을 우리 일상의 작은 일들에 적용해 보지요. 이사를 가려면 언제가 좋은지, 어느 방향이 좋은지, 북쪽에 대장군이 섰다는데 올해 이사해도 되는지, 이장해야 하는데 삼재가 들었다고 하니 어찌하면 좋은지, 많은 분들이 이런 문제들을 제게 물어옵니다. 이런 문제들도 얼마든지 진리의 가르침으로 접근하고 해결할 수 있습니다. 한번은 어떤 분이 제게 물었습니다.

"문중의 장손이 선산을 팔아버려서 부모님 산소를 이장해야 할 형편인데 올해 삼재가 들었으니 어찌해야 좋습니까?"

"그럼 이장하지 마세요."

"이미 개발이 시작되어 이장할 수밖에 없습니다."

"그럼 이장하세요."

이장하지 않을 수 없는 처지라면 저에게 물을 필요가 없습니다. 이장을 하는 것은 저의 대답 때문이 아니라 상황이 어쩔 수 없기 때문입니다. 대답은 아주 간단합니다. 하지 않을 수 있다면 하지 말고, 할 수밖에 없다면 하라는 것입니다. 그럼에도 이

분이 그런 질문을 했던 이유는 이장도 하고 재앙도 피할 수 있는 법을 알고 싶어서겠지요. 그래서 『반야심경』을 일곱 번 읽고 나서 이장하라고 대답했습니다.

『반야심경』을 일곱 번 읽은 후 이장하라고 한 이유는 『반야심경』의 핵심이 공 사상이기 때문입니다. 동서남북을 가려서 방향에 따라 재수가 있고 없음을 따지는 사람은 꿈속에 있는 사람입니다. 꿈에서 깨어나야 합니다. 여기는 불생불멸不生不滅의 세계요, 불구부정不垢不淨의 세계요, 부증불감不增不減의 세계입니다. 눈감고 흐리멍덩한 상태에서는 실체가 있는 것 같지만, 눈뜨고 똑바로 정신 차려보면 모두 허깨비이고 환상이며 아무 실체가 없다는 것, 이것이 색色이 공空한 도리입니다.

『반야심경』을 독송한다는 것은 제법이 공함을, 지금 여기가 텅 빈 세계라는 것을 확연히 아는 것을 의미합니다. 그 텅 빈 세계에서는 오감이 없기 때문에 산소를 옮겼으되 옮긴 게 아닙니다. 그러니 재앙이 붙으려고 해도 붙을 수 없습니다. 또한 텅 빈 세계에는 재앙이 있고 없음도 없습니다. 불구부정의 세계이기 때문입니다. 이러한 제법이 공한 실상을 깨닫지 못하고 불법에 대한 믿음과 귀의가 없다면, 입으로는 『반야심경』을 독송하고 있어도 아무 소용이 없습니다. 이처럼 『반야심경』의 가르침은 우리 생활, 일상의 작은 일들에까지 적용되는 진리입니다.

그분은 또 질문했습니다.

"이장할 때 화장하는 게 좋을까요, 매장하는 게 좋을까요?"

"땅이 있으면 매장하시고, 땅이 없으면 화장하세요."

"영가가 오래 살던 곳을 떠나 다른 곳으로 가면 문제가 있다고 하던데요?"

이 밝은 세상에서 50~60년 살던 사람이 죽은 지 3일 만에 깜깜한 땅속에 묻힙니다. 몇십 년을 밝은 곳에 있던 사람을 하루아침에 깜깜한 세계에 묻었어도 그 사람은 절대로 항의하지 않습니다. 그런데 땅속에 묻혀서 살이 다 썩어 뼈만 남은 사람이 남은 뼈를 다른 곳으로 옮겼다고 항의할까요? 종교를 떠나서 상식적으로 생각해보면, 화장이든 매장이든 형편에 따라 하면 되는 것입니다.

깨어있는 상태라면 이러한 실상이 환히 보입니다. 자기 생각에 빠지고 업식에 사로잡혀 아무것도 보지 못하는 탓에 두려움이 생기는 겁니다. 깨어있을 때는 어디에도 없는 강도가, 눈감고 잠들면 다시 나타납니다. 그러니 항상 깨어있어야 합니다.

제법이 공한 줄을 깨달으면 모든 고뇌가 사라져버립니다. 그것은 악몽에 시달리던 사람이 잠에서 깨면 꿈속에 있던 모든 것들이 사라져버리는 것과 같습니다. 더 정확히 말하면 우리의 고뇌는 존재하다 사라지는 게 아니라 애초에 없는 것입니다. 깨달음을 얻음으로써 고뇌가 사라지는 것이 아니라 본래 괴로워할 일이 없다는 것을 깨달을 뿐입니다. 꿈속에서 강도 때문에 괴로웠지만 잠에서 깨면 강도는 없습니다. 강도가 없다면 괴로울 일도 없습니다. 본래 괴로울 일이 없으므로 괴롭지 않은 것이 정상입니다. 화나는 것이 정상이 아니라 화나지 않는 게 정상입니다. 괴로움이란 마치 악몽을 꾸듯이 착각 속에 빠져서 나타나는 현상일 뿐입니다. 이 착각에 빠지지 않기 위해서는 순간순간 깨어있어야 합니다.

좋고 나쁨은
내 마음이 짓는 것

어느 일요일, 어느 법회에 갔을 때의 일입니다. 일찍 도착하여 시간이 남았는데 아침 식사를 못한 터라 주위에 밥 먹을 데가 있는지 둘러보았습니다. 마침 조그만 국숫집이 하나 있어서 문을 두드린 뒤 들어갔습니다. 잠시 후에 국수를 갖다 주어 먹고 있으니까 음식점 주인이 의자를 당겨 제 앞에 앉더니 물었습니다.

"올해 대장군이 어느 쪽으로 섰습니까?"

"……."

"제가요 스님, 북쪽에 있는 아파트를 분양받아 놓은 게 있어서 올해 입주해야 하거든요. 그래 이사를 하려고 하는데, 올해 북쪽으로 대장군이 섰다고 이사를 하지 말라고 하대요."

"그럼 이사하지 마세요. 나쁘다는데 무엇 때문에 이사를 하려고 하세요?"

"지금 살던 집을 내놓아야 해서 가지 않을 수 없는 처지입니다."

"그럼 이사하세요."

"이사하면 나쁘다는데요?"

이분 역시 재앙을 피해 이사하는 비방을 묻고 있었습니다. 이사할 집에 가서 맑은 물을 떠놓고 정성을 기울여 『반야심경』을 일곱 번 읽으라고 일러 주었습니다.

"그렇게만 하면 정말 다 괜찮습니까?"

"당연히 괜찮고말고요."

제 말을 듣고 좋아하긴 했지만 이분은 자기 생각에 사로잡혀서 『반야심경』을 읽으라는 이유를 전혀 모르고 있는 것 같았습니다. 그때 가게에 딸린 방에서 중학생쯤 되는 남자아이가 나왔습니다. 음식점 주인의 아들이었습니다. 스님을 관상 보는 사람이라고 생각했는지 제게 아이가 앞으로 잘되겠느냐고 물어

왔습니다. 제가 되물었습니다.

"남편은 어디 가셨나요?"

"없어요."

"돌아가셨어요?"

"아니요."

제가 더 이상 묻지 않고 아들이 잘되기 어렵겠다고 대답하자, 주인이 의자를 바짝 당겨 붙어 앉으면서 자신이 아들을 위해 어찌해야 하는지를 물었습니다. 힘이 들더라도 아들을 위해서라면 무슨 일이든 하겠다고 장담하기에, 그렇다면 하루 108배씩 절하면서 남편에게 참회하라고 했습니다. 그러자 주인은 "그인간한테는 참회할 수 없어요. 그 인간이 나한테 참회를 한다해도 받아줄까 말까 하는데 내가 왜 그 인간한테 참회를 해요?"라며 분개했습니다.

이런 부모의 자식은 잘될 수가 없습니다. 엄마와 아빠가 다투고 원수가 되었을지라도 아이 입장에서는 그 두 사람은 여전히 내 아버지이고 어머니인데, 엄마의 말대로라면 아빠가 나쁜 사람이고 아빠의 말대로라면 엄마가 나쁜 사람입니다. 남이 제 아버지를 욕할 때는 믿지 않으면 그만이지만, 엄마의 이야기는 믿지 않을 수 없습니다. 아빠가 나쁜 사람이라는 엄마의 말이 거짓이면 자식에게 거짓말하는 엄마가 나쁜 사람이 되고, 엄마의 이야기가 진실이면 내 아버지는 정말 나쁜 사람이 됩니다. 어느 쪽을 믿는다 해도 심각한 갈등에 빠집니다.

부모가 나쁜 사람이라는 말을 듣고 자란 아이는 자기 존재에 대한 자긍심을 갖지 못하고 열등의식에 빠집니다. 이 아이가 공부는 잘할 수 있을지 모르지만 행복한 사람이 되지는 못합니다. 결혼도, 직장 생활도 원만할 수 없습니다.

정말 아이를 아끼고 사랑한다면, 돈 벌어 과외시키고 좋은 옷 사주는 일보다 남편에게 참회하는 것이 우선입니다. '내 생각과 고집으로 당신을 바라보고 옳고 그름을 따지며 미워하고 원망했습니다. 모든 것이 다 내 생각과 고집으로 지은 일들입니다. 꿈속의 강도를 미워한 것과 같습니다. 죄송합니다. 제가 어리석었습니다' 하는 참회가 앞서야 합니다. 남편에 대한 미움과 원망이 마음속에서 사라지고 나면 비로소 아이에게 아버지는 훌륭한 사람이라고 말해줄 수 있습니다. 오히려 아이가 아버지에 대해 나쁜 생각을 갖는 것을 꾸짖어야 합니다. 그래야 아이가 자신의 부모와 자기 스스로에 대해 애정과 자긍심을 가지게 됩니다. 상대가 남편이 아니라 아내라도 마찬가지입니다.

이런 것이 모두 공空의 도리입니다. 배우자가 나쁘다는 생각은 내 마음이 짓는 바일 따름이니 사실과는 다릅니다. 사물의 공성을 꿰뚫어 보면 부부간의 갈등이 사라지고 아이도 바르게 자라납니다. 같이 살든 헤어지든, 중요한 것은 서로 미워하지 않는 일입니다. 그러니 그렇게 깊은 참회기도를 해야만, 앞으로 아이가 사춘기를 지나고 성년이 되고 결혼을 하는 삶의 과정에서 나타날 많은 재앙을 미연에 방지할 수 있습니다.

이것이 불법을 받아들이는 올바른 태도입니다. 그런 믿음을 통해서 우리는 지금의 고통뿐 아니라 앞으로 다가올 고통까지 소멸시킬 수 있습니다. 부처님을 믿고 따름으로 해서 얻는 무한한 가피란 바로 그런 법의 가피입니다. 그런 가피를 받아야겠지요. 그럴 때 불자임이 자랑스럽고 진정으로 불법 만남을 기쁨으로 느낍니다. 부처님 형상만 봐도, 독경 소리만 들어도 감사하고 귀의하는 마음, 찬탄하고 공경하는 마음이 생기는 것입니다.

4

십대제자

舍利子

부처님이 삼매에 든 자리에서 사리푸트라Śāriputra가 관자재보살에게 반야바라밀다에 대해 질문을 하고 관자재보살이 그 질문에 답합니다. 그 내용을 기록한 것이 『반야심경』입니다. 그래서 이 경전은 사리푸트라의 이름을 부르는 것으로 시작됩니다.

사리푸트라

사리푸트라는 십대제자 가운데 지혜제일智慧第一로 꼽힙니다. 사리자舍利子, 또는 사리불舍利弗이라는 이름은 산스크리트어 사리푸트라를 음역한 것입니다.

부처님 당시 사리푸트라를 부처님인 줄 착각하는 사람들이 많았다고 전해질 만큼 그는 지혜가 뛰어나고 인격이 높았습니다. 부처님보다 나이가 많았고, 부처님의 제자가 되기 전에도 100여 명이나 되는 제자를 이끌던 훌륭한 수행자였습니다. 그렇게 이미 지혜로운 분이었지만 근본 무지를 완전히 벗어나지는 못했는데 부처님의 법문을 듣고 이치를 깨쳐 스스로 제자되기를 청했고, 그때 그가 이끌던 100여 명의 제자도 함께 부처님의 제자가 됐습니다.

그는 부처님이 교화 활동을 펴는 동안 교단을 조직하고 운영하는 일을 맡아 초기 교단이 자리 잡는 과정에 크게 이바지했습니다. 비구 대중의 출가 절차와 교육 등 교단 운영 전반을 책임지고 정비했다고 합니다.

목갈라나

신통제일神通第一 목갈라나Maudgalyāyana는 마하목건련摩訶目犍連 또는 목건련目犍連이라고도 불립니다. 부처님 제자가 돼서 신통을 얻은 게 아니라 그전부터 이미 신통이 뛰어났고, 사리푸트라와는 같은 스승을 모시던 절친한 친구 사이였습니다. 그역시 100여 명의 제자를 이끌고 있었습니다. 하지만 뛰어난 신통력에도 불구하고 완전히 깨닫지는 못하다가 부처님의 설법을 듣고 난 뒤에 비로소 깨달음을 얻어 부처님의 제자가 됐습니다.

그런데 부처님은 목갈라나에게 신통력을 쓰지 말라고 했습니다. 신통력이 결코 수행의 척도가 아닐뿐더러, 사람들이 수행보다 신통력을 더 추종하게 될 것을 염려했기 때문입니다. 목갈라나도 부처님의 그런 뜻을 잘 이해하고 따랐습니다. 그래서 이교도들에게 죽임을 당하는 순간까지도 신통을 쓰지 않고 순교했습니다.

오늘날 많은 불자들이 불교를 믿는다고 하면서도 사실은 신통력을 추종하고 있습니다. '어느 스님이 도가 높을까?' 할 때의 비교 기준도 사실은 신통력이 아닐까요? 깨달음은 신통력이 아닙니다. 아무리 신통력이 뛰어나다 해도 무지에서 벗어나지 못하고 불법을 깨치지 못하면 탐진치貪瞋癡 삼독三毒에 빠져 괴로워하는 중생일 뿐입니다. 깨달음의 기준은 무지를 깨쳤느냐 아니냐에 있지 신통력에 있지 않습니다. 무명無明을 깨쳐서 괴로움이 사라져 열반에 이르는 것이 불법의 최종 목표입니다.

마하카사파

마하가섭摩訶迦葉이라고 부르는 마하카사파Mahākāśyapa는 두타제일頭陀第一입니다. 두타란 아주 검소하게 생활하는 수행을 말합니다. 당시 비구라면 누구나 다 검소한 생활이 당연했을 텐데도, 특별히 이런 이름으로 불리는 걸 보면 그분이 얼마나 검소했는지 알 수 있습니다.

그는 브라만 계급에다 부잣집 출신이었는데, 부처님 법문을 듣고 깨달아 출가한 뒤에도 세속에서 입던 옷을 그대로 입고 생활했던 모양입니다. 비싸고 좋은 옷이었겠죠. 부처님 당시 출가승들은 지금처럼 통일된 승복을 갖추어 입지 않고 사람들이 입다 버린 옷이나 시체를 싸서 버린 분소의를 주워 입었습니다.

어느 날 부처님이 그의 옷을 보며 "그대의 옷이 참 좋습니다" 하고 말했습니다. 그 말씀을 듣고 보니 자기 옷은 비단 옷인데 부처님을 비롯한 대중의 옷이 시체를 덮었던 누더기였습니다. 그는 그 자리에서 자기 옷을 벗어 부처님께 드리고 부처님의 옷을 받아 입었으며 그 뒤로 평생을 극단적이라고 할 만큼 검소하게 생활했다고 합니다.

여기서 옷이 상징하는 바는 우리의 생활 습관입니다. 마하카사파는 지혜에 눈을 떠 법에 귀의했으면서도 부잣집에서 귀하게 자라는 동안 몸에 밴 습관을 버리지 못했던 것 같습니다. 부처님은 그 점을 지적했고, 제자는 그 지적을 받아들여 누구보다도 철저히 검소하게 평생을 살았던 것입니다.

사리푸트라와 목갈라나는 부처님보다 먼저 세상을 떠났기에 부처님이 열반하신 뒤에는 첫 번째 상수 제자인 마하카사파가 뒷날 경經과 율律을 결집하는 과정을 이끌게 됩니다. 마하카사파는 오백 아라한이 모인 자리에서 아난다와 우팔리를 경과 율의 초안자로 정하고, 제1결집을 진행하면서 그 내용을 점검하고 기록으로 남겼습니다.

아니룻다

아나율阿那律이라고도 불리는 아니룻다Aniruddha는 천안제일天眼第一입니다. 아니룻다는 부처님의 사촌 동생으로, 부처님이 깨달음을 성취한 후 고향에 왔을 때 아난阿難·난타難陀 등과 함께 출가한 석가족 출신입니다. 어느 날 법문을 듣다가 깜박 조는 바람에 부처님께 지적을 받았는데, 그 뒤로 다시는 졸지 않겠다고 결심하고 용맹정진을 하다가 그만 눈병이 나고 말았습니다. 의사 지바카가 잠을 자지 않아 생긴 병이라고 하자 부처님이 그에게 잠을 자기를 권유했습니다.

"아니룻다여, 눈은 잠을 먹이로 하니 잠을 좀 자도록 하오."

"부처님, 그렇다면 깨달음은 무엇을 먹이로 합니까?"

"깨달음은 정진을 먹이로 합니다."

그러자 아니룻다는 설령 눈이 멀게 된다 하더라도 깨달음을 얻겠다는 일념으로 잠을 자지 않고 정진했습니다. 결국 몸의 눈은 멀었지만, 깨달음의 눈이 열려서 천안제일이라고 칭송받고 있습니다.

수부티

수보리須菩提, 즉 수부티Subhūti는 『금강경』의 주인공이자 법이 공한 이치를 가장 밝게 아는 해공제일解空第一입니다. 그는 사위국에서 브라만의 아들로 태어났는데 어려서부터 성질이 사나워 부모, 친척들 사이에서 큰 골칫거리였고 성질이 포악해서 동물 살생을 즐겼다고 합니다. 그의 큰아버지는 제따의 숲에 황금을 깔아서 기원정사를 건립한 수닷타 장자입니다.

부처님께서 코살라국에 오셨을 때, 수보리는 기원정사에서 부처님을 만나게 되었습니다. 이때 '참된 예불이란 공을 깨달아

해탈하는 것'이라 하신 부처님의 설법을 접한 수보리는 그 자리
에서 귀의해 수행자가 되었습니다.

카트야나

카트야나Kātyāyana는 보통 가전연迦旃延이라는 이름으로 알고
있지요. 부처님 말씀을 매우 논리적으로 설하는 능력을 갖고
있어서 논의제일論議第一이라 칭해집니다. 어릴 때부터 몹시 총
명해서 세상 학문을 두루 통달했다고 합니다. 그럼에도 불구하
고 해결되지 않는 문제들로 고민하던 중에 그 의문들을 부처님
께 물었다가 깨달음을 얻고 출가하게 됐습니다. 특히 이교도들
과 논쟁할 때, 어느 누구보다도 불법을 합리적이고 논리적으로
설명해서 상대를 교화하는 분이었습니다.

푸르나

푸르나Pûrna는 설법제일說法第一 부루나富樓那입니다. 포악하
기로 유명한 수로나국에 전법하러 가기를 결심하고 부처님께

허락을 구했던 이야기는 유명합니다.

"부처님, 수로나국으로 가서 법을 전하겠습니다."

"푸르나여, 수로나국 사람들은 어리석고 사나워서 법을 설해줘도 반기거나 고마워하지 않고 오히려 그대를 비난하고 욕할 것이오."

"부처님, 수로나국 사람들이 어리석어서 저를 욕하고 비난하더라도 설마 때리지는 않겠지요."

"그렇지 않소. 수로나국 사람들은 사나워서 돌멩이를 던지고 그대를 때릴 것입니다."

"부처님, 그들이 어리석어서 저를 좀 때릴지는 몰라도 죽이지는 않을 겁니다."

"그렇지 않소. 그들은 매우 사나워서 그대를 죽일 수도 있소."

"부처님, 그들이 만약 저를 죽인다면 저는 그 일을 통해서 이 몸뚱이가 참으로 무상함을 깊이 깨우치겠습니다."

그러자 부처님은 그런 마음이라면 능히 그들을 교화할 수 있을 것이라며 허락하셨습니다. 그는 수로나국으로 가서 500명의 사람들을 교화해 출가시켰고, 500개의 정사를 세운 뒤 결국 그곳에서 순교했습니다.

우팔리

우팔리Upāli는 지계제일持戒第一입니다. 그는 이발사 출신의 천민이었습니다. 석가족의 왕족들이 부처님 설법을 듣고 출가를 결심하고 그를 찾아가서 머리카락을 잘랐습니다. 우팔리는 귀한 신분의 왕자들이 모든 것을 버리고 출가하는 것을 보면서, '저런 귀한 사람들이 부귀영화를 다 버리고 출가하는데, 나같이 신분이 낮고 가진 것 없는 사람이 출가를 못 할 이유가 뭐가 있겠느냐'라며 부처님의 제자 되기를 청했습니다.

그는 부처님의 가르침인 계율을 누구보다도 잘 지켰다고 합니다. 특히 일상 속에서 지켜야 할 지침에 대해서는 한치의 어김이 없었습니다. 하지 말라는 것은 절대로 하지 않았고, 하라는 일은 그대로 행했습니다. 부처님 열반 후 오백 아라한이 모여 경과 율을 정비할 때 율의 초안을 작성한 분입니다.

라홀라

라홀라Rāhula는 밀행제일密行第一입니다. 라홀라는 부처님이 출가하기 전에 낳은 아들입니다. 부처님은 성도한 후 고향으로 돌아가 석가족들에게 설법을 했고, 많은 석가족 젊은이들이 부처님의 법문을 듣고 깨달음의 눈이 열려서 출가했습니다. 그때 부처님의 전 부인인 야소다라 공주는 아들 라홀라에게 아버지께 가서 인사를 드리고 상속물을 청하라고 시켰습니다. 라홀라가 부처님께 인사하고 어머니가 말한 대로 상속물을 달라고 하니, 부처님은 그를 물끄러미 쳐다보고는 사리푸트라에게 라홀라를 출가시키라고 말했습니다. 세상에서 제일 귀한 상속물을 주었던 것입니다.

출가는 스스로의 선택에 의해 자발적으로 이루어집니다. 그런데 라홀라의 경우는 자신이 선택한 것이 아니라 아버지에 의해서 강제로 행해진 셈이었습니다. 라홀라가 출가했다는 소식을 듣고 정반왕은 너무나 큰 상실감에 빠졌습니다. 아들의 출가에 이어 하나밖에 없는 손자마저도 출가해버렸기 때문입니다. 그래서 정반왕은 스무 살 이하의 미성년자가 출가할 때는 반드시 부모의 허락을 받는 것이 좋겠다고 건의를 하였고, 부처님은 이것이 합당하다고 생각해 승낙했습니다. 스무 살 미만의 미성년자가 출가할 때는 반드시 부모의 동의서가 있어야 한다는 계율은 그렇게 생겨났습니다. 라홀라는 이런 계율이 있기 전에 출가를 했으며, 설령 이런 계율이 있다 하더라도 아버지인 부처님이 출가를 허락했기 때문에 어긋나는 것은 아니었습니다.

하지만 라훌라는 어린아이인데다 자기 스스로 결정하여 출가한 것이 아니었던 탓에 수행 생활을 많이 힘겨워했고, 그래서 자주 짓궂은 장난을 치곤 했습니다. 수행자들이 와서 부처님이 어디 계시느냐고 물으면, 여기 계신 때는 저기 계신다 하고 저기 계신 때는 여기 계신다고 하는 등 거짓말 장난을 하기까지 했습니다. 그러자 왜 어린아이를 출가시켜서 승단을 어지럽히느냐고 비난하는 소리가 있었고, 그 이야기를 들은 부처님은 늘 라훌라를 염려했습니다.

어느 날 부처님이 외출했다가 돌아왔는데 라훌라가 새 그릇에다 발 씻을 물을 떠왔습니다. 부처님은 발을 씻은 후에 라훌라에게 그 물을 먹으라고 했습니다. 라훌라가 먹지 않으려 하자 그 이유를 물으니 그는 발 씻은 물이라서 더럽기 때문이라고 대답했습니다. 부처님은 다시 그 물을 버리라고 명하고 비워진 대야에다 다음날 아침밥을 담아 먹으라고 했습니다. 발 씻은 더러운 그릇에 어떻게 밥을 담아 먹느냐며 라훌라는 부처님의 말씀을 거절했습니다. 그러자 부처님은 그 그릇을 치우면서 말했습니다.

"라훌라야, 사람도 이러하다. 사람의 마음은 본래 깨끗하지만 거짓말을 하게 되면 발 씻은 물처럼 더러워진다. 사람의 몸도 더러운 마음을 갖게 되면 더러운 물을 담은 대야처럼 또한 더러워진다. 더러운 대야에 밥을 담아 먹지 않으려는 것처럼 사람들도 거짓말하는 사람을 아무도 가까이하지 않는다."

이에 라훌라는 계율을 어기는 것이 바로 몸과 마음을 더럽히는 것이며, 마음이 더러우면 몸까지 더러워져 사람들이 그 사람을 가까이하지 않는다는 것을 크게 깨닫고, 그 후부터는 부지런히 정진하였습니다. 자신의 정진을 세상에 드러내지 않고 조용히 정진하였기 때문에 밀행제일이라 일컫습니다. 밀행제일 라훌라존자, 이분은 부처님의 아들이라서가 아니고 높은 수행력으로 십대제자까지 되었습니다.

아난다

마지막 열 번째 제자가 다문제일多聞第一 아난다Ānanda입니다. 말 그대로 부처님의 설법을 가장 많이 들었던 사람입니다. 부처님은 스물아홉 살에 출가하고 서른다섯 살에 깨달음을 얻어서 붓다가 된 후, 하루도 쉬지 않고 곳곳을 다니면서 설법을 했고 수많은 제자들을 거느렸습니다. 시간이 흐를수록 할 일이 점점 많아지는데다 부처님을 시기하는 이교도들로 인해 부처님은 살해 위협에 시달리기까지 했습니다. 상황이 그렇다 보니 당시 제자들은 부처님께 시봉 두기를 건의했지만 부처님은 이를 거절했고, 그 후 또 한 번의 건의가 있었으나 그것 또한 거절했습니다.

성도 후 20년, 세속 나이로 55세 되던 해에 같은 청을 세 번째 다시 올리자 부처님은 침묵으로 승낙했습니다. 대중들은 누가 가장 좋을지를 의논하였는데, 이때 사리푸트라, 목갈라나, 마하카사파 등 많은 제자들이 자원했습니다. 이런저런 조건들을 감안한 끝에, 부처님보다 나이가 젊고 또 부처님과 같은 종족인 석가족 출신으로 온순하고 총명한 아난다가 천거되었습니다. 많은 제자들이 부처님을 시봉하고자 지원하였음에도 받아들여지지 않았는데 정작 아난다는 천거를 받았는데도 거절했습니다. 또 한 번 회의를 거쳐서 같은 결과로 아난다가 재천거되었지만, 그는 또다시 거절했습니다. 결국 세 번째 회의를 통해서 거듭 천거되었을 때, 아난다는 조건부로 시봉을 승낙했습니다.

그 조건이란 부처님이 드시던 음식을 자신이 먹지 않아도 된다는 것과 부처님이 입은 옷을 자신이 입지 않아도 된다는 것, 그리고 부처님이 지난 20년간 하신 설법을 자신에게 다시 한번 해주셔야 한다는 것, 이렇게 세 가지였습니다. 왜 이런 조건이 필요했을까요? 아난다는 수행자이지 아직 깨달은 붓다는 아닙니다. 부처님은 일체를 다 깨달은 분이므로 무엇을 보시 받으시든 무엇을 드시든 무엇을 입으시든 거기에 집착이 없습니다. 일체 집착이 없기 때문에 어떤 과보도 받지 않으며 일체 법에 걸림이 없지만, 아난다는 아직까지 그러지 못했습니다.

부처님을 시봉하다 보면 부처님이 공양을 받으실 때 같은 공양을 받게 될 테고, 그렇게 자꾸 대접을 받으면 음식이나 옷에 집착이 생길 수 있어서 자기 수행에 장애가 된다고 생각했습니다. 부처님께 올리는 공양은 결코 아난다 자신의 몫이 아니므로 받지 않을 수 있도록 해달라는 것입니다. 자기 정진을 위해 노력하겠다는 의도였습니다. 또 부처님께 올리는 공양을 아난다가 함께 받는다면 공동체 안에서 아난다에 대한 시기심이 생겨날 수 있는 일이기도 했습니다.

본래 보시는 무엇을 달라고 먼저 요청해도 안 되고 상대가 주는 것을 거절해서도 안 되며, 다만 주어지는 대로 받아야만 합니다. 그래서 아난다는 시봉 역할을 승낙하기에 앞서 그것을 거절할 권리를 요청했던 것입니다. 아난다는 그저 부처님과 대중을 위해서 시봉의 역할을 할 뿐이지 개인적으로 어떠한 혜택도 입으려 하지 않았고, 자신의 소임으로 인해 자기 수행에 어떠한 장애도 일어나지 않도록 노력했습니다. 처음에 얼핏 들으면 건방진 것처럼 들리지만 자세히 살펴보면 참으로 현명한 태도입니다.

마지막으로 지난 설법을 다시 듣고자 했던 승낙 조건은 부처님을 시봉하려면, 부처님을 대신해서 판단해야 할 일이 많습니다. 수많은 사람들이 부처님을 뵙고자 찾아옵니다. 이 사람을 부처님이 만나야 할지, 만난다면 언제 만날지, 돌려보낸다면 어떻게 돌려보내야 할지를 부처님 대신 판단해야 했습니다. 그런 것들을 일일이 다 부처님께 여쭈어 볼 수는 없잖아요. 때문에 아난다는 부처님의 의중을 잘 알아야 했고, 그러기 위해서 부처님의 지난 20년간의 설법 내용을 들어야 했습니다.

　이런 연유로 아난다는 부처님의 모든 설법을 다시 듣게 되었고, 그 후 부처님께서 열반하실 때까지 25년 동안을 그림자처럼 항상 부처님 곁에서 설법을 들었습니다. 아난다는 머리가 매우 총명하고 기억력이 좋아서 부처님께서 하신 말씀을 녹음해 놓았다가 다시 재생하듯이 그대로 기억해 냈습니다. 오늘날 우리가 읽고 있는 경전의 대부분은 아난다의 기억에 의존하고 오백 비구들의 검증을 통해 정리된 것입니다.

삼의제

　여기서 잠시 '세 번의 청請'에 대한 이야기를 해볼까요? 앞에서 이야기한 아난다가 부처님을 시봉하는 이로 천거되고, 이를 승낙하는 과정은 승단의 전통이 되었습니다. 같은 내용으로 세 번의 요청을 받은 사람은 특별한 일이 없는 한, 대중의 뜻을 받아들여야 합니다. 예를 들어 여러분이 저에게 어떤 문제를 건의했을 때, 제 생각으로 옳지 않다고 판단한다면 여러분의 건의를 두 번까지는 거절할 수 있습니다. 그러나 세 번까지 같은 내용이 건의되면 저는 여러분의 요청을 받아들여야 합니다. 즉, '세 번의 청'은 자기를 내려놓고 대중의 뜻을 받아들이라는 것입니다. 만약에 회의를 통해 의사를 결정하려 할 때 전원이 찬성해야만 결정할 수 있다고 정해 놓으면, 단 한 사람이라도 의도적으로 반대하는 경우 결정하지 못하게 되기 때문에 소수의 횡포가 일어날 수 있습니다. 또한 다수결을 원칙으로 정해 놓으면 다수의 횡포로 소수의 의견이 무시될 위험도 있습니다. 100명 중 99명이 찬성하고 한 명이 반대한다 할지라도 그 한 명의 의견이 진실일 때가 있기 때문입니다.

그래서 승단에서는 전원 일치에 가깝되, 전원 일치는 아닌 방법을 택하고 있습니다. 3분의 2 이상 찬성을 하고 몇몇 소수자의 반대가 있을 때, 소수자들은 자신의 의견을 대중들에게 다시 내놓아 제안할 수 있는 기회와 권리를 가집니다. 그런 과정을 거쳐 다시 투표를 했는데도, 의견이 역시 소수가 되었다면 회의를 거듭하게 됩니다. 하지만 세 번째 투표에서도 그들의 의견이 소수에 머무른다면, 소수자들은 스스로 그 의견을 철회해야 합니다. 이것이 바로 '삼의제三議制'입니다. 이는 전원 찬성에 준하지만 절대적 전원 일치제는 아닙니다. 소수의 의견을 세 번까지 신중히 검토하되, 그래도 다수가 소수 의견을 받아들이지 못하면 소수가 자기 의견을 철회하고 다수 대중의 뜻을 받아들여야 한다는 것입니다.

5
어떤 물건이 이렇게 왔는가

色不異空 空不異色 色卽是空 空卽是色 受想行識 亦復如是

관자재보살이 대승 보살의 경지인 '공 사상'에 대해서, 오온五
蘊이 다 공空함을 설하고 그 다음에 오온 하나하나인 색色·수受
·상想·행行·식識이 공함을 더 깊이 자세하게 설하십니다.

'오온이 공하다' 함은 색수상행식이 모두 공하다는 것입니다.
먼저 그 첫 번째인 색色이 공함을 자세히 설명합니다. 색이 왜
공한가, 색이 어떠해서 공한가 하는 문제를 수학의 논증으로 증
명하는 부분이 '색불이공色不異空 공불이색空不異色 색즉시공色
卽是空 공즉시색空卽是色'입니다. 이 문장을 통해서 색이 공하다
는 것을 확연하게 밝힙니다. 이어서 나머지 수상행식 또한 그러
함을 같은 논증법으로 설명합니다. 그것을 간단히 줄여 '수상행

식受想行識 역부여시亦復如是'라고 정리하는 것입니다.

색이 공과 다르지 않고
공이 색과 다르지 않다

오온의 첫 번째인 색온이 공함을 밝히기 위하여 두 가지 방법을 사용합니다. 하나는 색과 공이 '다르지 않다(不異)'는 것이고, 다른 하나는 색과 공이 '같다(卽是)'는 것입니다. '색불이공 공불이색'은 '불이不異'의 방식을 통한 설명이고, '색즉시공 공즉시색'은 '즉시卽是'의 방식을 통한 설명입니다.

또 색과 공이 다르지 않음을 설명하는 과정이 '색불이공'만으로 끝나지 않고 '공불이색'을 통해 그 역逆도 성립함을 보입니다. 색과 공이 같음을 설명하는 것도 '색즉시공'만으로 끝나지 않고 '공즉시색'을 통해 다시 확인하고 있습니다. 이것은 명제와 그 역逆이 동시에 성립함을 보여야만 그 명제가 완전히 성립함을 증명하는 수학적 증명 방법입니다.

수학에서 'A=B'(A와 B가 같다)라는 것을 증명하고자 하면, 먼저 'A이면 B다'라는 명제가 성립함을 보이고 나서 다시 'B이면 A다'라는 그 명제의 역도 성립함을 보여야 합니다. 즉 어떤 명제가 성립하고 다시 그 명제의 역 또한 성립해야만 'A=B'라고 정의할 수 있는 것입니다.

예를 들어 '사람이면 동물이다'라는 문장은 참인 명제입니다. 사람은 사람인데 동물이 아닌 사람은 없으니까요. 그러나 반대로 '동물이면 사람이다'라는 역명제는 성립하지 않기 때문에 '사람=동물'이라고 할 수는 없습니다. 이와 같이 어떤 명제가 성립하고 다시 그 명제의 역이 성립할 때 비로소 A와 B가 같다고 말할 수 있습니다. 그러므로 '색=공'이라는 명제를 증명하기 위해 '색이면 공이고, 공이면 색이다'라는 두 개의 명제가 모두 성립함을 보여준 것입니다. 단순한 반복이 아니라 같음을 밝히는 논증법입니다.

모든 존재는
그물처럼 연관되어 있다

다시 '불이'와 '즉시'로 돌아가 볼까요? 불이와 즉시의 차이는 각각 연기에 대한 시간적 접근 방식과 공간적 접근 방식으로 설명할 수 있습니다. 부처님께서 보리수 아래에서 깨달은 법이 바로 연기법입니다. 연緣은 '말미암다'는 뜻이고 기起는 '일어난다'

는 뜻이므로, 연기緣起란 이 세상의 모든 존재는 이것으로 말미암아 저것이 일어난다는 것입니다. A로 말미암아 B가 일어난다면 A와 B는 무관한 존재가 아닙니다. 각각이 독립된 개별적 존재가 아니라 어떤 연관을 갖고 있습니다. 이 세상의 모든 존재는 그와 같이 그물처럼 서로 연관되어 있습니다.

연기법은 '이것이 있으므로 저것이 있고, 이것이 일어나므로 저것이 일어난다. 이것이 없으면 저것이 없고, 이것이 사라지면 저것도 사라진다'는 내용으로 정리할 수 있습니다. 그것을 다시 네 개의 문장으로 분리하면 다음과 같습니다.

① 이것이 있으므로 저것이 있다.
② 이것이 일어나므로 저것이 일어난다.
③ 이것이 없으면 저것도 없다.
④ 이것이 사라지면 저것도 사라진다.

첫째, '이것이 있으므로 저것이 있다'는 말은 이것과 저것이 별개로 존재하는 것이 아니라 서로 관계를 맺고 있다는 뜻으로, 공간적 상호 관계를 보여줍니다. 둘째, '이것이 일어나므로 저것이 일어난다'의 경우에 이것과 저것 사이에는 시간적 인과 관계가 있다는 것입니다. A로 말미암아 B가 일어난다면 A는 원인이고 B는 결과이므로, A와 B는 원인과 결과의 관계라고 할 수 있습니다.

앞의 두 문장 ①과 ②가 존재의 있음인 '유有'의 세계와 존재의 드러남인 '생生'의 문제를 표현하고 있다면, 뒤의 두 문장 ③과 ④는 존재의 없음인 '무無'의 세계와 존재가 사라짐인 '멸滅'의 세계를 표현하고 있습니다. 즉 공간적·시간적 상호 관계를 통해 존재의 유무, 생멸의 원리를 설명하고 있습니다.

이 문장들의 순서를 바꾸어 ①과 ③을 연결하면, '이것이 있으면 저것이 있고 이것이 없으면 저것도 없다'는 문장이 만들어집니다. 존재의 있고 없음은 별개가 아니며 존재는 서로 연관되어 있다는 것을 뜻합니다. 우리가 어떤 존재를 인식한다면 지금 그것은 연관된 상태에 있고, 인식하지 못한다면 그 연관이 해체되어 있다는 것입니다. 세상에 존재하는 모든 것들은 공간적 측면에서 서로 연관되어 있기 때문에 개별적 단독자란 존재할 수 없습니다. 이것이 무아無我입니다. 모든 것은 서로 연관되어 존재하므로 아我라고 할 만한 단독자는 없음을 뜻합니다.

다시 ②와 ④를 연결하면, '이것이 일어나므로 저것이 일어나고 이것이 사라지면 저것도 사라진다'는 문장이 만들어집니다. 이것과 저것이 시간적 측면의 인과관계로 상호 연관되어 있다는 것이고, 이것을 무상無常이라 부릅니다. 항상하는 것, 영원불

변한 것은 없으며 모든 존재는 끊임없이 변해갑니다. 이와 같이 연기법의 내용을 '공간과 시간'이라는 두 개의 측면으로 나누어 무아와 무상으로 정리할 수 있습니다.

중생은 나쁜 사람이 아니라 어리석은 사람, 무지한 사람입니다. 우리는 무지하기 때문에 존재의 참모습이 연기임에도 연기를 모릅니다. 존재의 참모습이 무상이며 무아인데 그것을 알지 못합니다. 항상함이 없고, 영원하지 않고, 변해 가는 것임에도 우리는 그것이 항상하여 영원하다고 착각합니다. 서로 연관되어 있어서 단독자라고 부를 만한 것이 없음에도, 완전히 독립된 단독의 실체가 있다고 착각하고 있습니다. 아我가 존재한다고 착각하는 아견我見과 항상한다고 착각하는 상견常見에 빠져 있습니다.

이렇게 없는 것을 있다고, 변화하는 것을 변화하지 않는다고 잘못 알고 있는 겁니다. 그것을 전도몽상顚倒夢想이라고 합니다. 그것은 마치 꿈속에서 뱀이나 강도를 만나 두려워하는 것과 같습니다. 깨어나 보면 아무것도 없지만 꿈의 환영 속에서는 분명히 뱀이 있고 강도가 존재합니다. 아견과 상견은 무지의 상태에서 일어나는 현상으로, 우리는 이것 때문에 괴로움에 빠집니다. 하지만 존재의 참모습이 연기임을 깨달으면, 즉 무아임을 깨닫고 무상임을 깨달으면 괴로움은 사라집니다. 모든 괴로움이 사라져 고요적정한 상태, 즉 열반에 이르게 됩니다.

부처님의 가르침 중 최고의 핵심은 연기이며, 연기는 무상과 무아로 정리됩니다. 제법이 무상이고 무아임을 깨달으면 열반의 경지에 들게 되고, 아견과 상견에 빠지면 괴로움이 일어나게 됩니다. 그래서 무상·무아·고(제행무상·제법무아·일체개고 또는 제행무상·제법무아·열반적정), 이 세 가지를 삼법인三法印이라 부릅니다. 진리라는 도장을 찍는 것입니다. 무상·무아·고·열반, 이네 가지를 사법인四法印이라 하기도 합니다.

어떤 가르침이든 이런 이치를 담고 있다면 그것은 진리이며 부처님 법이라고 할 수 있습니다. 설령 부처님이 아닌 다른 사람의 가르침이라 하더라도 이런 이치를 담고 있으면 진리이고 불법이며, 비록 그 제목에 부처님께서 말씀하셨다는 단서가 붙어 있다고 하더라도 연기에 맞지 않는 내용이 들어 있다면 진리가 아니고 부처님의 말씀이 아닙니다. 연기와 삼법인은 그만큼 중요하고 핵심적인 가르침입니다.

무상과 무아를 대승불교에서는 공空이라고 합니다. 그러므로 우리가 '제법이 공하다'는 것을 증명하려면, 제법이 무상이고 무아임을 증명하면 됩니다. 그래서 『반야심경』에서는 색이 공임을 증명하기 위하여 색이 무상하다는 것을 먼저 밝히고, 이어 색이 무아라는 것을 밝히는 겁니다.

무상은 항상함이 없이 변화함을 의미합니다. 얼음이 녹아서 물이 되었을 때 얼음과 물은 별개의 물질이 아닙니다. 둘은 다만 겉모습이 변화했을 뿐이며 본질적으로는 다르지 않다는 이치가 불이不異입니다. 모양과 형태가 다르므로 '같다'라고 할 수는 없지만, 얼음이 변해서 물이 되고 물이 변해서 얼음이 되는 것이기 때문에 '다르다'고 할 수도 없습니다. 이런 변화의 측면을 무상이라고 합니다.

고무풍선을 방 안에 천 개쯤 채워 넣었다고 가정해 볼까요? 더 이상 들어가지 않을 만큼 집어넣었을 때 비로소 방 안은 가득 찼다고 말할 수 있습니다. 그런데 그 고무풍선의 내부는 사실 텅 비어 있으니, 이 방 안은 가득 찼다고 할 수도 있지만 또한 텅 비어 있다고 할 수도 있습니다. 이런 경우, 가득 찼다는 것이 색色이고 텅 비었다는 것이 공空입니다. 가득 참이 곧 텅 빔입니다. 가득 찬 것이 변해서 텅 빈 것이 되는 게 아니라, 가득 참 그대로 텅 빔이라 할 수 있습니다. 가득 찬 듯하지만 자세히 살펴보면 사실은 텅 비어서 '이것이다'라고 할 만한 어떠한 실체도 없다는 것, 그것이 바로 무아입니다.

모든 것은
변한다

'색불이공 공불이색'의 불이不異란 '다르지 않다'는 뜻입니다. 일체는 시간의 흐름에 따라 변화하기 때문에, 색이 변해서 공이 되고 공이 변해서 색이 되니 결국 색과 공이 서로 다르지 않다는 이치를 보여주는 표현입니다. 존재하는 그 어떤 것도 항상함이 없고, 영원하지 않으며, 변화하고 있다는 제행무상諸行無常의 원리를 설명하고 있습니다.

그렇다면 이 세상 모든 존재를 물질세계와 생명 세계, 정신세계의 세 가지로 나누어 무상의 원리를 설명해 보겠습니다.

우주는 성주괴공成住壞空합니다. 흔히 우리는 우주는 영원하다고 생각하지만, 우주도 역시 항상하지 않습니다. 이루어지고(成) 머무르며(住) 흩어지고(壞) 사라지는(空) 과정을 되풀이합니다. 이것은 오늘날 과학적으로 이미 증명된 사실입니다. 태양은 약 60억 년 전에 형성되었으며 그 수명은 100억 년가량입니다. 태양과 같이 스스로 빛을 발하는 항성은 어떤 과정을 거쳐 생성되고 소멸할까요?

우주 공간은 눈에 보이지 않고 만져지지도 않는 미세 물질인 소립자素粒子로 가득 채워져 있습니다. 물질세계의 모든 존재들은 분자로 구성되어 있는데, 분자는 다시 원자로, 원자는 다시 소립자로 이루어집니다. 우주의 텅 빈 공간에 흩어져 있는 성간 물질은 대부분 이 소립자 형태입니다. 소립자가 모여 원자가 될 때는 제일 간단한 구성의 원자인 수소가 가장 먼저 형성된 뒤, 다시 수소와 수소가 결합해서 헬륨이 만들어집니다. 이 과정을 핵융합이라고 합니다.

일반적인 화학 변화 과정에서는 '질량 보존 법칙'이 성립되지만, 핵융합을 통하여 수소가 헬륨으로 생성될 때는 질량이 감소하는 현상이 나타납니다. 이때 감소된 질량이 에너지로 전환되는 것이 바로 핵 에너지입니다. 아인슈타인은 그 에너지의 크기가 얼마나 엄청난가를 수학적 계산으로 보여주었습니다. 에너지의 양(E)은 감소한 질량(m)과 빛의 속도(c)의 제곱의 곱과 같으므로($E=mc^2$) 엄청난 양의 에너지가 발생하게 됩니다. 원자폭탄이나 수소폭탄, 원자력발전 등이 이러한 핵 에너지를 이용하는 사례입니다. 지금 태양 안에서는 수소폭탄과 같은 핵융합 반응이 계속 일어나고 있습니다.

그러나 이러한 반응도 일정 시간 진행되고 나면 그 반응이 점차 줄어들고 약해집니다. 결국에는 태양도 그 빛을 잃게 됩니다. 지금의 태양같이 한창 핵융합 반응을 하는 시기의 항성을 '주계열성主系列星'이라 하고, 어느 정도 시간이 지나서 핵융합 반응이 줄면서 급격하게 팽창된 항성을 '거성巨星'이라 하며, 이후에 폭발 과정을 거쳐서 다시 우주의 성간 물질로 흩어져 돌아가는 항성을 '백색왜성白色矮星'이라 부릅니다.

이렇듯 텅 빈 데서부터 하나의 형상이 나오고, 그 형상이 일정하게 유지되다가 붕괴되면서 폭발해 사라져버리는 것이 별의 일생입니다. 백 년이라는 인간의 시간으로 볼 때 백억 년의 시간은 무한대로 느껴지고 영원한 것처럼 보이지만, 우주의 시간으로 볼 때는 결코 영원한 시간이 아닙니다. 밤하늘의 별들은 지금 이 순간 생성되는 것도 있고 유지되는 것도 있고 붕괴되는 것도 있으며 소멸로 나아가는 것도 있습니다. 우주의 별들이 생성소멸하는 것을 우리는 성주괴공한다고 설명했는데, 이것은 이미 현대 과학이 증명한 사실입니다.

그러니 저 우주로 대표되는 물질세계의 모든 것들이 다 변해가는 것이지요. 우리가 관찰하는 시간의 폭은 짧은데, 우주의 변화 속도는 느리며 그 시간은 깁니다. 그런 탓에 우리 눈에는 그 변화의 모습이 확연히 관찰되지 않으니, 마치 우주가 변하지 않는 것처럼 착각할 뿐입니다. 아침에 태어나서 저녁에 죽는 하루살이는 내일 또다시 해 뜨는 것을 알 수 없습니다. 하루살이

에게 오늘 지는 해는 모든 게 끝나는 지구의 종말입니다. 일년
초에게 겨울은 세상의 끝을 뜻합니다. 내년에 또 봄이 온다는
걸 알지 못합니다. 백 년에 불과한 짧은 인생의 안목으로 이 긴
우주적 시간을 바라보기 때문에 세계가 변하지 않는 것이라 착
각하는 것입니다. 이 착각과 무지로 인해서 세계 현상을 잘못
파악하고 있기 때문에 우리 인생에 온갖 고통이 생겨납니다.

이것이 우리 고뇌의 근본입니다. 이 무지를 깨뜨리고 착각에
서 깨어나 우주가 성주괴공하는 진실을 보게 되면, 우리의 고뇌
는 사라집니다.

물질이 특별한 설계도에 따라 고도의 결합을 하면 물질과는
전혀 다른 새로운 작용이 일어납니다. 영양물질을 분해·합성·
배출하는 신진대사 작용, 자기와 똑같은 개체를 재생산해내는
복제현상 등이 그것입니다. 이러한 특징을 가진 존재를 생명이
라고 부릅니다.

예를 들어, 자동차를 구성하는 2만 개가량의 부품을 커다란
바구니에 그냥 담아놓는다면 그 부품들이 모여 움직이거나 소
리를 내지는 못합니다. 설계도에 따라서 정확히 조립해 놓았을
때 비로소 움직이고 소리를 내며 자동차로서의 기능을 다하는

것입니다. 생명체에서 자동차의 설계도와 같은 역할을 하는 것이 유전자입니다. 유전자에 따라 물질이 제대로 조립되면 신진대사를 하는 생명체가 됩니다.

일단 생명체로 탄생한 뒤에는 시간의 흐름에 따라 늙고 병들어 죽음에 이르는 것을 피할 수 없습니다. 우리 육신 또한 당연히 생로병사합니다. 사춘기 때 부처님께서는 동서남북의 성문으로 세상에 나가서 인간의 육신이 생로병사하는 모습을 보고 무상의 진리를 깨달은 것입니다. 사람뿐 아니라 생명 세계의 모든 존재는 생로병사의 과정을 따라 변화하고 있습니다.

생명체가 더욱 고도로 발달하면 그 생명의 바탕 위에 정신 현상이 나타납니다. 물질현상을 우주, 생명현상을 육신이라 하면 정신 현상은 마음입니다. 우리의 마음은 생주이멸生住異滅합니다. 한 마음이 일어났다가도 순식간에 그 마음은 바뀌어 사라지고, 또 다른 마음이 불쑥 나타나기도 합니다. 죽 끓듯 일어났다가 사라지기를 되풀이합니다. 이러한 마음작용을 여실히 관찰해 보면 그 무상함을 쉽게 알 수 있습니다.

청춘 남녀가 결혼할 때는 검은 머리가 파뿌리처럼 하얗게 변할 때까지 변치 않고 사랑하겠노라 많은 사람들 앞에서 약속합니다. 시간이 흘러 상대가 다른 사람을 좋아하게 되면 그가 배신했다는 생각에 괴로워합니다. 그러나 이것을 진리의 측면에서 본다면 마음은 변하는 것이므로, 상대가 그때 거짓말을 한 것이 아니라 지금의 마음이 그때와 다를 뿐입니다. 상대의 마음뿐 아니라 내 마음 역시 변하는 것임을 알아야 합니다.

변하는 것을 변하지 않는다고 잘못 알고 있는 데서 괴로움이 생깁니다. 죽을 수밖에 없는 육신을 두고 죽지 않기를 원하니 괴로울 수밖에 없고, 변하는 이 세상 모든 것들을 두고 영원하기를 바라니 괴롭지 않을 수가 없습니다. 항상하다는 상견常見과 실체가 있다는 아견我見에 사로잡히면 일체가 괴로움이 됩니다. 무지에서 깨어나 눈을 떠서, 세상 모든 존재가 무상無常함을 알고 무아無我임을 알고 공空인 것을 깨달으면, 괴로울 일이 없는 열반적정涅槃寂靜에 이르게 됩니다. 괴로움과 즐거움을 만드는 마음의 작용과 법칙을 확연히 알면 괴로움을 일으키는 요인이 사라지니 모든 괴로움이 소멸됩니다.

부처님이 깨달은 이 연기법은 마음의 법칙에만 머무르는 것이 아니라 물질세계, 생명 세계에까지 한결같이 관통합니다. 무상과 무아의 법칙, 연기의 법칙은 모든 존재에 다 적용됩니다. 일체는 다 변합니다. 물질세계든 생명 세계든 정신세계든, 우주든 육신이든 마음이든 변하지 않는 것은 아무것도 없습니다.

어떤 물건이
이렇게 왔는가

아我라고 할 것이 없음을 제법무아諸法無我라 합니다. 아는 '나라는 실체'이며, 남과 분명히 구별되는 개별 존재로서의 '나'를 의미합니다. 일반적으로 우리는 남과 구별되는 나만의 '나'는 영원히 변하지 않는다고 생각합니다. 이곳에서 저곳으로, 천당에서 지옥으로, 이생에서 저생으로 윤회를 거듭할 때조차도 '나'의 실체인 영혼은 변하지 않으며, 어떠한 경우에도 결코 변할 수 없는 나의 존재의 근본이 있다고 여깁니다.

지금까지 아무런 의심 없이 아我인 영혼이 있음을 전제로 살아왔고, 모든 철학 사상 또한 그것을 전제로 하고 있습니다. 창조설이나 윤회설 또한 남과 구별되는 나, 단독의 나, 불변하는 나의 존재를 전제해야만 그 의미가 있습니다. 이제 우리는 '나'라는 것이 무엇인지를 탐구해 보아야 합니다.

한 스님이 진리를 얻고자 험난한 길을 헤치고 스승을 찾아갔습니다. 온갖 난관을 이겨내고 마침내 스승의 처소에 도착했습니다. 기쁜 마음으로 스승에게 인사드리기 위해 방문을 열어 한 발을 들여놓으려는 순간, 스승이 벽력같은 고함을 질렀습니다.

"어떤 물건이 이렇게 왔는가?"

스님은 무어라 대답할 수가 없었습니다. 육신이 왔다고 대답하면 시체가 걸어온 셈이고, 정신이 왔다고 하면 귀신이 온 셈이 되며, 아무개라고 대답하면 그 이름이 찾아온 것이 되어버리기 때문입니다.

스승의 물음은 '나는 누구인가?'라는 화두를 담고 있었습니다. 그 스님은 그 물음 앞에서 할 말을 잃었습니다. '나'라고 하는 이것은 무엇인가, '나'라는 것이 무엇인지도 알지 못하면서 내가 어떻게 진리를 논할 수 있는가 하는 생각에 스님은 그길로 발길을 돌렸습니다. 7년이 지난 후, 그 스님은 다시 스승을 찾아왔습니다. 스승께 인사를 올리고는 그제서야 7년 전 스승의 물음에 대한 답을 했습니다.

"스승님, 설령 '한 물건'이라고 해도 맞지 않습니다."

"너는 누구냐?"는 물음에 제가 "법륜입니다"라고 대답한다면, 법륜은 제 이름일 뿐입니다. "스님입니다" 하고 대답한다면 그것 또한 저의 직업일 뿐입니다. 남편이다, 딸이다, 아들이다, 사장이다 하는 대답들은 다만 관계 속에서 주어진 역할일 뿐입니다. 버스를 타면 승객이 되고, 가게에 가면 손님이 되고, 집에서는 아내이며, 친정에 가면 딸이고, 아이에게는 엄마, 학교에 가면 학부형이 되는 것입니다.

모양 없는 물이 그릇 따라 그 형태를 나타내듯이 인연에 따라, 때와 장소에 따라 우리의 존재가 규정됩니다. '나'라는 실체가 존재해 여러 가지 역할을 해내고 있는 게 아니라, 다만 인연을 따라 이런저런 형태로 나의 모습이 드러날 따름입니다. 그런데도 우리는 아내다, 자식이다, 승객이다 하는 역할에 순간순간 집착해서 거기에 의미를 부여함으로써 자신이 마치 그것인 양 착각하고 있습니다. 바로 거기서 온갖 괴로움이 생겨납니다. '나'의 실체, 영혼의 실체, 아트만ātman(자아)이라는 나의 고정된 실체는 없습니다. 이것이 무아無我의 의미입니다.

옛사람들은 양반과 천민도 개처럼 종자가 따로 있다고 생각했습니다. 양반의 자식은 양반이고 천민의 자식은 천민일 뿐이었습니다. 천민의 자식이 아무리 돈을 많이 벌고 지위가 높아진다 해도 결코 양반이 될 수 없으며, 양반의 자식이 아무리 가난하고 몰락해도 양반이라는 사실은 변할 수 없다고 여겼습니다. 마치 사람과 개가 서로 다르듯, 양반과 상놈의 종자도 따로 있다고 생각했습니다. 그런 종자가 실제로 있다는 믿음 속에서 수백 수천 년을 살아왔습니다. 하지만 결국 그 종자라는 것은 몸뚱이에 있는 것이 아니라 우리 마음에 있었으며 마음이 짓는 바였습니다. 결국 양반과 천민이 따로 없다는 것이 무아의 의미입니다.

생명 세계에도
고정된 실체가 없다

생명 세계에서의 아我는 종자와 같습니다. '콩 심은 데 콩 나고 팥 심은 데 팥 난다'고 했습니다. 콩을 심어서 팥이 날 수 없고, 팥을 심어서 콩이 날 수 없습니다. 개가 새끼를 낳으면 반드시 개가 태어납니다. 개와 사람의 종자는 별개의 존재이며 분명히 각 종자의 실체가 있다고 생각해 왔습니다.

그러나 오늘날 과학적 연구의 성과는 그런 생각을 부정합니다. 유전자란 아주 정밀한 설계도와 같고 생명체는 그 설계도에 따라 지어진 건축물과 같습니다. 오늘날에 와서는 그 설계 도면을 수정할 수 있음을 알게 되었습니다. 종자가 바뀔 수 있음이 밝혀진 것입니다. 불변하는 종자는 없습니다. 다윈의 진화설은 긴 역사 속에서 종의 변화를 밝힌 학설입니다. 내가 경험한 세계 속에서 그 변화의 과정을 직접 목격하지 못했기 때문에 변하지 않는다고 믿고 있을 뿐입니다. 그 믿음은 우리의 유한한 경험에서 빚어진, 한정된 경험을 고집한 데서 비롯된 인식상의 오류에 불과합니다.

감자와 토마토를 가지고 유전자 조작을 하면 땅위 줄기에서는 토마토가 열리고 뿌리에는 감자가 달리는 새로운 식물이 탄

생할 수 있습니다. 지금 우리는 이런 변화의 과정을 목격하고 있습니다. 돌연변이라고 불리는 자연적 변화를 확인했고, 유전자를 조작하여 인공적으로 돌연변이를 만들어 새로운 종을 창조하는 수준까지 이르렀습니다.

생명체의 종자 역시 더 이상 불변의 존재가 아니며 그 고정된 실체가 없음을 확인했습니다.

단독으로 존재하는
물질의 실체는 없다

'아톰atom'이란 물질의 근원적 요소, 물질의 근본적 알갱이를 지칭하는 말입니다. 예로부터 천하만물의 근본 요소인 아톰이 무엇인지에 대한 연구는 끊임없이 계속되어 왔습니다. 인도 철학에서는 만물의 근원을 네 가지로 봅니다. 세상 만물은 흙의 기운, 물의 기운, 불의 기운, 바람의 기운, 즉 지수화풍地水火風 네 가지 요소의 결합이라는 것입니다.

그러나 한 그릇의 물은 한 방울 한 방울의 물이 모여 이루어지고, 한 방울의 물은 수없이 많은 물 분자로 쪼개집니다. 분자 역시 물질의 가장 작은 구성 요소는 아닙니다. 물 분자는 산소 원자와 수소 원자로 이루어져 있습니다. 산소 원자 하나와 수소 원자 두 개가 결합하여 물이라는 물질로 나타나는 것입니다. 화학 기호로는 H_2O라고 표시합니다.

영국의 물리학자 돌턴Dalton(1766-1844)은 분자를 구성하고 있는 근원이 원자이며, 원자는 더 이상 쪼갤 수도 없고 변하지도 않는 물질의 근원이라고 주장했습니다. 돌턴의 원자설 이후 오랫동안 우리는 물질을 이루는 근원이 원자이며 원자는 물질을 구성하는 최소의 알갱이라고 믿어왔습니다. 지구상에 있는 자연 물질은 92개의 원자가 기본임을 밝혀냈고 질량에 따라 그 순서를 나열했습니다. 하지만 연구를 거듭함으로써 원자 역시 하나의 단독 알갱이가 아니고 핵과 전자라는 물질의 결합으로 이루어졌음을 톰슨Thomson(1856-1940)이 밝혀냅니다. 뒤이어 러더포드Rutherford(1871-1937)가 핵에서 양성자를 발견한 데 이어 보어Bohr(1885-1962)가 원자의 모형을 만들어냅니다.

원자의 가운데에는 핵이 있고 바깥쪽으로는 전자가 돌고 있으며, 핵은 다시 양성자와 중성자로 이루어져 있습니다. 원자는 전자, 양성자, 중성자, 중간자 등의 물질로 구성된 결합체임을 알게 되었습니다. 양성자의 개수에 따라 원자번호를 재정립해 92번 우라늄까지 원자의 종류가 정리된 후 우라늄을 쪼개는 실험이 시작되었고, 결국 핵분열의 과정이 확인되기에 이릅니다. 결국 돌턴의 원자설은 진실이 아니었습니다. 얼음이 물이 되고 물이 얼음이 되는 물리적 변화의 상태에서는 물 분자가 변함없이 존재합니다. 얼음으로 있을 때나, 물로 있을 때나, 수증기로 있을 때나 물 분자의 존재는 그대로입니다. 그러나 화학변화의 과정을 거치면 물 분자는 수소 원자와 산소 원자로 분리되니 분자 또한 불변하는 존재가 아닙니다. 그러나 화학변화에서는 원자는 불변합니다. 그래서 질량 보존 법칙이 성립하는 것입니다. 그러나 원자 또한 핵변화에서는 변화합니다.

여기서 우리는 두 가지 사실, 즉 물질세계에서 변하지 않는 것은 없다는 것, 그리고 어떤 경우에도 단독으로 존재하는 물질의 실체는 없다는 것을 확인합니다. 오랫동안 원자는 변하지 않고 쪼개지지 않는 단독의 존재라고 생각해왔지만, 원자 역시 소립자의 결합이 만들어낸 변화하는 물질이었습니다. 오늘날 과학자들은 이 소립자가 무엇으로 구성되어 있는지까지도 밝혀 냈습니다.

반대로 핵융합 역시 가능하리라는 생각에서 가장 간단한 원자인 수소 두 개를 융합시켜 헬륨을 만드는 실험도 성공합니다. 지금 태양이 엄청난 열을 뿜어내며 빛나고 있는 것이 바로 이러한 핵융합의 과정을 보여주는 사례입니다.

세상 만물이 탄생하기 위해서 창조주는 필요하지 않습니다.

산소와 수소가 결합하면 자연히 물이라는 물질이 만들어집니다. 산소와 수소 역시 창조할 필요가 없습니다. 물을 분해시키면 산소와 수소가 발생하니까요. 이렇게 생각하면, 창조주는 원자만 창조하면 되는 셈입니다. 원자가 이리저리 결합하면 온갖 물질이 만들어지기 때문입니다. 하지만 원자 또한 소립자의 결합으로 만들어질 수 있으므로 창조할 필요가 없습니다.

우리는 이제 소립자를 누가 창조했는가 하고 생각하지는 않습니다. 소립자는 무엇으로 구성되어 있는가를 연구합니다. 소립자는 쿼크quark로 구성되어 있습니다. 쿼크가 결합하면 소립자가 생성되어 이른바 물질현상이 나타나게 되고, 그것이 분해되면 나타났던 물질현상은 사라집니다. 이러한 미세 단위들이 모여 물질적 존재가 형성되고, 그들이 흩어지면 물질적 존재는 사라집니다. 존재는 끊임없는 결합을 통해 이루어질 뿐, 결합의 가장 근원이 되는 알갱이라는 것은 실재하지 않습니다.

제법무아와
과학

부처님 당시의 사람들은 모든 사물에는 그것일 수밖에 없는 실체가 있다고 생각했습니다. 하늘에는 우주의 근본인 브라만이 있고, 개개인에게는 자신의 근본인 아트만이 있으며, 아트만과 브라만은 본질적으로 같은 것이어서 그 둘이 하나 될 때 범아일여梵我一如 또는 해탈한다고 했습니다.

그러나 부처님께서는 깊은 명상과 탐구를 통하여 마침내 브라만의 분신인 아我라고 하는 실체가 없음을 발견했습니다. 음식을 차리고 불을 피우고 정성을 다해 신에게 공양을 올리면 구원을 받아 해탈할 수 있다고 믿어왔던 사람들에게, 부처님은 우리의 괴로움이 그런 기도로 사라질 수 없음을 분명히 했습니다. 그리고 이 괴로움으로부터 벗어나기 위해 어찌해야 하는지도 분명하게 밝혔습니다.

무아의 법칙은 정신세계뿐만 아니라 물질세계와 생명 세계에 적용하더라도 어긋남 없이 들어맞습니다. 고대 그리스 철학으로부터 사람들은 물질세계의 근본을 아톰, 즉 원자라고 생각했습니다. 원자는 물질세계에서 만물을 구성하는 근본 요소로, 변하거나 쪼개지지 않고 단독으로 존재하는 물질의 근원이라 여겼습니다.

하지만 오늘날에 와서 그러한 생각은 사실이 아님이 밝혀졌습니다. 물질을 구성하는 단독의 근원적 알갱이는 없습니다. 생물의 세계에도 불변하는 단독의 씨앗이 있다고 믿고 그것을 종자라고 불렸지만, 현대 과학은 그 실체가 유전자임을 밝혔습니다. 유전자는 자동차의 설계도와 같은 것이어서 설계를 변경할 수 있듯이 유전자도 고치거나 변화시킬 수 있습니다. 그러므로 물질계든 생명계든 '이것이다'라고 단정할 만한, 불변하는 단독의 알갱이인 '아我'는 없습니다.

옛날에는 양반과 천민의 종자를 구분했지만, 오늘날 그런 구별이 아무 의미 없다는 것은 너무나 당연한 사실입니다. 남자를 신성시하고 여자는 비천한 존재로 취급했으나, 여성이 부정하고 열등하다 할만한 어떤 근원적 요소도 없다는 것 또한 누구나 인정하는 사실입니다. 사람을 선악善惡으로 나누면, 인간의 근원이 본래 선하다는 성선설性善說이 있고, 반대로 인간의 근원이 본래 악하다는 성악설性惡說도 있습니다. 또 악성과 선성이 동시에 존재하며 낮에는 선성이 밤에는 악성이 드러난다는 주장까지 있었습니다. 그 시절에는 인간의 정신작용을 사실대로 아는 것에 한계가 있어서 그처럼 잘못 생각하고 믿었을 뿐입니다. 전체를 보지 못하고 제한된 시간과 공간 속에서 사물을 관찰하다 보면 그런 착각이나 편견이 나타납니다.

우리는 지구 표면에 살고 있으면서도 지표면이 둥글다는 것을 느끼지 못합니다. 우리가 관찰할 수 있는 범위에서는 지구 표면이 휘어져 있음을 인식할 수 없기 때문입니다. 그러나 지구를 떠나 우주공간에서 지구를 관찰한다면, 둥근 공처럼 생긴 지구의 표면에 살고 있음을 쉽게 확인할 수 있습니다. 또 우리가 가진 시공간적 한계 속에서는 두 점 사이를 잇는 최단 거리의 직선은 오직 하나일 뿐이지만, 두 점을 이동시켜서 한 점을 북극점에, 또 한 점을 남극점에 옮겨 놓으면 북극과 남극의 두 점을 잇는 최단 거리의 직선은 무수히 많습니다. 지구가 둥글기 때문입니다.

이와 같이 우리가 경험적으로 아는 세계 속에서 진리라고 믿었던 것이 사실은 절대적이고 객관적인 진리가 아닌 경우가 많습니다. 내가 경험한 사실, 내가 믿는 종교, 내가 사는 나라와 지역을 바탕으로 형성된 윤리나 도덕은 절대적인 진리일 수 없습니다. 지금과 여기, 나의 생각과 경험을 떠나 다른 조건에서는 내가 알고 있던 것과는 전혀 다른 방식의 옳고 그름이 생겨날 수 있는 겁니다.

산은
다만 산일 뿐

여기 커다란 산이 하나 있습니다. 산의 왼쪽 기슭에 사는 사람이 보면 해가 그 산에서 떠오르니 이 산이 동산東山이고, 산의 오른쪽 기슭에 사는 사람이 보기에는 그 산으로 해가 넘어가니 이 산은 서산西山입니다. 태어나서 한 번도 자신의 마을을 벗어나본 적이 없는 그 두 사람이 만나 이 산에 대해 대화를 나눈다면 밤새도록 논쟁을 해도 끝이 나지 않을 것입니다. 산하나를 두고 한 사람은 해가 뜨니 동산이라 하고, 또 다른 사람은 해가 지니 서산이라고 주장할 테니까요. 각자 상대편을 정신이상자라 하고, 눈이 삐었다 하고, 답답한 사람이라고 비난할 것입니다.

서로 증거를 가져와 보기로 합니다. 왼쪽 마을에 가서 확인해 보니 실제로 해가 그 산 위로 떠오르고, 모든 역사책에 동산이라고 기록되어 있으며, 마을 사람들도 그 산을 동산이라고 부르기에 동산이 틀림없었습니다. 그러나 오른쪽 마을로 가서 확인해 보니 해가 그 산 너머로 지고, 모든 역사책에 서산으로 기록되어 있으며, 누구에게 물어보아도 서산이라고 대답했습니다. 이 두 사람은 온갖 증거를 가지고 논쟁해도 해결점을 찾을 수가 없습니다.

이 두 사람이 바로 아내와 남편입니다. 아내는 남편을 보면 너무나 가슴이 답답합니다. 단번에 알 수 있는 사실을 남편은 도대체 왜 모르는 것인지, 남편의 행동을 도저히 이해할 수 없습니다. 남편의 입장에서도 마찬가지입니다. 남편은 아내의 잔소리가 이해되지 않습니다. 끝없이 다투고 싸워봤자 '소귀에 경 읽기'라고 포기해 버립니다. 둘 사이에 진정한 이해는 없습니다. 얘기해봐야 시끄럽기만 하고 아무런 득이 없으니 서로 적당히 무시하며 살아갑니다.

이 두 사람은 또한 남한과 북한입니다. 남한 사람들 입장에서는 북한 사람들을 도저히 이해할 수 없고 그들이 이상한 사람으로만 보이지만, 북한 사람들 눈에는 남한 사람들이 이상한 사람으로 비칩니다.

한 사람은 불교인이고 다른 사람은 기독교인입니다. 기독교인에게는 불교 신자들의 행동이 이해되지 않습니다. '하나님의 피조물인 사람으로 태어나서 어떻게 창조주도 몰라보느냐' 생각합니다. 하지만 불교 신자의 생각으로는 기독교인들의 믿음을 이해할 수 없습니다. 오히려 '어떻게 그런 허황된 말을 사실로 믿을 수 있느냐'고 묻습니다.

한 사람은 여당이고 한 사람은 야당이며, 한 사람은 진보이고 한 사람은 보수입니다. 한 사람은 경상도 사람이고 한 사람은 전라도 사람입니다. 같은 지역에 살거나 같은 입장을 가진 사람들끼리 모여 자기들의 말이 모두 옳다고 주장하고 있습니다. 경상도 사람들끼리 모여서 자기들 입장만 얘기하고, 전라도 사람들끼리 모여서 자기네 입장만 얘기합니다. 야당은 야당끼리 모여서 여당을 욕하고, 여당은 또 여당끼리 모여서 야당을 욕하지요. 불교 신자들끼리 모여서 기독교인을 비난하고, 기독교인끼리 모여서 불교 신자를 비난합니다. 이것이 오늘날 인간 사회에 갈등이 일어나는 까닭이며, 옳고 그름이 존재하는 이유입니다.

그러나 그렇게 수백 수천 년을 논쟁하고 싸워도 해결이 되지 않던 일도 다만 그 사람이 그 마을에서 벗어나기만 하면 자연히 해결됩니다. 자기가 살던 마을에서 나온 뒤에는 그 산이 동산도 서산도 아님을 자연히 알게 됩니다. 자기 마을에서 나오기만 하면 되는데 나오지 못하고 마을에 갇혀 있는 형국을 가리켜 바로 아상我相이라고 합니다. 거기서 나오기만 하면, 동산이라고 하지만 동산이 아니고 서산이라고 하지만 서산이 아니며, 남산이라고 하지만 남산도 아니고 북산이라고 하지만 북산도 아님을 알 수 있습니다. 큰 산이라고 하지만 큰 산이 아니고, 작은 산이라고 하지만 작은 산도 아닙니다. 그것은 모두 우리가 다만 그렇게 생각하고 있는 것일 뿐입니다. 산은 다만 산일 뿐입니다.

그런데 '이 산은 동산도 서산도 아니다. 비동비서산非東非西山이다'라고 말하며 진리를 깨쳤다고 생각한다면 그것 또한 깨달은 바가 아닙니다. 그렇게 생각하는 사람은 동산이라고 주장하거나 서산이라고 주장하는 사람들의 무리와 또다시 논쟁을 해야 합니다. 상대가 진실을 모르고 있다고 비난하기 일쑤입니다.

비동비서산을 주장하는 것은 법집法執이고 법상法相입니다. 이것 역시 버려야 합니다. 깨친 사람은 동산이라는 말에도 수긍하고 서산이라는 말에도 수긍합니다. 동산이 아니라고도 서산이 아니라고도 말하지 않습니다. 동산이라 말하는 사람이 있으면 왼쪽 동네에서 온 사람임을 알아차리고, 서산이라고 말하는 사람을 만나면 오른쪽 동네에서 온 사람임을 알아차립니다. 그렇게 상대의 처지와 입장을 이해하면 모든 갈등이 사라지고 일체의 걸림이 없어집니다.

이것이 무아의 이치이며, 『금강경』에서 말하는 무유정법無有定法입니다. 이런 이치를 삶 속에서 체득하는 것이 중요합니다. '이것이다'라고 할 바가 없는 줄을 알게 되면, 세상 사람들이 '이것이다'라고 고집하는 것까지 모두 포용해낼 수 있습니다. 이런 도리를 깨닫고 나면 자기 생각을 고집하는 온갖 사람들과도 걸림 없이 살 수 있습니다.

색이 곧 공이고,
공이 곧 색

우리는 모든 것에 어떤 실체가 있다고 생각하며 살아갑니다. 예를 들어, 컵 뚜껑 하나를 보면서도 어떤 사람은 작다고 생각하고 어떤 사람은 크다고 생각합니다. 작다고 말하는 사람은 솥 뚜껑이나 장독 뚜껑과 비교하는 것이고, 크다고 말하는 사람은 더 작은 찻잔 뚜껑과 견주는 것입니다. 그러나 그 어떤 비교대상을 놓아 버리면 컵 뚜껑 자체로는 큰 것도 아니고 작은 것도 아닙니다. 무거운 것도 아니고 가벼운 것도 아니며, 새것도 아니고 헌것도 아닙니다. 그런데도 우리는 일상 속에서 늘 크고 작음, 새것과 헌것, 무거움과 가벼움을 구별하며 살고 있습니다.

그러면 어떤 사람은 "분명히 이건 무겁고 저건 가벼운데 그것을 구분할 줄 모른다는 건가? 무거운 것도 없고 가벼운 것도 없다니 그럼 둘의 무게가 같다는 얘기야?" 하고 반론을 제기합니다. 무아란 그런 것이 아닙니다. 컵 뚜껑의 무게가 50그램이라면 이것이 10그램에 비해서는 무겁고 100그램에 비해서는 가볍다고 인식되지만 50그램인 컵 뚜껑 하나만 놓고 보아서는 무겁다고도 가볍다고도 할 수 없다는 뜻입니다.

늙고 젊음 역시 마찬가지입니다. 저분이 늙고 이분이 젊다는 것은 누가 보더라도 금방 알 수 있는 분명한 사실처럼 생각하지만, 실제로는 그렇지 않습니다. 팔순 어르신들을 모시고 여행을 가면, 칠순 어르신들이 젊은 축에 속하기 때문에 밥상도 차리고 바라지를 하게 됩니다. 어르신들 사이에도 늙고 젊음의 구별이 있으며, 그러한 구별은 모두 상대적인 것입니다.

옷을 입는 게 좋은가, 벗는 게 좋은가 하는 것도 절대적으로 정할 수 없습니다. 목욕탕 안에서 옷을 입고 있으면 잘못된 행동이 되고, 목욕탕 밖에서 옷을 벗고 있으면 그것 역시 잘못된 행동이에요. 누워 있는 것도, 앉아 있는 것도, 자는 것도 모두 마찬가지입니다. 자야 할 시간에 깨어있으면 잘못된 것이 되고, 깨어있어야 할 시간에 자고 있으면 잘못된 것이 될 뿐, 자는 것과 깨어있는 것 그 자체에는 좋고 나쁨이 없습니다. 다만 인연 따라 이루어질 뿐입니다.

모든 분별은
우리 마음이 짓는 바

흔히 좋은 사람과 나쁜 사람을 구별하여 말하지만 그것을 분별할 만한 어떤 요소도 실재하지 않습니다. 어떤 집의 가장이

두 아이를 남기고 갑자기 세상을 떠났다고 합시다. 경제적으로 어려운 처지가 된 아내는 생계를 유지하기 위해 작은 맥줏집을 열었습니다. 죽은 남편에겐 절친한 친구 한 사람이 있었습니다. 그는 죽은 친구를 생각해서 도와주고 싶은 마음은 있지만, 자기도 어려운 형편인 데다 드러내놓고 도와주게 되면 도움 받는 입장에서 자존심 상할 수 있겠다고 생각했습니다. 그래서 퇴근할 때마다 친구 부인의 가게에 들러 맥주 한잔하고 오는 것으로 도와주려다 보니 그 가게의 단골이 되었습니다.

남편 잃은 아내 입장에서는 남편의 친구는 참 의리 있고 고마운 사람입니다. 큰돈이 아니더라도 잊지 않고 찾아와 늘 그렇게 보살펴 주니 더할 수 없이 고맙지요. 하지만 도움을 주는 분의 아내 입장에서는 자기 남편이 도저히 이해되지 않는 나쁜 사람입니다. 친구 부인에게 흑심이 있는 것 아니냐며 비난하게 됩니다.

이렇게 같은 사람을 두고도 좋은 사람이라는 의견과 나쁜 사람이라는 의견이 엇갈리곤 합니다. 그러나 그는 사실 나쁜 사람도 아니고 좋은 사람도 아닙니다. 마치 저 산이 동산도 아니고 서산도 아닌, 다만 산일 뿐인 것과 같습니다. 이것이 실상입니다. 내 남편이나 아내, 시어머니나 장모, 형제, 친구, 또 주변의 많은 사람들을 미워하며 살고 있지만, 실제로 거기에는 미워할 만한 아무런 실체가 없다는 그것이 바로 무아이며 공空입니다. 옳고 그름, 맞고 틀림, 깨끗하고 더러움은 다 내 마음이 짓는 바이니, 존재 자체에 그런 실체가 있는 것은 아닙니다.

그런데도 우리는 실체가 있다는 허상에 사로잡혀서 얼마나 많이 미워하고 원망하고 괴로워하며 한을 품고 살아가고 있습니까. '원수를 사랑하라'고 말하지만, 제법諸法이 공한 이치에서 볼 때는 원수라고 할 것마저 본래 없습니다. 모든 것은 다 자기 마음이 짓는 바입니다.

인연 따라 자기 직분을 지킬 때 삶은 자유로워진다

「법성게法性偈」의 불수자성수연성不守自性隨緣成은 '스스로의 성품을 지키지 아니하고 인연을 따라 이루어진다'는 뜻입니다. 우리의 삶, 우리가 사는 세계는 이렇게 그 어떤 것도 고정된 실체가 없이 다만 인연따라 이루어집니다. 이것이 연기의 법칙입니다.

우리는 삼라만상을 단독자들의 집합으로 착각하고 있습니다. 그런 착각 때문에 자연생태계를 약육강식과 적자생존의 세계로 인식하는 것입니다. 그것이 사실이라면 우리의 삶은 토머스 홉스Thomas Hobbes(1588-1679)의 말처럼 '만인에 대한 만인의 투쟁'에 머물게 됩니다. 그래서 내가 살려면 네가 죽어야 하고 내가 행복하려면 넌 불행해야 하며 내가 너를 딛고 일어서야 성공하는 삶이 된다고 생각하고 있습니다. 경쟁하고 투쟁해서 승리하는 것만이 성공이라고 믿습니다.

그러나 사실 우리의 삶은 그물처럼 서로 연관되어 있습니다. '네가 없으면 나도 없고 네가 불행하면 나도 불행하다'는 것이 우리 삶의 이치인 것입니다.

흔히 '자연을 정복한다'는 표현을 쓰곤 하는데, 깨달은 눈으로 세상을 보면 우리는 모두 서로 연관되어 있어서 엄격하게 말하면 자연도 나의 일부이며 나도 자연의 일부입니다.

여기 다섯 개의 손가락이 있습니다. 손바닥으로 연결된 부분을 가린 상태로 보면 손가락 다섯 개가 각각 별개로 보이지요. 제각기 따로 움직이고 모양도 다릅니다. 하지만 가려진 것을 치우고 보면 그 각각의 손가락은 모두 하나의 손으로 연결되어 있습니다. 다섯 개의 손가락은 결코 각각의 단독자가 아닙니다.

손가락의 관점에서 보면 별개의 존재인 듯 보이지만, 손의 관점에서 보면 모두 한 손의 일부입니다. 우리의 삶도 다섯 개의 서로 다른 손가락과 같습니다. 우리 하나하나의 삶이 제각기

독립적인 것처럼 보이지만, 우리 역시 별개의 독립된 존재가 아니라 모두 연관된 하나의 존재입니다. 그래서 우리의 삶은 서로가 서로를 살리는 삶이어야 합니다. 그런데도 어리석음에 빠져 좁은 단면만을 보고 한정된 자신의 경험으로 진리를 논하기 때문에 서로를 괴롭히는 오류를 범하고 있습니다.

'나'라고 고집할 것이 없다고 해서 나의 존재가 없어지는 건 아닙니다. 인연 따라 나투게 되니 오히려 더 풍부해집니다. 스님이 부엌에서 밥을 하고 있다면 '밥하는 스님'이 아니라 다만 '밥하는 존재'입니다. 밥하는 그 순간에는 밥하는 사람이 있을 뿐입니다. 버스나 택시를 타면 승객이라고 불리고, 아이를 키우면 엄마라 불리고, 학교에 가면 학부형이라 불리고, 절에 오면 신도라 불릴 따름입니다.

그런데도 회사에서의 역할이 사장이라고 해서 절에 와서까지 사장 노릇을 하려고 한다면 이치에 맞지 않으니 갈등이 생깁니다. 인연에 따라 직분을 지킬 때 우리의 삶은 완전히 자유로워집니다. 우리가 갈등에서 벗어나지 못하는 것은 무언가를 움켜쥐고 고집하며 인연을 따르지 않기 때문입니다.

어린아이는 따뜻한 보살핌을 받아야 하고, 성장하고 나서는 자립을 해야 합니다. 보살핌을 받지 못한 아이는 제대로 성장하지 못하며, 제때에 독립하지 못하면 성숙한 어른이 되지 못합니다. 어린 자식에게 애정을 가지는 건 좋은 일이지만, 그 습관에 익숙해져서 자식이 사춘기를 넘어갔는데도 계속 어린아이 돌보듯 하면 그 아이는 자립할 기회를 잃어버리게 됩니다. 그런 문제가 지금 우리 사회의 큰 병폐로 나타나고 있습니다.

혼자 사는 사람은 누구를 만나든, 어떤 행동을 하든 특별히 문제가 없습니다. 그러나 한 사람을 만나 가정을 이루었다면 그때부터는 서로 맞추어가는 새로운 자기 존재를 인식해야 합니다. 그렇지 않고 계속해서 결혼 전처럼 행동한다면 부부간에 갈등이 생길 수밖에 없습니다. 또 아내나 남편이라는 역할은 배우자와 함께 살고 있는 동안에 한할 뿐, 배우자가 세상을 떠나고 나면 더는 아내도 남편도 아닙니다. 오랫동안 남편과 살던 습관으로 남편이 죽은 뒤에까지 여전히 자신이 아내인 양 착각한다면 외로움과 고통의 원인이 됩니다.

이렇듯 우리의 존재는 인연 따라 일어납니다. 스스로의 성품을 지키지 아니하고 인연 따라 나툰다는 '불수자성수연성'의 이치를 깨달으면 우리의 삶이 훨씬 자유로워집니다. 지금까지 품었던 한을 내려놓을 수 있고, 이해하지 못했던 사람도 이해하게 되며, 움켜쥐고 집착하던 것들을 다 내려놓을 수 있습니다.

존재의 참모습을 알면
괴로움이 없어진다

그러니 '나'를 고집할 것이 없습니다. 이것이 무아입니다. '나'라고 고집할 것이 없으니 '내 것'이라고 고집할 것도 당연히 없습니다. 이것이 무소유입니다. 또 사람의 의견은 서로 다를 뿐이지 옳고 그른 것이 없으니 내 의견이 옳다고 고집할 것도 없습니다. 이것이 무아집입니다. '나'라 할 것이 없다는 무아, '내 것'이라 할 것도 없다는 무소유, '내가 옳다'고 할 것이 없다는 무아집의 세 가지를 통틀어 무아라고 말합니다. '나다, 내 것이다, 내가 옳다'고 고집하는 마음이 중생의 무지입니다. 모든 집착의 병은 여기에서 비롯됩니다. 탐욕도 성냄도 이것에서 나옵니다.

지금 우리는 공기가 있어 숨 쉬고 있습니다. 이 공기가 내 것이라고 주장하지 않습니다. 내 코에 들어온 공기라도 내 것이라 하지 않습니다. 금방 내 코에 들어온 공기가 저 사람 코에 들어갔다고 해서 내 것 내놓으라 다투지는 않습니다. 이 세상 천하 만물은 이처럼 그 누구의 것도 아닙니다. 다만 지금 필요한 사람이 사용할 따름입니다. 그런데도 우리는 늘 내 것이라 고집하고 움켜쥡니다.

사람의 생각이나 행동은 다 제각기 서로 다를 뿐 옳고 그름이란 없습니다. 생각이 다르고 의견이 다르고 취미가 다르고 견해가 다르고 사상이 다르고 종교가 다르고 민족이 다르고 피부 빛깔이 다르고 남녀가 다를 따름인데, 우리는 그걸 가지고 누구는 옳고 누구는 그르다, 높고 낮다, 우월하고 열등하다고 구별하며 착각하고 있습니다. 그런 생각이 온갖 갈등의 원인이 됩니다.

제법실상諸法實相이 무상無常과 무아無我임을 확연히 알면 괴로워할 일이 없고, 그것을 모르면 행하는 온갖 일이 다 괴로움이 됩니다. 부처님께서 "중생은 죄가 있어 괴로움을 받는 것이 아니다. 무지로 인해 스스로 괴로워하는 것이다. 이것을 깨달으면 누구나 괴로움에서 벗어날 수 있다"고 말씀하셨습니다. 그래서 중생은 일체개고一切皆苦요, 깨달은 이는 열반적정涅槃寂靜인 것입니다.

시간적 측면에서 본 공

색불이공色不異空 공불이색空不異色에서 불이不異는 다르지 않다는 뜻입니다. 물이 변해서 얼음이 되고 얼음이 녹아서 물이 될 때, 물과 얼음의 차이는 뭘까요? 하나는 고체이고 하나는 액체입니다. 하나는 쇠붙이와 같고 하나는 기름과 같으니, 드러난 외형이나 상태는 서로 확연히 다릅니다. 그러나 근본 입자인 분자를 살펴보면 둘 다 H_2O 입자입니다. 모양은 다르지만 그 성분이 같으므로 그들은 불이, 즉 다르다고 할 수 없습니다.

얼음의 물 분자인 H_2O가 열을 받아서 자연스럽게 움직이면 물이라 하고, 그것이 일정한 질서로 고정되어 있으면 얼음이라 하며, 서로 떨어져서 움직이면 수증기라 부릅니다. 고체·액체·기체는 분자의 결합 상태에 따라서 구별될 뿐 H_2O라고 하는 성분 자체에 변화가 일어난 것이 아닙니다. 현상에 집착하면 서로 달라 보이지만 본질을 들여다보면 아무 차이가 없습니다. 한 아이가 그릇에 담긴 얼음 구슬을 가지고 놀다가 방 안에 놓아둔 채 밖으로 나갔습니다. 한참을 놀다 방에 들어온 아이는 구슬이 없어졌다고 울며 찾아다닙니다. 하지만 얼음 구슬은 없어진 게 아니라 물로 변했을 뿐입니다.

이처럼 모든 존재는 변하게 마련이니 진실로 무상한 것입니다. 새로 생겨났다고 해도 생겨난 것이 아니고, 없어졌다고 하지만 없어진 것도 아닙니다. 단지 변했을 뿐입니다. 그래서 공의 세계에서는 모든 존재가 불생불멸不生不滅합니다. 생명에 대해 새롭게 생겨나고 소멸하여 사라진다는 인식은 사물을 현상으로만 관찰했기 때문입니다. 어린아이처럼 얼음과 물을 따로따로 관찰한 탓에 사물의 실상을 알지 못하기 때문입니다. 색과 공이 다르지 않다는 '불이'의 표현은 이러한 무상의 이치를 설명하고 있습니다.

공간적 측면에서 본
공

색즉시공色卽是空 공즉시색空卽是色의 즉시卽是는 공간적인 측면의 연기를 설명하는 표현입니다. 쇠붙이는 철(Fe)의 원자로 단단히 짜여 있습니다. 아무것도 비집고 들어갈 틈이 없습니다. 하지만 철을 구성하는 원자 하나하나의 내부는 텅 비어 있습니다. 원자의 가운데에는 핵이 있고, 전자가 외곽을 돌고 있으며, 핵과 전자 사이의 공간은 텅 비어 있습니다. 소립자의 눈으로 쇠붙이를 본다면, 우리가 우주를 보듯 텅 비어 있는 것입니다.

고무풍선에 바람을 넣어 방 안을 꽉 채웠다고 해도 하나하나의 고무풍선이 텅 비어 있으니 방 안은 가득 찼다고 하기도 어렵고, 텅 비었다고 하기도 어려운 것과 같습니다.

가득 찬 것이 색色이라면 텅 빈 것이 공空인데, 가득 찼던 것이 변하여 텅 빈 상태가 되는 것이 아니라, 가득 찬 그대로 텅 비어 있음을 설명하는 말이 즉시卽是입니다. 같은 사람을 두고도 누구는 좋은 사람이라 하고 또 누구는 나쁜 사람이라고 하는 것과 같습니다. 나쁜 사람의 성품이 변하여 좋은 사람으로 된 것이 아니라, 나쁜 사람이 곧 좋은 사람이라는 이치입니다. 변했기 때문이 아니라, 있는 그대로를 두고도 어떻게 보느냐에 따라서 가득 차 있으면서 동시에 텅 비어 있는 이치를 '무아'라고 합니다.

예를 들어 우주의 구성에 대해 생각해 봅시다. 한 태양계와 다른 태양계는 약 300광년쯤 떨어져 있습니다. 1초에 지구를 일곱 바퀴 반 이상 돌 만큼 빠른 빛의 속도로 300년을 가야 하는 거리입니다. 가장 가까운 다른 태양계와의 거리가 그러하니, 우주의 별들은 상상하기 어려울 정도로 멀리 떨어져 있고, 우주 공간은 그만큼 텅 비어 있습니다.

우리가 사는 은하계 안에는 이런 태양계가 약 1,000억 개가량 모여 있습니다. 1,000억 개의 태양계가 밀집된 은하계는 전체적으로 볼록렌즈나 원반 같은 형태를 이루고 있습니다. 하지만 가까이에서 들여다보면 그 내부는 텅 비어 있습니다. 이것이 바로 색즉시공의 이치입니다. 가득 찬 것도 자세히 살펴보면 텅 비어 있다는 '즉시'의 원리입니다. 덧붙여 그 역인 공즉시색의 명제 또한 성립하므로 공간적 측면에서도 '색=공'임을 확인할 수 있습니다.

느낌, 생각, 의지, 업식도 공하다

색이 공함과 같은 논리로, 느낌(受)도 공하여 실체가 없고 생각(想)도 공하여 실체가 없으며 의지(行)도 공하여 실체가 없고 업식(識)도 공하여 실체가 없으니, 이것이 수상행식受想行識 역부여시亦復如是의 이치입니다.

부파불교 시대의 소승불교인들은 일체가 오온의 결합임을 알고는 있었으나 색수상행식이라는 다섯 가지 구성 요소는 불변의 실체라고 잘못 이해하고 있었습니다. 만물이 원자로 구성되어 있으니 원자가 만물의 본질이라고 파악하는 것과 같은 생각입니다. 만물은 원자의 결합일 뿐이므로 만물의 각각이 본질이 아니듯, 원자도 소립자의 결합일 뿐이므로 그 자체가 본질은 아닙니다. 소립자 또한 쿼크(기본 입자)의 결합이므로 본질이라고 할 것이 없습니다. 일체가 오온의 결합인 것과 마찬가지로 오온의 색수상행식 역시 모두 공한 것입니다.

감각의 대상(色)만 공한 것이 아니고 그 감각이 일어날 때 좋고 싫은 느낌도 공한 것입니다. 처음에 입에 넣고 씹었을 때는 썼는데 찬찬히 더 씹으면 고소하게 느낄 때가 있지요. 어떤 냄새는 코끝에 처음 스칠 때는 참 좋았는데 잠시 뒤에는 역겨운 것도 있어요. 소리도 자기 귀에 거슬리면 시끄러운 소리가 되고 자기 귀에 좋게 받아들여지면 아름다운 소리가 됩니다. 자란 환경이 다르면 어떤 사람이 시끄럽다고 느끼는 소리를 다른 사람은 좋게 느낄 수도 있어요. 아름다운 소리는 물론 세상 사람들이 다 공통으로 느끼는 아름다운 소리도 있지 않느냐고 반문할 수도 있습니다. 물론 그런 소리도 있습니다. 지구상의 사람들에게는 공통점도 있고 다른 점도 있어요. 다르다 해도 전부 다 다른 것만 있는 게 아닙니다.

똑같은 똥을 두고도 거름이라 하기도 하고 오물이라 하기도 하고, 또 약이라 하기도 하고 독이라 하기도 합니다. 이렇게 물질만 공한 게 아니라 우리의 느낌도, 선악관도, 가치관도, 의지도, 분별도 공합니다. 우리의 업식도 공합니다.

'변화한다' 하는 것은 허무한 것이 아니고 하나의 법칙입니다. '제행무상'이라는 것은 형성된 것은 모두 변한다는 말이에요. '제법무아'라 하면 '아무것도 없다, 그러니 허무하다'가 아니라 실체가 없다는 말일 뿐이에요. 이게 어떻게 적용되는지 한번 살펴보겠습니다.

예를 들어 내가 종의 신분이라고 합시다. 종이 종으로서 종자가 있다고 하면 유有고 색色이에요. 종이라고 할 만한 종자가 없다고 하면 무아, 공이지요. 종의 신분에 있는 사람은 종이 실체가 있다고 하는 것보다 실체가 없다고 하는 게 좋겠지요. '고통의 실체가 있다'고 하는 것보다 '고통의 실체는 없다'고 하는 게 좋아요.

그러니 공하다, 무아다 하는 것은 고통받는 사람에게는 해방 사상이 될 수 있어요. 부처님이 해방 사상을 만든 게 아니라 그 실제 모습을 알면 우리는 종의 신분으로부터 벗어날 수 있습니다. 종이라고 하는 종자가 있는 게 아니라 양반이 있어서 종이 있고, 종이 있어서 양반이 있는 것입니다. 관계 속에서 형성됐으니 양반이 없어지면 종도 없어지고 종이 없어지면 양반도 없어집니다. 관계 속에 있는 거지요.

그런데 관계는 영원한 게 아니라 변합니다. 내가 종으로서 관계를 맺고 있다 하더라도 이 관계가 변하는 거지요. 이것이 해방 사상이 되는 이유입니다. 진리는 우리를 모든 속박에서부터 해방하는 겁니다. 해방하기 위해서 이런 사상을 만든 게 아니라 진리를 알게 되면 누구나 괴로움으로부터, 속박으로부터 해방되게 되어 있습니다.

그런데 양반, 남자, 가진 사람, 높은 사람은 이 관계가 본래부터 그렇게 되어 있고 변하지 않는다고 하면 좋겠지요. 그래서 이세상에서 기득권을 가진 자는 깨닫기가 어려워요. 부처님이 왕위를 버리듯이 기득권을 버려야 진리를 보는 안목이 빨리 열립니다.

여기서 종이 '나는 종이다' 하는 열등의식을 가지고 있어도 깨달을 수 없고, 양반이 '나는 양반이다' 하고 우월의식을 가지고 있어도 깨달을 수 없어요. '나는 중(僧)이다' 생각해도 깨닫기가 어렵겠지요. 여러분이 스스로를 신도일 뿐이라고 생각해도 깨닫기가 어렵습니다. 피해의식이나 우월의식을 갖고 있으면 스스로 깨닫는 데 장애가 될 뿐만 아니라 남을 깨닫게 하거나 사회를 변화시키는 데도 큰 장애가 됩니다.

6

생명 세계의 불생불멸

舍利子 是諸法空相 不生不滅

시是는 '이것'을 뜻하는 지시대명사입니다. 제법諸法은 '모든 존재', 즉 모든 진리, 모든 존재의 참모습을 뜻합니다. 공상空相은 텅 비어 실체가 없다는 말입니다.

그러므로 이 구절은 겉으로 드러난 현상의 차원에서 중생의 눈으로 본 세계를 논하는 게 아닙니다. 제법실상諸法實相의 차원, '모든 존재의 참모습은 텅 비어 실체가 없는' 깨달음의 차원에서 세계를 보고 있습니다.

생겨남도
사라짐도 없다

바다를 가만히 바라보세요. 파도가 끝없이 밀려옵니다. 파도는 생겨나고 사라짐을 끊임없이 되풀이합니다. 어떤 때는 크게 어떤 때는 작게, 어떤 때는 길게 어떤 때는 짧게, 헤아릴 수 없는 많은 파도가 일어나고 사라집니다. 그 파도 하나하나만을 보면 파도는 분명히 생겼다가 사라지므로 생멸한다고 말할 수 있습니다. 그러나 바다 전체를 본다면 파도는 생겨나고 사라지는 것이 아닙니다. 바닷물이 출렁이고 있을 뿐, 무엇도 생겨나거나 사라지지 않습니다.

그러므로 불생불멸不生不滅이라는 말은 변하지 않는다는 의미가 아닙니다. 변하지 않는다는 뜻으로 오해하기 때문에 근본 교설인 제행무상諸行無常과 불생불멸이 서로 모순이라고 생각하는 것입니다. 오히려 제법이 무상하여 변하기 때문에 불생불멸이라 할 수 있습니다. 파도는 생겨나는 것도 아니고 사라지는 것도 아니며 다만 출렁거릴 따름이고, 얼음이 없어지고 물이 생겨나는 것이 아니라 얼음이 변해서 물이 될 따름입니다. 생기고 사라지는 것이 아니라 다만 변할 뿐입니다.

제행이 무상하여 항상함이 없이 변화하므로, 생겨난다는 말도 맞지 않고 사라진다는 말도 맞지 않습니다. 생겨나지만 생겨난다고 할 수 없음이 불생不生이고 사라지지만 사라진다고 할 수 없음이 불멸不滅입니다. 생겨나고 사라진다는 착각은 우리가 세계를 잘못 인식하기 때문입니다.

얼음구슬을 그릇에 담아 두고 밖에 나갔다가 돌아와 물만 발견한 어린아이는 얼음구슬이 없어지고 물이 생겼다고 말할 것입니다. 얼음과 물이 서로 별개의 존재라고 여기기 때문입니다. 생겨나고 사라진다는 인식은 존재 하나하나를 별개로 보는 탓입니다. 전체를 관찰한다면 얼음이 사라진 것도, 물이 생겨난 것도 아니며, 얼음이 변해서 물이 된 것뿐입니다. 생겼다든가 사라졌다는 생각은 착각이고 오류이며 전도몽상顚倒夢想입니다. 바르게 인식하면 생함도 아니고 멸함도 아님을, 불생불멸임을 깨닫게 됩니다.

1차원의 세계는 수직선으로 이루어진 공간입니다. 오직 앞뒤만 있는 일직선상입니다. 마치 파이프 속과 같아서 좌우로는 이동할 수 없습니다. 이 파이프 안에서 두 개의 구슬이 맞닥뜨리면 서로 피해갈 수 없습니다. 지나가려면 하나가 없어지는 수밖에 없습니다. 1차원의 세계에서는 네가 죽고 내가 살든지, 내가 죽고 네가 사는 길만 있습니다. 또 내가 이기고 네가 지든지, 네가 이기고 내가 지는 길밖에 없습니다. 내가 전진하기 위해서는 상대가 없어져야 합니다.

　그러나 2차원의 세계에서는 한 구슬이 옆으로 비켜설 수 있습니다. 옆으로 비켜서 있다가 상대가 지나간 후에 다시 돌아와 제 갈 길을 가면 됩니다. 1차원에서는 해결 불가능한 것 같은 일이 2차원에서는 쉽게 해결됩니다. 이처럼 차원을 달리해서 보면 이기고 지는 문제도, 죽고 사는 문제도 아닙니다. 너도 살고 나도 살 수 있습니다.

　우리는 '나'라는 생각에 사로잡혀서 1차원의 수직선 위에 살고 있는 것과 같기 때문에 갈등을 해결하지 못합니다. 작은 갈등이 죽고 사는 문제가 되고, 이기고 지는 문제가 됩니다. 한 차원 높여서 내려다보면 함께 사는 길을 찾는 것이 하나도 어렵지 않습니다. 슬쩍 비켜서기만 하면 됩니다. 상대가 욕을 하면 나도 욕을 해야 하고, 상대가 화를 내면 나도 화를 내야 하는 것은 1차원의 세계입니다.

　부처님께서 걸식을 하실 때, 한 바라문이 음식을 주기는커녕 화를 내고 욕을 했습니다. 부처님께서는 욕을 하고 화를 내는 상대에게 빙긋이 웃어주었습니다. 그것이 바로 한 차원 높은 세계에서 바라본 것입니다. 저라면 그 비난이 듣기 싫어서 "음식 주기 싫으면 안 주면 되지, 욕은 왜 해요?" 하고 대응할 겁니다. 그러면 그 사람은 "왜 아침부터 내 집 앞에서 구걸을 하는 거요? 당신이 내 집 앞에서 구걸하지 않으면 내가 왜 당신에게 욕을 하겠어요?"하고 맞받겠죠. 이어서 제가 대꾸할 거예요. "내가 언제 구걸하였소? 대문 앞에 서 있었을 뿐인데. 대문 앞에 서 있지도 못하오?" 이런 식으로 큰소리가 오갈 겁니다.

이것은 옳고 그름을 따지는 것입니다. 우리는 지금 이 옳고 그름의 세계에 빠져 있습니다. 부처님께서는 화내고 욕설을 퍼붓는 바라문의 모습을 보고 빙긋이 웃으셨는데, 우리는 웃을 수가 없습니다. 그건 마치 1차원의 세계에서 옆으로 비켜서지 못하는 것과 같습니다. 부처님께서는 비켜서서, 마주 오는 사람에게 길을 내주셨습니다.

욕설을 듣고도 빙긋이 웃는 부처님을 보고 바라문은 자신을 비웃는 거라 생각하고 따져 물었습니다. 부처님께서는 대화의 주제를 바꾸어 조용히 물으셨습니다.

"당신 집에 손님이 가끔 옵니까?"

"오지요."

"손님이 올 때 선물을 가져옵니까?"

"가져오지요."

"손님이 가져온 그 선물을 받지 않으면 그 선물은 누구 것이 됩니까?"

"가져온 사람 거요. 그런데 갑자기 왜 그런 얘기를 합니까?"

"당신이 나에게 욕설을 선물로 주었는데 내가 웃으면서 그 선물을 받지 않는다면 그 욕설은 누구 것인가요?"

그 순간 그 바라문이 딱 깨쳐서 부처님께 진심으로 고개를 숙여 사과하고 공양을 대접했다고 합니다. 그는 공양 후 법문을 듣고 깨달음을 얻어 재가 수행자가 되었습니다. 이처럼 이기고 지는 문제, 옳고 그름의 문제는 중요한 것이 아닙니다. 차원을 달리해서 한발 슬쩍 비켜서면 철천지원수도 절친한 친구가 될 수 있습니다.

진정한 복은 행과 불행을 떠난 곳에

우리는 지금 생멸生滅의 세계에 빠져 있습니다. 그러나 제법이 공한 차원에서 보면 생도 아니고 멸도 아닙니다. 또한 우리는 지금 시비 속에 갇혀 있습니다. 한 차원 높여 생각하면 옳다 해도 옳은 것이 아니고, 그르다 해도 그른 것이 아닙니다. 이것이 깨달음의 세계이고 제법이 공한 세계입니다.

범부 중생의 세계가 1차원과 같다면 깨달음의 세계는 한 차원 높은 2차원과 같습니다. 한 차원 높은 눈으로 문제를 보아야 합니다. 범부 중생은 고락의 세계에 살면서, 고는 없어지고 낙만 있기를 바랍니다. 그러나 한 차원 높은 데서 보면, 고락은 모두 고일 뿐입니다. 고만 고가 아니라 낙도 고입니다. 고락은 모두 고이기 때문에 그 어느 것도 취할 바가 못 됩니다.

불교에서 말하는 열반은 중생이 보는 1차원 세계에서의 낙이 아니라, 한 차원 높은 세계에서 고락을 떠난 세계입니다. 중생의 세계에는 승패가 있어서 이겨야 승리의 기쁨을 맛보지만 열반은 이겨서 얻는 기쁨이 아니라 승패를 떠난 세계입니다. 상대가 욕할 때 맞받아 욕하고 상대를 굴복시켜 이김으로써 얻는 기쁨이 아닙니다. 오히려 자기 잘못을 깨닫도록 도와줌으로써 그도 기쁘고 나도 기쁜, 그도 행복하고 나도 행복한 그런 즐거움입니다. 그것은 옳고 그름을 떠난 세계에 있습니다.

바라문은 어리석어 부처님을 비난했지만 부처님은 그에게 그 비난의 과보를 재앙이 아닌 깨우침으로 돌려 주었습니다. 그 깨우침을 통해 얻은 기쁨과 복은 사실은 부처님에게 받은 것이 아니라 바라문 스스로 얻은 것이지요. 바라문은 깨달음으로 행복하고, 부처님께 공양 올릴 수 있어서 행복하고, 부처님 같은 훌륭한 스승을 두어 행복한 사람이 되었습니다.

중생은 고락의 윤회에 빠져 있지만 깨달음은 중생을 고락의 윤회에서 벗어난 열반의 세계로 이끕니다. 열반의 즐거움은 고락의 낙과는 차원이 다른 기쁨입니다. 그러나 우리는 중생의 차원에서 바라보기 때문에 열반을 한낱 고·락의 낙으로 이해합니다. 모든 변화를 소멸하고 열반에 이른 붓다의 위대한 승리를 승패가 있는 세계의 단순한 승리로 전락시켜 이해합니다. 그것은 불법을 잘못 이해한 것이며, 오늘날 우리 불교가 기복의 울타리를 벗어나지 못하는 이유이기도 합니다. 기복적 울타리 속의 복은 행과 불행의 행幸입니다. 그러나 진정한 행복인 열반은 행과 불행을 떠나 있음을 알아야 합니다.

우리는 어리석어 실상을 보지 못하기 때문에 착각 속에서 헤맵니다. 그래서 불생불멸 앞에 시제법공상是諸法空相이라는 조건이 붙어 있습니다. 모든 법이 공한 세계, 깨달음의 세계, 부처의 세계에서 본다면 생도 아니고 멸도 아니라는 것입니다. 우리가 강도에게 쫓기는 악몽을 꿀 때에는 꿈속의 강도가 분명히 존재하고 나는 두려움에 떨며 도망치려 하지만, 그것은 다만 꿈속의 이야기입니다. 눈을 떠서 '아, 꿈이구나' 하고 깨어나면 그것으로 모든 두려움이 끝납니다. 눈을 떠서 꿈임을 깨닫는 것은 공의 세계와 같은 것입니다. 눈을 뜨면 강도는 없습니다. 두려워할 일도, 도망갈 일도, 도움을 청할 일도, 도와줄 사람도 없습니다. 그것이 바로 불생불멸의 참뜻입니다.

삶과 죽음의 분별은
인식의 오류에서 생기는 것

화분에 꽃씨를 하나 심었다고 합시다. 일정한 시간이 지나면 싹이 틉니다. 점점 자라 꽃이 피고 가을이 되면 잎이 떨어져 썩어갑니다. 봄이 되면 다시 싹이 터서 올라오고 겨울이 되면 또 시들어 썩어갑니다. 화분을 저울대 위에 올려놓으면 흙과 씨앗만 담겨 있을 때나 싹이 자라 꽃을 피울 때나 다시 잎이 떨어지고 줄기가 썩어서 떨어질 때나 폐쇄된 공간이라면 그 무게는 같습니다. 지구상에 1억 명의 사람이 있을 때나 70억 명이 있을 때나 지구 전체의 무게는 마찬가지입니다.

어떤 것도 늘어난 것이거나 줄어든 것이 아니라 본래의 상태로부터 변화했을 따름입니다. 엄격하게 계산하면 폐쇄되지 않은 공간에서 관찰할 때는 화분의 무게가 조금씩 변하기도 합니다. 공기 중에서 산소를 가져오기도 하고, 탄산가스를 방출하기도 하며, 수분을 흡수하거나 방출하기 때문입니다. 하지만 일정하게 폐쇄된 공간으로 한정해서 관찰한다면 늘어나거나 줄어든 것은 없습니다.

흙과 물과 공기가 모여서 식물이 되고 꽃이 되고 다시 낙엽이 되어 흙으로 돌아가는 것은 생명의 변화 과정입니다. 옛날에는 생명현상의 본질을 꿰뚫어보지 못했기 때문에 생명의 변화는 물질의 변화와는 전혀 다른 차원의 변화라고 생각했습니다. 분명히 드러난 현상은 다릅니다. 그러나 본질적인 측면에서 보면 이것 또한 생멸이 아닌 변화의 과정임이 분명합니다.

싹이 트거나 꽃이 피는 것은 이전에는 없던 새로운 생성으로 보이고, 시들어 썩어가는 것은 존재하던 것의 소멸처럼 보이지만, 이 생명의 작용을 비디오로 찍은 뒤 아주 빠르게 돌려보면 싹이 터서 꽃이 피고 시들어 사라지는 모든 변화의 과정이 한눈에 보입니다. 생명현상의 태어나고 죽는 것이 사실은 물질현상과 같이 변화하는 과정임을 분명히 확인할 수 있습니다.

분자 상태의 물질이 고도의 설계도인 유전자에 따라 조립되면 물질 작용과는 다른 생명 작용이 일어납니다. 마치 2만여 개의 자동차 부품들을 설계도에 따라 조립하고 나면 각각의 부품으로 있을 때와는 다른 작용이 일어나는 것과 같습니다. 자동차라는 새로운 물체는 움직이기도 하고 소리를 내기도 하고 불이 켜지기도 합니다. 무게와 구성 성분이 모두 똑같음에도 불구하고, 2만여 개의 부속을 바구니에 담아놓았을 때와는 전혀 다른 작용이 나타납니다. 움직이는 작용이 생기는 것입니다. 생겨나는 것은 설계도에 따라 조립되는 과정일 뿐이고, 사라진다는 것은 해체되는 과정일 뿐입니다. 본질의 세계에서 볼 때는 생기거나 사라진 것이 아닙니다.

그러므로 태어나고 죽는다는 생각은 본질의 세계에서 보면 인식상의 오류입니다. 전체의 변화를 다 보지 못하고 따로따로 보기 때문이지요. 아이들의 눈에는 얼음이 없어지기도 하고 생기기도 한다고 보이는 것과 같습니다. 생멸이라는 것은 인식상의 오류로, 존재의 본질은 생기는 것도 아니고 사라지는 것도 아닙니다. 다만 변할 뿐입니다. 시간적으로 너무 짧게 관찰하거나 공간적으로 너무 좁은 범위만을 관찰함으로 해서 무상과 무아를 알지 못하기 때문에, 제법이 공한 줄 모르기 때문에 생겨난 인식상의 오류입니다.

정신적인 측면에서도 살펴보겠습니다. 북한 난민들을 도와주다 보면 한국전쟁 때 실종된 국군 포로들을 만나는 경우가 있습니다. 그분들의 소식을 전해주려고 고향에 찾아가 보면 그 가족들이 제 말을 믿으려 하지 않습니다. 국가로부터 사망 통보를 받았고, 유품도 받았고, 47년 동안 제사까지 지내왔으니 가족들에게 그분은 분명히 죽은 사람이었습니다. 그런데 그분이 살아있다는 소식을 듣는 순간, 그분은 다시 산 사람이 됩니다. 그러니 삶과 죽음도 정확히 말하면 뇌에 입력되는 정보일 따름입니다.

또 내가 낳았으니 내 아이라고 생각하지만, 사실은 내가 낳았기 때문에 내 아이인 것이 아니라 내 아이라는 인식 때문에 내 아이가 되는 것입니다. 병원에서 아기가 바뀌었다는 사실을 모르는 채 키웠다면 내가 낳지 않았음에도 분명 내 아이니까요. 나고 죽는 문제는 우리의 뇌가 세계를 인식하는 프로그램과 그 프로그램에 입력되는 정보에 의해 결정됩니다. 인식 프로그램에 정보가 제공되면, 죽은 사람도 되고 산 사람도 됩니다. 이런 인식상의 문제로 인해 생멸이 있는 것입니다. 인식상의 문제를 떠나면, 태어났다고 하지만 태어난 것이 아니고 죽는다고 하지만 죽는 것이 아닙니다.

생멸로 인해서 일어나는 모든 괴로움은 모두 무지로부터 생겨납니다. 이것을 확연히 깨쳐야 불생불멸, 생사가 없는 도리를 알게 됩니다. 생사가 없는 도리라 하면 흔히 영원히 죽지 않는 것, 무상과 반대되는 항상함과 영원을 생각하지만, 불생불멸이란 영원이 아닙니다. 生생한다고 할 것도 없고 滅멸한다고 할 것도 없이 다만 변화할 뿐이라는 것입니다.

파도가 일어났다 사라지는 것은 눈앞의 현실입니다. 불생불멸도 일어난 파도가 사라지지 않고 영원히 존재한다는 뜻이 아닙니다. 파도가 일어나고 사라지는 생멸의 과정을 한 단계 높은 전체 차원에서 내려다보면 다만 출렁거릴 뿐, 생기고 사라짐이 아니라는 것입니다. 파도는 지금도 분명히 출렁거리고 있습니다. 그것을 파도 하나하나에 맞추어 좁게 인식하면 파도가 생겼다 사라지는 것으로 보입니다.

전 지구상에 있는 생명의 바다도 마찬가지입니다. 수많은 생명의 물결이 지금도 끝없이 출렁대고 있습니다. 파도만큼이나 어쩌면 그보다 더 많은 생명이 생하고 멸함을 되풀이하고 있지만 전체 생명의 세계에서 볼 때 이것은 생명의 바다가 출렁거림에 불과합니다. 그러니 한 파도가 일어났다고 기뻐할 일도 아니고 한 파도가 사라졌다고 슬퍼할 일도 아닙니다. 간다 하지만 간 곳이 없고 온다 하지만 온 곳도 없이, 다만 변화가 있을 따름입니다.

오고 감이 없는 경지로 나아간다

이제 우리는 좀 더 본질적인 질문을 탐구해야 합니다. 가장 본질적인 질문은 '너는 누구인가?' 또한 '나는 누구인가?' 하는 물음입니다.

꿈속에서 강도를 만났을 때 강도가 실제 존재한다고 생각해 밤새도록 쫓기는 것처럼, 우리는 지금 어떤 생각에 사로잡혀서 평생을 쫓기며 살아갑니다. 이제는 그 환영에서 깨어나야 합니다. '너는 누구인가? 또 나는 누구인가? 나라고 하는 이것은 무엇인가?' 하는 본질적인 질문으로 들어가게 될 때 우리는 비로소 환상에서 깨어날 수 있습니다.

또한 '나의 것이다', '내가 옳다'는 것도 '나'라는 생각으로부터 파생된 것입니다. 여기에 대해서도 본질적인 질문을 던져야 합니다. '그것은 누구의 것인가? 진실로 누구의 것인가? 내가 옳다고 할 때 정말 옳은 것인가? 어째서 옳은가?' 하는 문제를 끝없이 탐구해 들어가야 합니다. 그러면 내 것이라 할 것도, 네 것이라 할 것도, 우리 것이라 할 것도, 자연의 것이라 할 것도, 하늘의 것이라 할 것도 없음을, 그래서 누구의 것이라 할 것이 본래 없음을 알게 됩니다. 그것은 다 우리의 망념에 불과한 것입니다.

옳고 그르다는 생각도 마찬가지입니다. 무엇이 옳고 그른 것인가에 대한 질문 또한 꿈을 깨기 위한 소재가 됩니다. 그런 질문을 던지고 참구함으로써 우리는 꿈에서 깰 수 있습니다. 이것이 바로 화두話頭입니다. 이에 대한 방편으로 '너는 어디서 왔는가?' 하는 질문을 던집니다.

"지금 어디에서 오는 길이냐?"

"학교에서 왔습니다."

"학교 오기 전에는?"

"집에서요."

이런 물음을 끝없이 해 가면, 결국 "어머니 뱃속에서 나왔습니다."

"어머니 뱃속에서 나오기 전에는?"

"모릅니다."

또 "어디로 가느냐?"고 묻는다 해도 마찬가지입니다. 결국 "죽음 이후에는?" 하는 질문에 "모릅니다"라고 답합니다. 결국 우리는 어디서 왔는지도, 어디로 가는지도 모릅니다. 가을바람에 휘날리는 낙엽처럼 온 곳도 갈 곳도 모르면서 우리 인생은 이렇게 바쁘게 살아갑니다.

이런 질문들을 깊이깊이 탐구해 들어가면 불생불멸의 이치를 깨달을 수 있습니다. 온다 해도 온 것이 아니고 간다 해도 간 것이 아닌, 오고 감이 없는 불래불거不來不去의 경지에 다다를 수 있습니다. 붓다의 칭호 중 하나가 '타타가타Tathāgata(如來)'입니다. 이것은 '옴도 없고 감도 없는 자', '여여如如히 오고 여여히 간 자'라는 뜻의 범어입니다. 부처님은 오비구五比丘(최초로 부처께 귀의한 다섯 명의 비구)에게 "나를 더 이상 고타마라 부르지 마시오. 나를 타타가타, 여래라 부르시오"라고 하셨습니다. 오고 감이 없는 경지가 바로 불생불멸의 길입니다.

무지에서 깨어나 눈을 뜨면, 초조하고 불안하고 시기하고 질투하고 미워하고 원망하고 괴로워하고 슬퍼하고 외로워하고 들 뜨고 방황하는 모든 괴로움과 번뇌로부터 벗어나 편안한 경지에 이릅니다. 폭풍우가 정신없이 몰아치다가도 비바람이 멎고 쨍쨍한 해가 나오면 언제 그랬냐는 듯 순식간에 사방이 고요해지는 것과 같습니다.

또한 한번 꿈에서 깨어나면 설령 다시 꿈속에 빠지더라도 잠시 헤맬 뿐, 금방 자각하게 됩니다. 망념임을 알고 있으므로 희로애락에 빠지지 않고 정신을 차려서 경계에 사로잡혔음을, 한 생각에 빠졌음을 알아차릴 수 있습니다. 그래서 화내고 짜증 내고 미워하고 원망하고 슬퍼하고 외로워하다가도 그 물결에 빠져 마냥 허우적대지 않고 이내 밝은 마음으로 돌아오게 됩니다.

남이 볼 때는 전과 다를 바 없이 보일지 몰라도 결코 그렇지 않습니다. 물에 빠져 허우적대는 사람과 '물에 빠진 김에 조개나 줍자'고 하는 사람은 삶의 태도가 다릅니다. 꿈에서 깨어난 사람은 행복합니다. 스스로를 괴롭히지 않고 남을 괴롭히지도 않습니다. 남에게 도움을 주고 세상의 온갖 중생을 이롭게 하는 삶을 살아갑니다. 그것이 대승 보살의 삶입니다. 대승 보살의 삶을 보고 존경하는 마음이 일어난 사리푸트라의 물음에 관자재보살께서는 법의 실상이 공한 줄을 꿰뚫어 알아야만 대승 보살이 될 수 있다고 말씀하십니다.

돈이나 출세나 인기나 건강이 제일이라는 생각에 빠져서는 인생의 괴로움에서 벗어나지 못하고 진정한 행복의 길로 가지 못합니다. 지금 우리는 부처님의 이름을 빌려 그런 것들을 구하고 있습니다. 진정으로 불법 만난 인연이 소중한 줄 안다면 니르바나(열반)를 성취해야 합니다. 진실로 복을 구하려면 해탈과 열반이라는 참다운 복을 구해야 합니다.

노력은 적게 하고 이익은 많이 보려 하는 욕심으로는 설령 복을 얻었다 하더라도 그 복은 인과의 법칙에 따라 다시 빚을 갚아야 하는 유루복有漏福에 불과합니다. 행이 불행이 될 수밖에 없는 그런 행복이 아니라 행이 불행으로 바뀌지 않는 참다운 행복인 해탈과 열반으로 인도하는 것이 바로 『반야심경』의 핵심 내용입니다.

네 가지 세계

제법이 공하다는 것을 깨닫지 못할 때 이 세계를 보면 생하는 것이 있고 사라지는 것이 있고, 깨끗한 것이 있고 더러운 것이 있고, 늘어나는 것이 있고 줄어드는 것이 있고, 그 외에도 온갖 상대적인 것이 나타나는데, 모든 것이 공하다는 깨달음의 세계에서 보면 모두 분별 망상에서 생긴 것입니다. 깨달음의 세계에서는 생멸生滅도 없고 구정垢淨도 없고 증감增減도 없습니다. 모든 차별 현상이 사라지게 됩니다. 그러니 도일체고액度一切苦厄이 되는 것입니다.

사법계事法界

『화엄경』에서는 네 가지 차원의 법계(四法界)가 있다고 말합니다. 첫째가 사법계인데 이것은 차별현상계를 말합니다. 이 세상에 존재하는 만물은 각각이 고유한 모양, 특성을 가지고 있는데 이것을 만법이라고 하기도 하고, 만상이라고 하기도 하지요. 각각 독립된 개체로 존재하고 있어요. 그 각각은 생겨나기도 하고 사라지기도 하면서 생멸을 거듭합니다. 이것이 범부 중생이 알고 있는 경험의 세계이고, 다른 말로 하면 꿈속의 세계예요. 만 명이 한 방에서 자도 만 명이 모두 다른 꿈을 꾸는 것과 같습니다. 저마다 세계가 다르다는 것입니다.

비유를 들어 말하면 사법계에 사는 것은 배를 타고 바다에 놀러나갔는데 끊임없이 파도가 치고 바람이 불고 풍랑이 불어서 결국 배가 뒤집어지고 파도에 휩쓸려서 허우적대며 살려달라고 아우성치는 것과 같습니다. 우리는 이 세상에 살면서 갖가지 경계에 끄달려서 화내고, 미워도 하고, 슬퍼하고, 외로워하고, 괴로워하고, 방황하고 이렇게 허우적대면서 도와달라고 갈구하며 살아갑니다.

이법계理法界

그런데 조금만 정신을 차리고 이 차별세계를 가만히 관찰해 보면 각각의 존재는 공통점이 있어요. 이 공통점을 찾아 들어가 보면 만상이 일상으로, 만법이 일법으로 돌아감을 알게 됩니다. 그런 본질의 세계를 이법계라고 해요.

비유를 들어서 말하면 파도에 휩쓸려서 허우적대는 삶에서 벗어나기 위해 방파제를 단단히 쌓고 고요한 호수에서 한적하게 뱃놀이하는 것과 같습니다. 즉 계율을 굳건히 지키거나 세속을 떠나 깊은 숲속에서 안온하게 사는 것을 말합니다. 이러한 세계가 성문聲聞, 연각緣覺의 경지입니다.

하지만 큰 눈으로 보면 거센 파도가 치는 바다를 떠나있는 이들은 방파제로 둘러싸인 호수에 갇혀있다고 할 수도 있어요. 계율의 울타리에 갇혀 있는 것입니다. 만약에 잔잔한 호수를 벗어나 거친 바다에 놓이게 되면 다른 사람들과 똑같이 고통에 빠져버립니다. 그러니 그것은 진정한 해탈, 진정한 자유가 아닙니다. 차별현상계에서는 이것은 생이고 저것은 사라고 구분하고, 생과 사가 다르고, 생이 있고 멸이 있습니다. 그런데 이 본질의 세계에는 생도 없고 멸도 없습니다. 생멸이 있는 세계를 세간이라고 하고 생멸이 없는 세계를 출세간이라 합니다. 생멸이 있는 세계를 속제俗諦라고 말하고, 생멸이 없는 세계를 진제眞諦라고 말합니다.

이렇게 둘로 나누는 것도 큰 눈으로 보면 분별이에요. 그렇기 때문에 생멸이 있는 세계와 생멸이 없는 세계마저도 둘이 아닙니다.『반야심경』표현대로라면 생멸이 있는 세계가 색이고, 생멸이 없는 세계가 공입니다. 생멸이 있는 세계와 생멸이 없는 세계가 둘이 아니라는 거죠. 생이 따로 있고 멸이 따로 있는 세계가 생멸의 세계이고, 생이 따로 없고 멸이 따로 없는 세계가 생멸이 없는 세계예요. 이 생멸이 있는 세계와 생멸이 없는 세계 또한 둘이 아니라는 말, 이게 색불이공 공불이색 색즉시공 공즉시색의 세계입니다.

이사무애법계理事無碍法界

번뇌의 세계가 1의 세계이고, 깨달음의 세계가 2의 세계면, 제3의 세계는 번뇌와 깨달음이 둘이 아닌 세계입니다. 이理와 사事가 둘이 아니라서 걸림이 없는 이사무애법계예요. 이러한 세계가 바로 보살의 경지, 보살의 법계입니다.

비유를 들어 설명하면, 범부 중생은 바다에 놀러 나왔다가 파도에 휩쓸려 물에 빠져서 허우적대며 살려달라고 아우성치는 것과 같고, 성문·연각은 그것을 피하려고 방파제를 쌓고 고요하게 사는 것과 같고, 보살은 넓은 바다에 나와서도 파도에 휩쓸리지 않는 것과 같습니다. 큰 배를 타고 나오거나, 파도의 원리를 이용해서 윈드서핑을 하거나 하는 것입니다. 그러니까 업의 물결에 빠져서 허우적대는 것이 중생이라면, 오히려 업이라는 물결의 주인이 되어서 그 업의 힘을 가지고 놀이를 하는 것이 바로 보살입니다. 보살은 중생의 세계에서 중생 구제의 원을 성취해 성불의 길로 나아가는 것입니다.

다른 예를 들어보면 범부 중생은 강가에 집을 짓습니다. 왜 강가에 집을 짓습니까? 강가는 물을 구하기가 쉽기 때문입니다. 그런데 물을 구하기 쉽다고 강 가까이에 집을 지으면 홍수에 떠내려가기 쉬워요. 또 홍수 나서 떠내려가는 게 겁난다고 너무 높은 데 집을 지으면 물 뜨러 다니는 데 힘이 많이 들죠. 거기서 균형을 잡아야 합니다. 범부 중생은 한 가지만 생각해요. 물을 구하기 쉽다고 강가에 집을 지어놓고 살다가 홍수를 만나면 집을 떠내려 보내고 괴로워합니다. 그러다 이번에는 홍수를 피하려고 집을 산꼭대기에 짓습니다. 그러면 물을 구하기가 어렵고 농사짓기도 불편하다고 또 괴로워합니다. 여러분이 술 먹고 싶다고 술 먹고, 담배 피우고 싶다고 담배 피우고, 뭐 하고 싶다고 다 했더니 거기에 습관이 들고 중독이 되어서 평생 거기에 빠져 허우적대며 살지요. 반면에 소승 수행자는 이것도 안 먹고 저것도 안 먹고 이것도 안 하고 저것도 안 하고 하다 보니까 평생 안 하는 게 주 업무가 되었지요. 소승은 평생 뭐 안 하는 게 수행이지요. 산꼭대기 올라가서 사는 게 힘든 일인 것과 같습니다.

지혜로운 이는 적당한 위치를 정해서, 물에 떠내려가지도 않고 물을 구한다고 수고스럽지도 않은 곳에 집을 짓습니다. 하나는 물만 생각해서 너무 가까이하고, 하나는 물을 두려워해서 너무 멀리 갔어요. 그 양쪽을 버리고 중도를 선택해야 합니다. 그럴 때 물 가까운 곳을 선택할 수도 있고, 조금 먼 곳을 선택할 수도 있습니다. 물가를 선택할 때는 홍수 피해 입을 것을 미리 각오해야 합니다. 또 10년에 한 번 올 홍수를 피하기 위해서 집을 높은 곳에 지으면 물을 길으러 다니는 수고를 각오해야 합니다. 매년 물 피해를 보면서도 350일은 집에서 살고 15일은 물을 피해서 다른 데 산다고 생각하면 물가에 집을 지어도 되겠지요. 여기서는 어느 위치에 지어야 된다고 정할 수 없어요. 조건과 형편과 처지에 따라서 가까이 지을 수도, 멀리 지을 수도 있는 것이죠.

여러분은 자기가 원하는 것만 생각하고 자기 생각에 빠져서

'이렇게 되어야 해, 저렇게 되어야 해' 하는데 그게 뜻대로 안 돼서 지금 괴로운 거예요. 너무 괴로우면 다 버리고 '인연을 끊고 살아야겠다' 이렇게 생각하지요. 세속에 사는 것은 수행이 아니라고 생각하니 수행을 힘든 것으로 여기지요.

그런데 이사理事에 걸림이 없는 삶은 바로 이 세계에서 이루어질 수 있어요. 사람들의 생각이 갖가지인 걸 보면서 다르다는 걸 인정해 버리면 다른 것에 대해 시비하지 않아요. 처음부터 다르다는 걸 알고 시작하는 거지요. 바다에 나갈 때 처음부터 파도가 있다는 걸 알고 나가는 것과 같아요. 그 정도의 파도에 빠지지 않게 큰 배를 가지고 나가든지, 아니면 파도의 원리를 이용해서 파도를 탈 수 있는 도구를 가지고 나가든지 합니다. 다만 물놀이 하겠다는 자기 생각만으로 무턱대고 조그만 배를 타고 나가지는 않는다는 거예요.

결혼하면 무슨 일이 벌어질지, 사업을 하면 무슨 일이 벌어질지, 사람들은 뭘 좋아하는지, 사람들 사이에 갈등은 왜 생기는지, 이런 걸 이미 알고 세상에 나아가는 거예요.

그런 것을 잘 알아서 이 세상에서 그대로 행하면 파도가 있어도 괜찮아요. 오히려 파도치는 것이 더 좋아요. 바람이 불 때 돛을 이용하면 배가 더 잘 갈 테니까요. 파도가 크게 쳐주면 윈드서핑을 더 잘 할 수 있잖아요. 또 거기에 대비하려고 하다 보니 배를 더 크게 만들 수도 있어요. 더 크게 만들다 보니 나만 타는 게 아니라 남까지 태울 수도 있어요. 이렇게 원리를 잘 생각해서 행하면 자기만 구하는 게 아니라 다른 사람까지 태워도 끄떡없는 방법이 나옵니다. 이런 세계가 바로 이사가 둘이 아닌 세계, 보살의 세계인 이사무애법계예요.

사사무애법계事事無碍法界

앞의 세 가지 법계에는 공통점이 있습니다. 첫 번째는 조그마한 배를 타고 바다에 놀러 갔다가 물에 빠져 살려달라고 아우성치며 괴로워해요. 두 번째는 물에 안 빠지고 안전하게 물놀이하려고 방파제 안에서 노는 거예요. 세 번째는 큰 배를 타거나 파도의 원리를 이용해서 파도치는 바다에서도 물에 빠지지 않는 거지요. 그런데 이 세 가지는 모두 물에 안 빠져야 된다는 관점에 서 있습니다.

그런데 사사무애법계는 물에 빠진다, 안 빠진다 하는 걸로 나누지 않아요. 물에 빠지는 걸 나쁘다고 여기지도 않아요. 물에 빠지면 빠진 김에 진주조개를 줍는다, 이렇게 되는 거예요. 해녀가 바다에 들어가듯이 물에 빠지면 해삼·전복을 따면 되는 거예요. 그러니까 어떤 것도 둘로 나누지 않습니다. 이것이 사사무애법계입니다.

7
매달린 절벽에서 손을 뗄 수 있는가

不垢不淨

불구부정不垢不淨의 정淨은 깨끗하다는 뜻보다는 신성하다, 성스럽다는 의미입니다. 반대의 개념인 구垢는 더럽다는 뜻이라기보다는 성스럽지 못하다, 부정하다는 의미를 가집니다. 봉건 시대에는 남자는 신성하고 여자는 부정하다는 생각이 지배적이었습니다. 그 시대 사람들은 여자가 정월 초하룻날 첫 손님으로 오거나 출항하는 배에 첫 손님으로 오르거나 인삼밭에 들어가는 것 등을 부정 타서 재수가 없다고 여겼습니다. 또 인도에서는 브라만은 성스러운 존재이고 불가촉천민은 부정한 존재입니다. 부정한 존재이므로 그들과 접촉하면 부정 탄다는 의미에서 붙여진 이름이 불가촉천민입니다. 이처럼 깨닫지 못한 세계에서는 깨끗함과 더러움을 구별합니다. 성스러운 사람이 있고 부정한 사람이 있으며, 성스러운 곳이 있고 부정한 곳이 있습니다.

그러나 성스러움과 부정함을 구별하는 것은 무지에서 비롯된 잘못된 생각입니다. 깨달음의 눈으로 보면 성스럽다 할 것도 없고 부정하다 할 것도 없습니다. 이것은 굉장한 소식입니다. 성스러움과 부정함이 본래 구별이 없다면, 여자가 첫 손님으로 와도 막을 이유가 없고, 인삼밭에 들어가거나 배에 타는 것도 아무 문제가 없습니다. 사람들은 브라만이 성스럽다고 하지만, 붓다는 성스러운 것은 아무것도 없다 하셨습니다. 사람들은 불가촉천민이 부정하다 하지만, 붓다는 부정하다고 할 무엇도 없다 하셨습니다.

성스러움과 부정함은
잘못된 생각일 뿐

바위에 불상을 조각해 놓으면 사람들은 그 바위를 성스럽게 생각합니다. 거리에 굴러다니는 나무토막이라도 그것을 십자가 모양으로 묶어 놓으면 성스럽게 여깁니다. 그렇다면 부정한 것이 성스러워지는 것은 언제입니까? 성스럽다는 한 생각이 일어날 때 성스러워지고 부정하다는 한 생각이 일어날 때 부정해질 뿐, 존재 자체에는 성스러움도 부정함도 없습니다.

처녀가 남자와 손만 잡아도 몸이 더럽혀졌다고 생각해서 그 남자에게 시집가야 했던 시절이 있었지만, 요즘은 아이 둘 낳고 살다가 헤어져도 아무 문제없이 다른 사람과 결혼을 합니다. 우리 몸은 성스러울 수도 없고 부정할 수도 없습니다. 우리 몸은 공한 것입니다. 어릴 때 성추행이나 성폭행을 당한 많은 분들이 몸이 더러워졌다는 생각에 사로잡혀서 평생을 괴로움과 불행 속에 사는 경우가 많습니다. 그러나 제법이 공한 도리를 깨닫게 되면 한순간에 괴로움에서 벗어날 수 있습니다. 부처님의 가르침은 고통 속에 사는 우리를 해방시킵니다. 인도의 불가촉천민들은 하늘의 벌을 받아 비천하게 태어나서 늘 고통 속에 살아야 한다고 생각해 왔으나 부처님의 가르침을 듣고 눈을 뜨니 천하다고 할 것이 본래 없음을 알게 되었습니다. 부처님께서는 천민에게도 출가를 허용했고 여성에게도 출가를 허용하셨습니다. 당시엔 생각도 못할 일이었습니다.

정淨과 구垢는 본래 그 어떤 실체도 없으며 다만 인식상의 오류일 뿐임을 꿰뚫어보아야 합니다. 우리가 진실로 공의 도리를 안다면 이것이야말로 만년 부적입니다. 새해 부정을 막는다고 대장군이 선 방향을 피하고 삼재를 따지는 것은 모두 정과 부정을 분별하는 데서 나온 행동입니다. 어리석은 세계, 중생의 세계에는 정과 부정이 존재하지만, 깨달은 세계에서는 전도몽상에 불과합니다. 천하는 다 성스럽지 않은 곳이 없습니다. 세상 사람들이 어떤 존재를 성스럽다 여기며 숭배한다 하더라도 여러분은 거기에 미혹되지 않아야 합니다. 성스럽다고 숭배할 어떤 것도 없기 때문입니다. 사람들이 어떤 존재를 보고 꺼리고 외면하더라도 여러분은 그렇게 하지 않아야 합니다. 부정하다 할 것이 본래 없기 때문입니다. 모든 것은 인식의 오류에서 빚어진 일입니다. 정과 부정이 본래 없는 도리를 알게 되면 우리는 숱한 걸림과 속박에서 해방될 수 있습니다.

자기 업식이
감옥

정과 부정의 구별에는 옳고 그름의 분별 또한 포함되어 있습니다. 그것 역시 우리의 잘못된 인식 위에서 생겨난 것일 뿐 본래 존재에는 옳고 그름이 없습니다. 귀하고 천함도 마찬가지입니다. 양반은 귀하고 상놈은 천하다는 분별은 존재의 본래 성질이 아닙니다. 하지만 그런 착각에 빠져 살고 있는 사람은 이와 같은 분별이 현실에 실재한다고 느낍니다. 마치 꿈을 꾸는 사람이 꿈속의 강도에게 쫓겨 도망치며 두려움에 떠는 것과 같습니다. 옆에 있는 사람이 사실이 아니라고 아무리 말해주어도 꿈꾸는 이의 귀에는 들리지 않듯, 자기 생각에 사로잡혀 있는 사람은 곁에서 무슨 말을 해도 듣지 못합니다. 듣는다 해도 그에게는 새소리, 바람 소리같이 의미 없는 소리에 불과합니다. 미친소리, 현실에 맞지 않는 이야기, 비현실적인 생각이라고 취급해 버립니다. 우리는 지금 그러한 사고 체계에 갇혀 살고 있습니다. 자기 생각에 사로잡혀서 그것으로 감옥을 만들어 그 속에 갇혀 살거나 색안경을 끼고 그 안경을 통해 세상을 보고 있습니다. 이래서는 자유의 길도 가지 못합니다.

손만 놓으면
된다네

한 맹인이 있었습니다. 앞을 보지 못하니 항상 남에게 업혀 다녀야 했습니다. 어느 날, 그를 업고 다니는 사람이 화장실에 다녀오겠다면서 그동안 나뭇가지를 붙잡고 기다리라 했습니다. 눈먼 이가 손을 더듬어서 나뭇가지를 잡도록 해주고는, 발밑이

천 길 낭떠러지이니 잡은 손을 놓으면 큰일난다고 일러두었습니다. 눈먼 이는 시키는 대로 그를 기다렸지만 팔이 빠질 지경이 되어도 친구가 오지 않자 살려달라고 큰 소리로 아우성치기 시작했어요. 길 가던 사람이 그 광경을 보게 되었습니다. 한 맹인이 나무에 매달려 살려달라고 아우성인데, 사실 그의 발은 땅에서 한 자도 떨어지지 않은 상태였던 거예요. 행인이 눈먼 이에게 다가가 "여보게, 손만 놓으면 된다네" 하고 일러주었지만, 나무에 매달린 사람에게는 그 말이 하나도 귀에 들어오지 않았습니다. 천 길 낭떠러지에 떨어져 죽으라는 얘기냐며 오히려 욕했습니다.

무언가에 집착해서 아우성인 사람에게 "그건 아무것도 아니야, 그냥 집착만 놓아버리면 돼" 하고 알려주어도 그 사람은 그렇게 하면 무슨 큰일이 일어난다고만 생각합니다. 그러나 움켜쥔 그 손을 놓아버리면 다시는 고통스럽게 매달릴 필요 없는 영원한 안락을 만날 수 있습니다. 자기 생각에 사로잡힌 상태에서 벗어나면 세상을 자유롭게 살아갈 수 있습니다. 어떤 일을 당해도 웃을 수 있습니다. 한 번이라도 눈을 떠본 자, 깨어나 본 자, 안경을 벗어본 자는 이러한 실상을 이해할 뿐 아니라, 설령 다시 안경을 끼고 눈을 감았다 하더라도 잠에서 깨어나 눈을 뜨고 이내 괴로움에서 벗어나게 됩니다. 잠깐씩은 괴로워하고 슬퍼하고 외로워하다가도, '어, 내가 한 생각에 사로잡혔구나' 깨닫고는 다시 편안한 상태로 돌아갑니다. 하지만 세상에 태어나 한 번도 꿈에서 깨어보지 못한 사람, 한 번도 색안경을 벗어보지 못한 사람은 이런 이야기가 무슨 소리인지 도무지 이해하지 못하고 헛소리라고만 생각합니다.

그러니 적어도 한 번은 눈을 떠봐야 합니다. 이것을 일컬어 선禪에서는 초견성初見性이라 하고, 테라바타Theravada(남방불교)에서는 소따빤나Sotāpanna, 곧 수다원과須陀洹果를 얻었다고 합니다. 여기서부터 수행자라고 합니다. 일단은 법의 이치를 자각해야 합니다. 견도見道, 수도修道, 무학도無學道 가운데 견도를 증득해야 합니다. 깨달은 바를 모두 실천하지는 못하더라도 이치는 바로 꿰뚫어 알아야 하고, 초견성으로 수다원과에는 들어야 합니다. 견도는 얻어야 합니다. 그다음부터는 자기가 꾸준히 닦아나가야 합니다(修道). 이치를 꿰뚫어 알았다 해도 오랜 세월 쌓은 습기習氣로 인해 여전히 순간순간 어리석음에 사로잡히므로, 넘어졌다 일어나고 넘어졌다 일어나는 연습을 해야 합니다. 그것이 수행입니다. 법에 대한 이치 자체를 꿰뚫지 못한 상태에서 행하는 것은 수행이라고 부를 수 없습니다. 방향을 잘못 잡아서 길을 헤매는 중에는 아무리 열심히 노력해도 목적지에 이를 수 없는 것과 같습니다.

다 내 마음 가운데에서
일어나는구나

수행하는 자는 무엇보다도 바른 가르침을 만나 법의 이치를 꿰뚫어 알아야 합니다. 이것은 시간이 많이 걸리는 일은 아닙니다. 언하言下에 깨치기도 하고 3일이 될 수도 있고 석 달이 될 수도 있습니다. 하지만 적어도 3년 안에는 꿰뚫어 알아야 합니다. 불교라는 이름의 종교 형식에 젖어서는 꿈속에서 불법을 만난 것과 같습니다. 우리는 꿈에서 깨어나는 길을 가야 합니다.

원효대사가 해골바가지의 물을 마시고 깨쳤다는 이야기도 그런 이치를 보여줍니다. 깜깜한 밤중에 동굴 바닥을 더듬어 바가지에 담긴 물을 찾아 마실 때는 그 맛이 말할 수 없이 달콤했는데, 밝은 아침에 그 바가지가 해골이었음을 알고는 구역질이 났다고 하지요. 같은 바가지, 같은 물임에도 한순간에 더러워짐을 경험한 겁니다. 일체가 유심소조唯心所造라는 『화엄경』의 가르침을 이미 다 알고 있었던 원효대사였으나, 해골을 보는 순간 아는 것은 온데간데없고 오직 더럽다는 생각에만 사로잡혔습니다. 원효대사는 구역질이 나는 그 순간에야 더럽고 깨끗함은 바가지에 있는 것도 아니고, 물에 있는 것도 아니며 바로 마음에 있다는 것을 비로소 깨쳤습니다. 진리는 중국이나 인도 땅 어느

곳, 어떤 경전에 있는 것이 아니며 결국은 다 내 마음 가운데 있음을 깨달았습니다. 이곳저곳, 이 산 저 산, 이 사람 저 사람, 이 책 저 책을 찾아 헤맬 일이 아님을 알고 그는 다시 고향으로 돌아갔습니다. 고향이라는 것은 떠나온 신라 땅을 의미하기도 하지만, 마음의 당처當處, 즉 더럽고 깨끗함이 일어나는 그곳으로 돌아갔다는 의미이기도 합니다.

원효대사가 더럽다는 생각에 사로잡히는 그 순간에 문득 깨쳤듯이, 여러분도 화가 솟구치는 그 순간에 깨달을 수 있습니다. '어! 똑같은 말인데 다른 상황에서는 웃을 만한 일에 왜 오늘은 화가 나는가? 아, 이것이 다 마음 가운데 있구나. 저 사람한테 있는 게 아니고, 저 말에 있는 게 아니고, 내 마음 가운데에서 일어나는구나!' 하고 깨칠 수 있습니다. 그렇게 경험 속에서 하나하나 이치를 체득해 나가야 합니다. 중요한 것은 이치를 깨닫는 데 있기에 여러 날 밥을 굶고 절을 한다고 해결되지 않습니다. 불법은 단순한 믿음을 말하는 게 아니에요. 법의 이치를 정확하게 꿰뚫어 알아야 합니다.

성스럽고 부정함은 마음에서 짓는 바일 뿐, 어떤 장소나 어떤 사람이나 특정한 존재에 있지 않습니다. 부처님은 여성도, 천민도 모두 평등한 사람으로 보았습니다. 일체중생을 평등하게 보셨습니다. 존재 자체에는 성스러움과 부정함이 없고, 옳고 그름도 없으며, 귀하고 천함도 없습니다. 그러므로 우리는 일체시一切時, 일체처一切處에 정과 부정으로 인해, 옳고 그름으로 인해, 귀하고 천함으로 인해 분별심을 일으켜서는 안 됩니다. 분별심이 일어날 때는 분별심이 일어나는 줄 알아야 합니다. 그 마음을 일으키는 것이 바로 나인 줄을 알아차려야 합니다. 그런 도리에서 보면 자식이 없어 입양하는 것도 아무 문제가 없습니다. 재혼을 한다고 해서 아무 잘못도 없습니다. 부처님께서는 제1의 화살을 맞을지언정 제2의 화살은 맞지 말라고 하셨습니다. 인생을 살아가는 동안 내 의지와 관계없이 어쩔 수 없이 만난 일들은 하나의 사건이고 사고일 뿐입니다. 그것으로 인해 괴로워하는 것은 자기 스스로를 괴롭히는 일입니다.

8
대롱을 버리고 하늘을 보라

不增不減

부증불감不增不減은 늘어남도 없고 줄어듦도 없다는 뜻입니다. 많아지고 적어짐, 커지고 작아짐, 넓어지고 좁아짐까지 모두 포함하고 있습니다. 얼핏 생각하면 이해가 안 갈 수도 있어요. 우리가 사는 세상에는 늘어나고 줄어듦이 있습니다. 흔히 돈과 재산만 보더라도 늘어나거나 줄어듦이 분명한 현실인데, 어째서 늘어나고 줄어듦이 없다고 하는 것일까요?

한방에 있는 사람들 중 두 사람이 건넌방으로 옮겨갔다고 합시다. 한쪽 방 안을 기준으로 한다면 분명히 두 사람이 줄거나 늘었지만 건물 전체를 보면 줄어든 것도 없고 늘어난 것도 없습니다. 부분적이고 좁은 안목으로 하나하나를 보면 늘기도 하고 줄기도 하지만, 전체적으로 보면 늘어난 것도 아니고 줄어든 것도 아닙니다.

한 가족이 둘러앉아 재미 삼아 돈내기 게임을 했습니다. 남편이 따기도 하고 아내가 따기도 하고 큰아이나 작은아이가 따기도 하며 재미있게 놀고 나서도 아이들끼리는 곧잘 다툽니다. 돈을 딴 아이는 좋아하지만 잃은 아이는 따 간 돈을 돌려달라고 울며 떼를 씁니다. 그럴 때 엄마 입장은 어떻습니까? 별일 아니라는 듯 다투지 말라고 합니다. 그 돈이 그 돈인데 왜 그걸 갖고 다투냐고 말합니다. 엄마는 집안 전체를 보고 있습니다. 집안 전체로 볼 때는 돈이 늘어난 것도, 줄어든 것도 아닙니다. 늘어남도 줄어듦도 아니라는 것을 아는 사람에게는 늘어났다고 좋아할 일도 없고 줄어들었다고 슬퍼할 일도 없습니다. 아이들은 자기 것만을 보기 때문에 형제간이라도 네 것과 내 것, 각자의 소유가 있습니다. 여기에서 갈등과 다툼이 생기는 거예요. 각자 자기 것을 주장하면 부부간에도 내 것, 네 것 가리느라 재판할 때가 있고, 부모 자식 간에도 법원에 가는 경우가 있습니다. 그러나 가족 전체로 볼 때는 부모 것도 내 것이고 남편 것도 내 것이고 자식 것도 내 것이죠.

인식의 폭을 넓히면
시비분별에서 벗어나

부처님께서는 전체 인류를 보고 계십니다. 우리는 내 나라 네 나라를 구별하여 따지기 때문에 전쟁이 나면 각기 제 나라 가 이기게 해달라고 빕니다. 이것은 우리가 아상·인상이라는 울타리를 벗어나지 못하고 울타리 안에서 세계를 바라보기 때 문입니다. 한국에서는 음식이 남아돌아서 음식 쓰레기를 치우 느라 난리인데 북한에서는 어린아이들이 제대로 먹지 못해 영 양실조로 죽어가고 있습니다. 지금은 남북한을 갈라서 서로 적 이라고 여기며 싸우고 있으니 적의 아이들은 굶어 죽어도 상관 없다고 생각하지만, 이러한 문제는 민족과 나라의 경계를 넘어 서는 일입니다.

전체를 보는 사람의 입장에서는 병들고 굶어 죽고 배우지 못 하는 아이들을 돌보아 그들과 나누는 것이 지극히 자연스럽고 당연한 일입니다. 형이 장난감을 여러 개 가지고 놀면서 동생에 게는 하나도 나눠주지 않으면, 혼자 다 갖지 말고 동생에게도 하나 주라고 말하는 부모의 마음이 바로 부처님의 마음입니다. 부처님의 마음이란 진실을 그저 진실대로 보는 마음입니다. 사 실을 사실대로 알면 자연스럽게 나누는 마음이 일어납니다. 장애와 한계를 극복하는 것이 깨달음이며, 자비심은 거기에서 저절로 일어납니다.

우리 인간은 오직 사람을 중심에 놓고 생각합니다. 쉽게 동물을 죽이고 자연을 파괴해도 상관하지 않습니다. 그러나 더 큰 눈으로 지구 전체를 바라보면 우리의 이런 모습은 올바르지 못합니다. 우리는 자기중심으로 세상을 보고 생각하고 있습니다. 오직 나를 중심으로 보고 남을 적대하는 것이 아상我相이며, 사람만을 중심으로 보고 사람 아닌 다른 것을 적대하는 것이 인상人相입니다. 오늘날 우리가 저지르는 환경 파괴는 인상에 사로잡힌 결과입니다. 사람 중심으로만 생각하는 데 따른 행위입니다. 모든 것이 하나로 연결되어 있음에도 오로지 사람을 중심으로 생각하고 다른 생명을 해치면, 결국 우리들에게도 손실로 돌아옵니다. 우리의 생존을 위협받게 되는 거예요. 부부지간에 나만 생각하고 배우자를 구박하면 결국은 자기 불행으로 다가오고, 한 나라 안에 살면서 자기 이익만을 취하다 나라가 망하면 결국 모두 함께 망하는 것과 같은 이치예요.

이제 나만을 생각하는 데서 벗어나 가족 전체를 생각해야 합니다. 가족만을 생각하는 데서 벗어나 이웃을 함께 생각하고, 지역공동체를 생각해야 합니다. 다른 지역까지 포함해서 나라 전체를, 북한까지 포함해서 민족 전체를, 이웃 나라까지 포함해서 인류 전체를 생각하고, 뭇 생명을 함께 생각하는 생명 공동체 의식으로 나아가야 합니다. 살아 꿈틀거리는 생명만을 중심으로 보는 것은 중생상衆生相입니다. 물과 바람과 태양과 공기까지 포함해서 이 모두를 하나의 삶, 하나의 생명으로 보아야 해요. 더 나아간다면 '있다', 혹은 '없다'는 생각도 넘어서야 합니다. 있고 없음을 넘어서는 존재의 본질 세계로까지 인식의 폭을 넓히면, 그것이 우주적인 인식이고 그를 통하여 나는 우주적인 존재가 됩니다. 나 자신이 그만큼 커다란 존재가 됩니다. 거기에는 나와 너를 넘어선 세계, 분별의 세계를 모두 넘어선 더 큰 세계가 있습니다. 어떤 하나의 경계만을 특별히 떼어내서 '이것이 나다'라고 할 것이 없습니다. 전체가 나이기 때문에 한 부분만으로 나를 삼을 바가 없습니다.

인식의 폭을 넓혀서 부증불감의 이치를 알게 되면, 이 자질 구레한 시비분별에서 벗어날 수 있습니다. 꿈에서 깨어나 법이 공한 도리를 알면 생하고 멸함이란 게 없습니다. 성스러움과 부정함도, 옳고 그름도 없습니다. 내 것이니 네 것이니, 늘어났느니 줄어들었느니 할 것도 없습니다. 우리가 그것을 올바르게 이해한다면 모든 괴로움에서 벗어날 수 있습니다. 이것이 조견오온개공照見五蘊皆空하면 도일체고액度一切苦厄이 되는 이치입니다. 누구나 그러한 이치를 알 수 있습니다.

불법을 공부해서 이치를 깨닫고 그것을 자기 경험 속에서 조금씩 체험해 나가면 사람의 운명이 바뀝니다. 남편이나 아내가 뭐라고 하든 옳고 그름을 따지지 않고 "예, 알겠습니다" 하고 말해집니다. 금방 잘못될 것 같지만, 실제로 그렇게 해보면 아무런 문제도 생기지 않습니다. 내가 옳다는 생각을 움켜쥐고 있을 때는 그렇게 말하면 큰일 나는 줄 아는데, 그 생각을 내려놓으면 괴로움이 없이 살아갈 수 있습니다.

제3장

소승 사상의 타파

시고 공중무색 무수상행식 무안이비설신의 무색성향미촉법

是故 空中無色 無受想行識 無眼耳鼻舌身意 無色聲香味觸法

무안계 내지 무의식계 무무명 역무무명진 내지 무노사 역무

無眼界 乃至 無意識界 無無明 亦無無明盡 乃至 無老死 亦無

노사진 무고집멸도 무지 역무득

老死盡 無苦集滅道 無智 亦無得

『반야심경』의 두 번째 단락에서는 대승의 공 사상, 즉 대승 보살사상의 입장에서 소승 교설의 무엇이 문제인가를 비판적으로 이야기합니다. 그러나 부처님의 가르침에 대승과 소승이 따로 있는 것은 아닙니다. 대승 보살인 관자재보살께서 소승 수행자들이 부처님의 가르침을 잘못 이해한 부분을 지적하여 바로잡는 걸로 이해하면 좋겠습니다.

'일체는 무엇인가'에 대한 가르침에는 오온설五蘊說, 십이처설十二處說, 십팔계설十八界說이 있습니다.

'나'는 이 세계의 일부입니다. 이 무한한 세계 가운데서 '나'라고 하는 것은 티끌같이 작은 존재입니다. 동시에 내가 인식하는 '세계'는 내 마음속에 그려진 세계입니다. 사람의 마음마다 서로 다른 세계를 그리고 있으므로 각자가 그리고 있는 세계는 서로 다른 것입니다. 내가 알지 못하는 것은 없는 것과 같고, 있다고 말하는 것은 내가 아는 것이라는 뜻입니다. 자기가 아는 만큼의 세계, 또 자기 식대로 알고 있는 세계, 이것이 각자의 일체입니다. 그러므로 세계는 내 마음속에 있습니다. 나는 이 세계의 일부이고, 이 세계는 나의 일부입니다. 세계는 한없이 많은 티끌로 구성되어 있어 티끌은 이 세계의 일부이지요.

그런데 그 하나의 티끌 속에 다시 이 세계가 포함되어 있습니다. 일미진중함시방一微塵中含十方, 하나의 작은 티끌에 시방세계가 다 포함되어 있다는 것입니다.

1

인과 연이 작용한 결과

是故 空中無色 無受想行識

이런 까닭으로(是故) 공의 세계에서(空中), 즉 깨달음의 세계에서 볼 때는 색이라 할 것도 없고(無色) 수상행식이라 할 것도 없습니다(無受想行識).

일체라는 것은 나와 이 세계를 통틀어 일컫는 말입니다. 일체를 구성하는 한 가지는 물질세계와 그 물질로 이루어진 나의 육신입니다. 이것을 색이라 합니다. 또한 세계는 내가 아는 만큼의 세계고 내 마음 가운데 그려진 세계이기 때문에, 외부로부터 들어온 정보, 또 이미지로 형성된 것이라고도 할 수 있습니다. 일체를 구성하는 다른 한 가지는 정신세계, 또는 마음 작용입니다. 정신세계는 다시 네 가지로 나누어집니다. 그 첫째가 느낌입니다. 눈으로 보고, 귀로 듣고, 코로 냄새 맡고, 혀로 맛보고, 손으로 만지고, 머리로 생각하는 등 외부의 정보를 받아들일 때 일어나는 몸과 마음의 반응인 감각과 느낌을 수受라고 합니다. 받아들인 정보들을 분류해서 저장해두었다가 필요할 때 저장된 정보들을 기억하고 비교·분석하는 일을 생각이라 부르는데, 그것이 바로 상想입니다. 기억하고 비교·분석 후 옳다 그르다, 하고 싶다 하기 싫다에 따라 행동하는 것이 행行이에요. 어떤 행동을 하고 싶다는 의지적 작용은 충동에 의한 경우도 있고 지혜에서 비롯되는 경우도 있지만, 중생의 의지 작용은 대부분 욕망이나 감정적 충동에 의해 일어납니다. 중생은 하고 싶다거나 하기 싫다는 충동에 따라 행동합니다. 그리고 이러한 모든 작용(受想行)의 결과로, 새로운 인식의 틀이 만들어지는 것이 식識입니다.

식識은 컴퓨터의 프로그램처럼 정신 작용의 토대입니다. 똑같은 정보가 들어와도 프로그램에 따라 처리 결과가 달라지듯, 외부로부터 들어온 정보가 업식과 만나 반응함으로써 쾌快·불쾌不快의 느낌이 일어납니다. 몸에는 감각이 일어나고 마음에는 느낌이 일어납니다. 똑같은 정보가 들어오는데도 사람마다 그에 대한 느낌이 제각기 다른 이유는 이처럼 각자의 업식이 다르기 때문입니다. 업식이 같다면, 외부에서 동일한 정보가 들어오면 동일한 반응이 나타나겠지요. 우리가 동일한 곳에 가서 동일한 것을 보고, 동일한 것을 듣고, 동일한 것을 냄새 맡고, 동일한 것을 맛보고, 동일한 것을 감촉해도 사람마다 느낌이 다른 것은 이미 각자에게 형성되어 있는 업식이 다르기 때문입니다. 또 느낌이 다르면 뒤이어 일어나는 생각(想)과 행위(行)도 달라집니다. 그러니 밖에서 어떤 정보가 들어오는가 하는 것도 중요하지만 안에서 반응을 일으키는 기본 토대인 업식이 어떠한가도 매우 중요한 것입니다.

그렇다면 색 다음에 식을 넣어서 색→식→수→상→행의 순서로 보면 감각 작용(色)에 업식(識)이 반응하고(受) 생각하고(想) 충동적으로 행동(行)을 함으로써 생산된 업이 다시 저축되는 곳이 식이기도 합니다. 그러한 일련의 과정을 거치면서 업식이 조금씩 바뀌어 갑니다. 행위의 결과물이 과보로 쌓여서 다시 업식이 업그레이드되는 변화를 일으키는 것입니다.

색수상행식 각각에도 실체는 없다

일체는 오온이고, 끊임없이 변합니다. 육신은 생로병사하고 우주는 성주괴공하며, 우리의 마음은 생주이멸합니다. 느낌과 생각과 의지도 마찬가지로 일어나고 머무르고 사라지는 생멸의 과정을 거듭합니다. 마음 작용의 토대인 식識은 어떠합니까? 역시 형성되고, 작용하며, 점차 바뀌어나갑니다. 담배를 피우는 습관이 있는 사람이 담배를 보면 좋은 느낌이 일어나고, 뒤이어 피우고 싶은 마음이 일어납니다. 그렇게 담배를 피우고 나면, 그 결과로 담배의 습관이 더욱 깊게 뱁니다. 담배를 피우고 싶은 마음이 일어나는 것은 담배 피우는 습관이 외부 경계에 반응을 일으키기 때문입니다. 그러나 이 습관 또한 영원불변하는 것이 아니며 변화합니다. 부처님께서는 식이라는 것도 항상하는 것이 아니라 변화하는 것이라고 말씀하셨습니다.

그런데 소승불교에서는 오온에 대한 해석에서 잘못을 범하고 있습니다. 우리 사고의 밑바탕인 세계관과 철학에는 언제나 변하지 않는 본질적 요소가 존재한다고 생각하고 있습니다. 그리고 이에 기초하여 세상을 바라보고 이해합니다. 그러나 이러한 자신의 고정된 생각과 가치관을 버려야 깨달음의 세계가 열립니다. 즉, 물질과 사물의 객관세계를 의미하는 색色과 정신적인 작용인 수受·상想·행行·식識을 불변하는 요소로 보고, 이를 통해 오온五蘊이 이루어진다고 잘못 이해하고 있어요. 이러한 요소설要素說은 색안경을 낀 채로 부처님의 가르침을 이해하고 있는 거예요. 관자재보살은 이러한 잘못을 지적합니다. 일체의 모든 현상은 끊임없이 변화하고, 항상恒常하지 않습니다. 그래서 오온의 다섯 요소인 색·수·상·행·식 앞에 무無 자를 붙여서(無色 無受想行識), 각각의 요소에 불변하는 실체가 없음(空)을 다시 깨우치고 있습니다.

십이처

소승 교설의 또 다른 핵심 가운데 하나는 십이처설十二處說입니다. 우리가 알고 있는 이 세계는 어떻게 형성되나요? 눈으로 사물의 모양이나 빛깔을 보고, 귀로 소리를 듣고, 코로 냄새를 맡고, 혀로 맛을 알고, 몸이 사물과 접촉하며, 머리가 생각하여 일체를 알게 됩니다. 몸에 있는 여섯 개의 감각기관은 인식의 근본이라는 뜻에서 육근六根이라고 불립니다. 안이비설신의眼耳鼻舌身意가 여섯 가지의 감각기관입니다. 여기에 대응하는 인식의 대상을 육경六境이라 합니다. 여섯 가지 경계로 색성향미촉법色聲香味觸法입니다. 여섯 가지 경계인 육경과 여섯 가지 감각기관인 육근이 만나서 우리의 앎, 즉 인식 작용이 이루어집니다. 보지 못하고 듣지 못하고 냄새 맡지 못하고 맛보지 못하고 감촉하지 못하고 생각하지 못한다면, 이 세계는 존재하지 않습니다. 그러므로 일체라는 것은 이 열두 가지, 십이처十二處일 뿐이라고 말합니다.

오온설이 이미 형성되어 있는 주관적인 마음 작용에 비중을 많이 두는 반면, 십이처설은 앎이 따로 있는 게 아니라 객관적 존재인 사물이 어떻게 인식되느냐에 따라 형성되었을 뿐이라는 것입니다. 십이처설에 의하면 '나'라는 존재는 별것이 아닙니다. 내가 아는 세계는 눈과 귀와 코와 혀와 몸과 머리로 받아들여진 인식의 세계, 그것일 뿐입니다. 십이처설만으로 설명한다면, 동일한 환경에서는 동일한 인식이 형성되므로 동일한 환경에서 자란 사람이라면 인격이 동일하게 형성된다고 말할 수 있습니다. 본 것과 들은 것, 냄새 맡은 것, 맛본 것, 감촉한 것이 모두 똑같기 때문입니다. 이 부분이 바로 유물론의 내용과 비슷한 지점입니다. 물론 우리의 의식은 바깥 세계로부터 영향 받으며 형성됩니다. 따라서 의식을 바꾸려고 노력하더라도, 바깥 세계가 바뀌지 않으면 의식은 쉽게 바뀌지 않고 바깥 세계가 바뀌면 인간의 의식도 따라 변화합니다. 그래서 사회주의에서는 한 사람 한 사람의 개인적 노력보다 사회 변화를 통하여 인간의 의식을 바로잡는 데에 집중하는 것입니다. 그에 비해 대부분의 종교는 개인의 의식을 매우 중요하게 여깁니다. 개인의 의식은 각 개인이 갖고 있는 고유한 것이라고 생각합니다. 개인의 구원은 개인의 노력에 의해서만 결정된다는 입장이죠. 이런 이유로 지난 역사 속에서 종교와 사회주의는 서로 대립하여 유신론과 무신론, 관념론과 유물론으로 나뉘어 갈등해 왔습니다.

모든 현상은
인과 연이 작용한 결과

부처님의 가르침은 세계를 그렇게 둘로 나누지 않습니다. 우리 마음은 외부로부터 영향을 받아서 형성되는 측면이 분명히 있지만, 똑같은 환경에서도 자기 업식이 어떠냐에 따라 달리 반응하기도 합니다. 두 가지 측면이 모두 존재하는 것입니다. 인연과보因緣果報라는 말로 그 과정을 설명할 수 있습니다. 인因은 직접적인 원인이며 연緣은 간접적인 조건입니다. 결과는 단순히 원인에 의해서만 결정되는 것이 아니라, 그 원인이 작용하는 주위 환경에도 영향을 받습니다. 성냥불을 그어서 바닥에 버렸다면 그것이 화재의 직접적인 원인이기는 해도 그것만으로 화재가 발생하지는 않습니다. 그때 주위에 인화 물질이 있었느냐, 아무것도 없는 시멘트 바닥이었느냐에 따라서 결과가 달라집니다. 또 같은 조건에 처하더라도 원인이 다르면 결과가 달라집니다. 똑같이 인화 물질이 있다는 조건이더라도 성냥불을 버리지 않으면 불이 일어나지 않고 성냥불을 버려야 불이 일어나는 이치입니다. 인과 연, 둘 중 한 가지만으로는 변화의 현상을 설명할 수 없습니다.

그러므로 내가 세계에 영향을 주는 측면이 있고, 세계로부터 영향을 받는 측면이 있습니다. 이 양자가 동시에 작용함에도 대부분의 철학적 이론들은 그중 한 가지만 가지고 세계의 작용을 논합니다. 인간성에 대한 논의 역시 성선설과 성악설이 대립합니다. 그러나 부처님은 근본적으로 본성에 선성과 악성이 따로 없으며, 다만 마음이 그때그때 어떻게 작용하느냐에 따라 선과 악으로 나타난다고 봅니다. 선과 악은 우리의 의식에서 형성됩니다. 인간의 본성에 선한 요소도 있고 악한 요소도 있다는 생각은 사람의 본성을 잘못 이해한 거예요. 두 가지 측면이 동시에 작용하고 있다는 사실은 맞지만, 선성과 악성이 동시에 존재하는 것은 아닙니다. 선과 악의 구별이 본래 없다고 보는 것이 부처님의 가르침입니다.

이와 같이 십이처설은 환경이 우리의 의식에 어떤 영향을 주는지를 설명하는 반면, 오온설은 같은 환경에 처하더라도 식識이 느낌과 생각과 의지에 영향을 줌으로써 사람마다 반응이 달리 일어나는 이치, 우리의 내면 세계에 초점을 맞추고 있습니다.

십팔계

이를 보완하여 설명하는 것이 십팔계설十八界說입니다. 여섯 가지 인식 기관인 육근이 있고, 여섯 가지 인식 대상인 육경이 있으며, 거기에 또 하나, 이미 우리에게 형성되어 있는 업식이 있습니다. 십이처설만으로 설명한다면 동일한 것을 볼 때는 동일한 느낌이 일어나야 하는데 실제 현실은 그렇지 않습니다. 이유는 보는 이의 업식이 다르기 때문입니다. 각자에게 형성된 업식이 보는 데 작용하면 안식眼識, 듣는 데 작용하면 이식耳識이라 합니다. 냄새 맡는 비식鼻識, 맛보는 설식舌識, 감촉하는 신식身識, 생각하는 의식意識을 더하여 모두 여섯 가지 식을 십이처와 합하면 이것이 십팔계입니다. 십팔계설로 세계를 살펴보면 세계는 좀 더 분명하게 설명될 수 있습니다.

여섯 가지 식 가운데 안식, 이식, 비식, 설식, 신식은 경계 따라 작용하기 때문에 전오식前五識이라 하고, 의식은 여섯 번째 식이라는 뜻에서 따로 제육식第六識이라 부릅니다. 이 여섯 가지 식 이외에도 일곱 번째와 여덟 번째 식이 있습니다. 여섯 번째까지의 식은 겉으로 드러나는 의식이며, 제칠식과 제팔식은 드러나지 않고 잠재되어 있는 식입니다. 제칠식을 말라식, 제팔식을 아뢰야식이라고 부릅니다. 이러한 잠재의식의 존재를 서양 철학에서는 19세기에 들어와서야 발견합니다. 프로이트Freud는 『꿈의 해석』이라는 책에서 잠재의식, 무의식의 세계에 대해 설명했습니다. 그 이전의 서양 사람들은 의식에 영향을 주는 보이지 않는 마음의 작용을 신의 소리라 생각했습니다.

부처님께서는 모든 정신 작용은 다 형성되어진 것이라고 말씀하셨습니다. 전생에서부터 지금의 삶이 정해져 있다는 생각, 신의 뜻대로 살아야 한다는 생각, 사주팔자대로 살게 된다는 생각, 전생에 저지른 행동으로 인해 벌 받듯이 살아야 한다는 생각들은 모두 숙명론입니다. 업은 형성되어진 것이므로 소멸될 수도 있습니다. 내가 내 팔자를 바꿀 수 있고 나 스스로 내 운명을 바꿀 수 있다는 말이에요. 내가 지금 괴로운 이유는 내 괴로움이 정해져 있기 때문이 아닙니다. 내가 무지하기 때문입니다. 마음이 어떻게 작용하는지 그 원리를 앎으로써 우리는 이 고통에서부터 벗어날 수 있어요. 그 이치가 바로 오온설, 십이처설, 십팔계설입니다. 우리를 괴로움에서 벗어나게 하는 사성제四聖諦와 팔정도八正道 수행법은 인간에 대한 이러한 깊은 이해를 기초로 합니다.

2

창문 단속으로 도적을 막아라

無眼耳鼻舌身意 無色聲香味觸法

　　여기에서 핵심은 십이처설이 십이요소설로 잘못 이해되고 있다는 점입니다. 십이요소설이란 이 세계가 안이비설신의와 색성향미촉법의 열두 개 요소로 구성되고 그들간 상호 관계로 괴로움이 이루어진다는 해석입니다. 이렇게 십이처의 각각을 불변하는 것으로 이해하면 요소설에 떨어지게 됩니다. 이것은 부처님의 가르침인 무아와 무상에 어긋납니다. 무안이비설신의無眼耳鼻舌身意 무색성향미촉법無色聲香味觸法이라 하여, 안이비설신의와 색성향미촉법이 모두 실체가 없음을 밝힌 것은 그런 까닭입니다. 공의 세계, 즉 깨달음의 세계에서 볼 때는 열두 가지 요소라고 부를 만한 근본적 실체가 없다는 것입니다.

3
다만 알아차릴 뿐

無眼界 乃至 無意識界

이어지는 '무안계無眼界 내지乃至 무의식계無意識界'는 십팔계설에 대한 잘못된 이해를 지적한 것입니다. 십팔계十八界는 안이비설신의·색성향미촉법·안식·이식·비식·설식·신식·의식을 말합니다. 그 각각이 하나의 세계임을 보이기 위해서 뒤에 계界자가 붙습니다. 그래서 십팔계의 첫 번째는 안계眼界가 되고 마지막은 의식계意識界가 되며, 그 사이에 십육계十六界가 포함됩니다. 안계에서 시작하여 의식계까지, 모두 각각의 근본적 실체는 없다는 뜻으로 이 구절을 이해하면 됩니다. 안계도 실체가 없고, 이계도 실체가 없고, 비계도 실체가 없고, 설계·신계·의계도 실체가 없고, 색계·성계·향계·미계·촉계·법계도 실체가 없고, 안식계·이식계·비식계·설식계·신식계·의식계까지 모두 그 실체가 없음을 밝히고 있습니다. 이것은 부처님의 가르침에 대해 잘못된 해석을 올바르게 다시 바로잡는다는 의도에서 기존의 교설을 비판하는 구절입니다. 소승 교설이 잘못되었다는 뜻이 아니라 일부 소승 수행자들이 부처님의 근본 가르침인 무아와 무상을 아견我見과 상견常見의 관점으로 잘못 이해하고 있어 오온·십이처·십팔계에 대해 대승 보살의 입장, 깨달음의 입장에서 각각 실체가 없음을 분명히 밝히는 것입니다.

십이연기

모든 일에는 원인과 결과가 있습니다. 결과가 있으려면 원인이 있어야 하고, 원인이 있으면 그로 인한 결과가 있게 마련입니다. 내가 늘 억울하고 분한 생각에 사로잡혀 살아가고 있다면 지금 내게 벌어진 일의 원인을 모르기 때문이에요. 원인을 알고 나면 억울하고 분한 마음은 사라져버립니다.

아주 단순해 보이는 행동이라도 다 원인이 있게 마련이에요. 십이연기十二緣起는 원인과 결과의 연결고리를 분석함으로써 현상의 발생 원인을 근원적으로 규명하는 과정을 보여줍니다. 지금 이런 상황이 벌어지게 된 원인을 찾고, 다시 그 원인의 원인을 찾고, 또 그 원인의 원인을 찾고, 그렇게 계속 분석해 가다 보면 근본 원인에 도달하게 됩니다.

이렇게 분석해보면 우리의 고뇌는 열두 가지 연결고리로 이루어져 있습니다. 이 고리를 십이연기라 합니다. 여기에서 가장 중요한 것은 우리 각자에게 일어나는 욕구 또는 욕망입니다. 어떤 일은 하고 싶고 또 어떤 일은 하기 싫다는 마음, 그 욕망을 애愛라 합니다. 하고 싶다는 욕망인 갈애뿐 아니라 하기 싫다는 욕구인 혐오까지를 모두 포함합니다. 마음에서 욕구가 일어나면 우리는 그것을 말로 표현하거나 행동에 옮기지요. 욕구에 따라 이루어지는 말과 행동을 취取라 합니다. 욕구가 말과 행동으로 나타난 뒤에는 반드시 그 결과물이 남습니다. 그것이 유有입니다. 유는 다시 다음 행위의 출발점이 됩니다. 식물이 자라고 꽃이 피어 열매를 맺으면 그 열매가 씨앗이 되어 새로운 싹을 틔우는 것과 같은 이치입니다. 유는 이전 단계의 결과물인 열매이면서 이후 단계의 출발점인 씨앗입니다. 하지만 열매라 불리든 씨앗이라 불리든 그 존재 자체는 동일합니다. 하나의 존재를 결과물로 볼 때는 열매라 하고 출발점으로 볼 때는 씨앗이라 부르는 거예요. 씨앗이 새로운 싹을 틔우듯 유는 욕구를 만들어내고, 욕구가 일어나면 그에 따라 행위도 일어납니다. 이

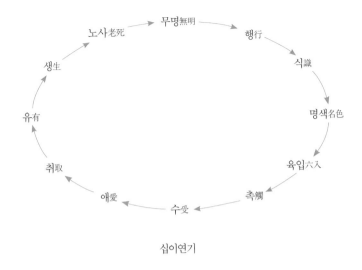

십이연기

러한 또 하나의 시작을 생生이라 부릅니다. 생은 새로운 일어남
입니다. 한 번 일어난 것은 무엇이든 일정한 시간을 머무르다가
결국 사라지는데, 그 사라짐의 과정을 노사老死라 합니다.

이 모든 과정은 끝없이 되풀이됩니다. 욕구가 일어나고 욕구
를 따라 행이 나타나면 그 결과물은 습관으로 남습니다. 습관
이 다시 욕구를 불러일으켜 행동을 하게 되고, 다시 결과물이
남아 새로운 욕구를 불러일으킵니다. 이러한 과정을 애취유생
노사愛取有生老死라 할 수 있습니다. 지금 이 순간, 현재의 시점
에서 벌어지는 행위의 원인은 애입니다. 원인이(애) 제공되면 과

정을 거쳐(취) 그 결과물(유)로 나타나고 그것이 반복(생·노사)됩니다. 애라는 꽃이 없으면 열매 맺지 못하고, 열매가 없으면 씨앗도 없으니 생과 노사가 되풀이될 수 없습니다. 이런 까닭에 가장 중요한 것이 애라 할 수 있어요.

그러니 하고 싶은 마음이 일어나도 그것이 나쁜 결과로 돌아올 것을 안다면 하지 말아야 하고, 하기 싫은 일이라도 좋은 결과가 예측될 때는 해야 합니다. 하고 싶을 때 하고, 하기 싫을 때 하지 않는 것은 쉬운 일입니다. 지혜로운 사람은 나쁜 결과를 피하기 위해 하고 싶은 일도 하지 않고, 좋은 결과를 만들기 위해 하기 싫은 일도 기꺼이 합니다. 하고 싶은 마음이나 하기 싫은 마음보다, 마땅히 할 바인가 하지 말아야 할 바인가를 바르게 아는 것이 더 중요합니다. 술을 마셨으면 운전을 하지 말아야 하고, 운전을 해야 한다면 술을 먹고 싶어도 술을 마시지 말아야 합니다. 이렇게 나를 위해서도 남을 위해서도 지켜야 할 것이 있습니다. 그것이 계율입니다.

우리는 흔히 계율을 속박으로 여깁니다. 하고 싶은 일을 하지 못하게 하고, 하기 싫은 일을 강요한다고 생각해요. 하지만 계율을 지키는 이유는 억압하기 위해서가 아니라 손해를 방지하고 이익을 증장시키기 위해서입니다. 담배를 피우고 싶지만 피우지 않거나, 입에 쓴 약을 먹고 싶지 않지만 먹는다면 결국 좋은 결과로 돌아옵니다. 그럼에도 불구하고 욕구를 참는다는 것은 여전히 순간순간은 힘든 일이지요. 그래서 계율을 지키는 것만으로는 완전한 해탈, 열반의 경지에 들어간다고 할 수 없습니다. 결과를 생각하며 행동하는 이가 슬기로운 사람이고 그렇게 하는 게 매우 중요한 일인 것은 맞지만, 계율을 지키는 것만으로는 괴로움 없는 경지인 열반에 들었다고 할 수는 없어요.

과거의 무명과 행이
현재 삶의 씨앗

그러면 욕망은 왜 일어나는 것일까요? 우리는 어떤 대상을 보는 순간 자신도 모르게 무의식적으로 기분이 좋아지기도 하고, 또 무의식적으로 거부감을 느껴 기분이 나빠지기도 합니다. 처음 보자마자 호의적인 느낌이 드는 사람도 있고 보자마자 거부감이 느껴지는 사람도 있습니다. 이러한 반응은 무조건적이고 순간적입니다. 기분 좋은 반응을 쾌快라 하고 기분 나쁜 반응을 불쾌不快라 합니다. 쾌는 갖고 싶고 만나고 싶다는 마음으로, 불쾌는 보기 싫다는 마음으로 변합니다. 쾌로부터 작용한 것이 하고 싶다는 갈애, 욕망이며 불쾌로부터 반응한 것이 하기 싫다는 혐오, 성냄입니다. 하고 싶거나 하기 싫은 마음, 좋거나 싫은 마음이 일어나기 전에 쾌와 불쾌의 느낌, 수受가 먼저 일어납니다. 수에 따라 충동적으로 애愛가 일어납니다. 이 둘은 순식간에 이전되기 때문에 쉽게 구분하기 어렵습니다. 굳이 그 둘을 분리하자면, 두 개의 부싯돌이 부딪쳤을 때 불꽃이 반짝 일어나는 것이 수受이고 그 불꽃이 솜에 옮겨 붙은 것이 애愛라 할 수 있습니다. 부싯돌이 부딪쳐 불꽃이 일어나도 다른 물질에 옮겨 붙지 않으면 불은 일어나지 않습니다. 불꽃이 잠시 일어났다 사라질 뿐입니다. 이처럼 수는 순간적인 반응으로, 그 느낌이 지속되지는 않습니다. 부싯돌에서 불꽃이 아무리 반짝인다 해도 불이 붙은 건 아닙니다. 그 불꽃이 솜에 옮겨 붙으면 그때서야 불이 지속됩니다. 부싯돌이 부딪쳐서 아무리 크게 불꽃이 튀어도 그것은 수일 따름이고, 아무리 작은 불꽃이라도 솜에 옮겨 붙은 것은 애입니다. 애는 지속되고 확장됩니다.

수는 감각이 일어날 때 순간적 반응으로 일어납니다. 그러나 수가 일어난다면 보거나 듣거나 냄새 맡거나 맛보거나 감촉하거나 생각하거나, 무엇을 하든 외부 대상과의 접촉인 감각이 있어야 해요. 여섯 가지 감각기관이 외부의 정보를 받아들이는 작용이 육입六入이고, 외부의 정보로 작용하는 바깥의 존재의 이미지를 명색名色이라 합니다. 명名은 이름이고 색色은 물질이니, 이름과 물질이 합쳐져 이미지를 만들고 있음을 알 수 있어요. 나무토막 하나를 두고도 목재라 부르거나 장작이라 부르기도 합니다. 장작과 목재는 명(이름)은 다르지만 그 색(물질)은 같습니다. 세상의 모든 존재는 항상 명과 색, 물질과 용도에 따른 이름으로 존재합니다. 물질이 사람에게 인식될 때는 그 용도이며 그 용도에 따라 이름이 붙습니다. 같은 사람을 보고 엄마라고 부를 때, 아내라고 부를 때, 딸이라고 부를 때 그 의미는 모두 다릅니다. 이런 이유로 존재는 단순히 색이 아닌 명색이라 일컫는 거예요.

담배연기 냄새를 맡고 갈애를 일으키는 사람이 있는가 하면 혐오를 일으키는 사람도 있습니다. 어떤 이유로 한 사람은 갈애를, 또 다른 사람은 혐오를 일으키는 걸까요? 같은 사람을 보고도 어떤 이는 그를 좋아하는데 어떤 이는 싫어합니다. 강아지를 보면 좋아하는 사람도 있고 싫어하는 사람도 있습니다. 그들 각자에게 작용하는 내면의 업식이 다르기 때문입니다. 느낌의 출발점은 업식으로, 이것이 바로 씨앗입니다. 식을 바탕으로 명색에 반응하는 육입六入의 과정을 거쳐 감촉이 만들어지고, 그것을 통해 수가 일어납니다. 이것이 지금 이 순간 갈애가 일어나는 원인입니다. 업식은 욕망의 씨앗이고 뿌리이며 출발점입니다.

그러나 식은 본래부터 존재하는 불변의 존재가 아니에요. 여

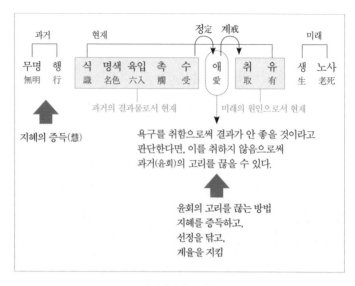

무명   행   식 명색 육입 촉 수   애   취 유   생 노사
無明   行   識 名色 六入 觸 受   愛   取 有   生 老死

과거의 결과물로서 현재   미래의 원인으로서 현재

지혜의 증득(慧)

욕구를 취함으로써 결과가 안 좋을 것이라고
판단한다면, 이를 취하지 않음으로써
과거(윤회)의 고리를 끊을 수 있다.

윤회의 고리를 끊는 방법
지혜를 증득하고,
선정을 닦고,
계율을 지킴

십이연기의 구성

러 가지 과정을 거쳐서 형성된 것입니다. 담배 피우는 습관이
담배 피우고 싶은 마음을 불러일으키지만 그 업식은 과거의 행
위에 의해서 형성된 것입니다. 담배 피우는 행위는 갈애로 인해
일어났고, 갈애는 그 이전의 업식에 의해 일어났습니다. 그렇다
면 최초의 식은 어떻게 형성되었을까요? 출발점을 찾아 올라가
보면 처음은 자기의 선택입니다. 담배를 처음 피웠던 이유는 멋
모르고 시작했거나, 억지로 시작되었을 수도 있습니다. 우리의
모든 행위는 자신의 업식으로부터 일어난 욕구에 근거하지만,

그것을 계속해서 추적해 과거로 돌아가 보면 처음은 욕구가 아닙니다. 시작은 무지에서 시작되어 습관화된 것입니다. 그래서 과거 삶의 반복된 과정을 무명·행이라 정리합니다. 모든 것은 무명으로부터 시작됩니다. 과거에 무지로 인한 행으로부터 현재의 씨앗인 식이 생겨났고 식에 의해 명색 → 육입 → 촉 → 수가 나타나고, 수에 충동적으로 반응해서 애 → 취 → 유의 모든 과정이 진행됩니다. 식부터 유까지의 팔연기는 과거의 원인으로 인한 현재의 결과와 미래의 결과를 낳을 현재의 원인을 짓는 과정을 분석해 놓은 것입니다. 과거에 되풀이되었던 현재의 원인들을 정리한 것이 무명과 행이고, 현재 삶의 원인으로 미래에 나타날 결과로 되풀이되는 것이 생과 노사입니다. 현재를 분석한 팔연기에 과거의 무명·행과 미래의 생·노사까지를 합하면 모두 십이연기가 됩니다.

업식이 일어나고 사라짐을
다만 알아차리라

내가 가진 업식은 과거의 결과물이에요. 과거의 결과물인 업식으로 인해 내 의도와 상관없이 나도 모르게 수受가 일어납니다. 식·명색·육입·촉·수는 과거 삶이 원인이 되어 현재에 나타나는 결과물입니다. 애·취·유는 지금의 내가 다시 또 미래의 원인을 만드는 것입니다. 그 결과로 미래에 나타나는 과보가 생·노사입니다. 과거의 원인이 현재의 결과로 나타나고, 지금 지은 원인이 다시 미래의 결과로 나타나는데, 현재 안에서는 다시 식·명색·육입·촉·수가 원인이 되어 애·취·유라는 결과로 나타납니다. 전자는 과거 원인의 결과인 동시에 현재 안에서의 원인이고, 후자는 현재 안에서의 결과물인 동시에 미래의 원인이에요. 그러니 모든 것은 결과인 동시에 원인인 셈이지요. 과果가 곧 인因입니다. 과거와 현재, 현재와 현재, 현재와 미래 속에 원인과 결과가 얽혀있습니다. 결과가 원인이 되어 또 다른 결과를 낳고, 그것이 다시 원인이 되는 연결고리 안에서 빠져나가기가 어렵습니다.

과거 담배 피웠던 습관이 지금 담배 피우고 싶은 마음을 불러일으킵니다. 지금 담배 피우고 싶은 욕망을 원인으로 담배를 피우고 나면 그것이 다시 원인이 되어 담배 피우는 습관을 만들고, 그 습관으로 인해 미래에 담배 피우고 싶은 마음을 불러일으키는 거예요. 조금 전에 피운 것과 지금 피운 것과 다음에 피우는 것이 연결되어 있습니다. 어제와 오늘과 내일이 연결되어 있고, 지난해와 올해와 내년이 연결되어 있어요. 수행 차원에서는 찰나 이전이 전생이고 찰나 이후가 내생입니다. 과거의 원인이 현재의 과보로 나타나고, 현재의 원인이 미래의 과보로 나타나며, 찰나와 찰나가 연결되어 있습니다. 그러니 수受를 관찰해야 합니다. 수는 부싯돌의 불꽃처럼 반짝 일어났다가 사라지기 때문에 주의 깊게 살펴야 합니다. 불꽃이 솜으로 옮겨 붙어야 불이 난 줄 알지, 부싯돌 사이에서 반짝 튀어오르는 순간에는 불꽃을 알아차리기 어렵습니다. 그렇기 때문에 자기의 몸과 마음에 일어나는 감각과 느낌에 깨어있어야 합니다. 찰나에 항상 깨어있으면 순간의 느낌을 알아차릴 수 있습니다.

불꽃이 일어날 때 알아차려서 불길로 번지는 것을 막아야 합니다. 기분 좋은 느낌이 일어나면 그것이 갈애로 가지 않도록 해야 하고, 불쾌한 느낌이 일어나면 그것이 혐오로 가지 않도록 해야 합니다. 그러기 위해서 몸의 감각과 마음의 느낌을 알아차려야 합니다. 집중력을 최대한 높여서 호흡을 관찰하고, 코 언저리의 감각을 관찰하고, 몸에서 나타나는 갖가지 감각을 관찰하고, 결국 감각 따라 일어나는 미세한 느낌까지 관찰해야 합니다. 감각과 느낌을 알아차리면 그것이 불길로 번지는 것을 막을 수 있습니다. 알아차림이 있으면 순간의 불꽃은 옮겨 붙지 못하고 사라져버립니다. 그러나 한 번의 알아차림으로 불꽃이 영원히 사라지지는 않습니다. 부싯돌은 또 부딪치고 불꽃도 다시 일어납니다. 그러니 그때마다 순간순간 알아차려야 하고 그때마다 사라집니다. 한 번 알아차리는 데서 끝내지 않고 순간순간 깨어있어 매 순간 알아차림이 이루어져야 합니다. 수는 순간순간 일어나므로 우리도 순간순간 항상 깨어있어 알아차림을 유지해야 합니다.

이것을 관법觀法 수행이라고 합니다. 마음의 평정을 유지하고 집중을 통해 알아차림을 지속해야 합니다. 알아차림은 정념正念입니다. 마음이 들뜨면 쾌불쾌快不快를 알아차리지 못해 갈애나 혐오로 나아가게 되니, 그러지 않도록 마음의 평정을 유지하며 집중하는 것이 정정正定입니다. 또한 알아차림을 놓치면 다시 알아차리고, 놓치면 또다시 알아차리는 연습이 계속되어야 합니다. 이것이 정정진正精進입니다. 정념, 정정, 정정진 이 세 가지를 합해서 선정을 닦는다고 말합니다. 선정에 든다는 것은 또렷한 깨어있음이 유지됨을 말합니다. 마음이 고요한 가운데 또렷한 알아차림이 있어야 합니다. 소소영령昭昭靈靈해야 합니다. 흐릿한 상태로 꾸벅꾸벅 졸고 있어도 안 되고, 마음이 들떠있어도 안 됩니다. 이렇게 선정을 닦아서 수受를 또렷이 알아차리면 수가 애愛로 옮겨가지 않으니 욕망이나 성질이 일어나지 않습니다. 그러니 계율은 지킬 것도 없어집니다. 담배를 피우고 싶은데 이를 참는 것은 계율을 지키는 것일 뿐 선정을 닦는 것은 아닙니다. 담배연기 냄새를 맡고 마음에서 그에 대한 쾌·불쾌의 반응이 일어날 때 그것을 알아차리고 나면 담배를 피우고 싶은 욕구가 일어나지 않습니다. 욕구에 맹목적으로 끌려다니지 않으려면 또렷한 알아차림이 있어야 해요. '이런 마음이 일어나는구나' 하고 알아차리면 됩니다. 참는 것은 이미 솜에 옮겨붙은 불을 끄는 수준입니다. 피우지 말아야겠다고 다짐하는 건 마음이 이미 욕망에 끄달려 긴장되어 있다는 뜻이에요. 고요한 상태에서 느낌이 일어나고 사라짐을 다만 알아차리면 됩니다.

이때 의식 아래에 있는 무의식이 반응하기 시작합니다. 명상을 하겠다고 마음먹고 앉아있으면 몸이 먼저 반응을 하죠. 먼저 졸음이 옵니다. 졸음이 가시면 다리가 아파옵니다. 그 통증을 알아차리고 온몸으로 통증을 느끼면 됩니다. 졸음과 통증 속에서 며칠을 헤매다 몸의 통증도 졸음도 사라지면 그다음에는 망상이 마구 일어납니다. 꿈인지 생시인지 구분되지 않는 혼미상태에 빠집니다. 무의식이 올라와 꿈을 꾸는 것 같은 상태입니다. 의도하지 않아도 망상이 저절로 끝없이 일어날 때, 또렷이 호흡에 깨어 망상에 빠지지 말아야 합니다. 정진을 해갈수록 무의식의 세계에 쌓였던 마음의 상처들이 흘러나옵니다. 밑바닥의 무의식까지 계속해서 올라오는 것을 보며, '아! 나에게 이런 업식이 있었구나. 이런 피해의식이 있었구나' 하고 알아차릴 뿐입니다. 자기 업식을 알아야 합니다. 씨앗이 흙 속에 묻혀있으면 싹이 터야 무슨 종자인지 알 수 있듯이 망상의 흐름을 알아차림으로써 자신의 업식을 알 수 있습니다. 업식은 의식의 수면 아래에 있어 알 수 없으므로 무의식이라고 하는데 감각과 느낌을 통해서만 알 수 있지만, 명상에서 알아차림의 훈련을 거듭하면 내 업식이 어떻게 형성되어 있는지를 알게 됩니다. 욕망이 일어난 후에야 뒤늦게 알아차리거나 그조차 모르고 빠져있는 사람이 대부분인데, 욕망이 일어나기 전에 내가 어떻게 반응하고 내 마음이 어떻게 일어날지를 알 수 있다면 더 이상 경계에 끄달리지 않게 됩니다. 지나가는 사람까지 내 문제를 아는데 나만 내 문제를 모른 채 살아서는 안 되지요. 남이 나를 아는 것보다 내가 더 먼저, 더 자세히 알아야 합니다. 남이 나를 칭찬하거나 비난해도 내 업식을 내가 다 알고 있어야 칭찬과 비난에 흔들리지 않아요. 이렇게 되기 위해서는 선정을 닦아야 합니다.

4
어둠은 본래 없다

無無明 亦無無明盡

그렇다면 선정을 닦는 것만으로 충분할까요? 선정을 닦아 업식이 소멸되어 담배 피우는 습관에서 완전히 벗어났다 하더라도 언젠가 다시 담배를 피울 가능성은 있습니다. 왜 그럴까요? 이 사람은 담배 피우는 업식이 없던 때에도 처음에 담배를 피웠으니까요. 이런 어리석은 무지 자체가 근본적으로 없어져야 합니다. 그러기 위해서는 계율을 지키고, 선정을 닦고, 지혜를 증득해야 합니다. 이것이 계정혜戒定慧 삼학三學입니다. 남방불교 또는 근본불교라고도 불리는 소승불교에서는 십이연기에 따라서 계정혜 삼학을 닦습니다. 다만 무명이라는 것의 실체가 있어서 무명을 없앤다는 생각은 무아에 어긋난다는 것입니다. 꿈속에서 강도를 만나서 도망을 다니다 꿈에서 깨어났다고 합시다. 깨고 나면 강도로 인한 두려움에서 벗어나게 됩니다. 그러나 사실은 강도로부터 벗어난 것이 아니라 강도라는 존재 자체가 본래부터 없었습니다. 두려움은 꿈속에서 생겨난 것이고 한 생각에 사로잡힌 것입니다. 무명을 없애고자 한다면 그건 마치 꿈속에서 강도를 잡으려는 것과 같아요. 강도는 본래부터 없었습니다. 꿈에서 깨어나 세상을 보면 무명이라 할 실체가 본래 없다는 거예요. 무명이 없으니 무명을 없앤다 할 것도 없습니다 (無無明 亦無無明盡).

여러분은 누군가를 보고 '저놈은 나쁜 놈이다' 이렇게 단정하죠. 그래 놓고는 또 고쳐야 한다고 생각합니다. 그런데 나쁘다 할 것이 없는 줄 알면 고칠 것도 없어요. 그냥 해결되는 거예요. 깨끗하고 더러운 게 있으면 더러운 걸 버리고 깨끗한 걸 취해야죠. 또 더러운 것을 깨끗한 걸로 만들어야 되겠지요. 그런데 깨끗하고 더러운 것이 본래 없는 줄 깨쳐버리면 깨끗하다고 취할 것도 없고, 더럽다고 버릴 것도 없고, 더러운 걸 깨끗하게 만들 필요도 없습니다.

'저들이 중생이다'라고 하는 것은 내가 어리석은 한 생각을 낼 때 일어나는 거예요. 중생이라 할 존재가 따로 있는 게 아니라 어리석은 한 생각을 내는 것이 중생이에요.

본래 사람은 천한 것도 아니고 귀한 것도 아니죠. 그런데 사람을 천하다 귀하다 상을 지어놓고, 즉 노예라고 할 게 본래 없는데 노예라는 상을 지어놓고 노예를 해방시킨다고 야단을 떱니다. 노예가 본래 노예가 아닌데 '나는 노예다' 하고 꿈을 꾸다가 '이제 그 노예로부터 해방됐다'라고 말하는 것과 같습니다. "하, 저도 이제 노예가 아닙니다. 해방됐습니다. 이거 보십시오. 증표가 있잖아요." 그러면 이 사람은 자유 시민이에요? 아닙니다. 아직도 노예예요. 자유 시민은 '나는 자유 시민이다' 하는 생각조차 하지 않아요. '내가 해방됐다'라고 하는 생각도 안 해요. 왜 그럴까요? 본래 노예라는 게 없으니까요. 지금 우리는 자기가 종인 줄 알고 그 종 가운데 우두머리종이 되는 것이 인생의 목표예요. 본래 자기가 종이 아닌 줄 알아버리면 우두머리종이 될 필요가 없습니다. 본래 자유인이기에 해방될 게 없어요.

5

구름 한 점 일어났다 사라지듯

乃至 無老死 亦無老死盡

무명이 없으므로 무명의 다함도 없고(無無明 亦無無明盡), 행이 없으므로 행의 다함도 없고, 식이 없으므로 식의 다함도 없고, 명색이 없으므로 명색의 다함도 없고, 육입이 없으므로 육입의 다함도 없고, 촉이 없으므로 촉의 다함도 없고, 수가 없으므로 수의 다함도 없고, 애가 없으므로 애의 다함도 없고, 취가 없으므로 취의 다함도 없고, 유가 없으므로 유의 다함도 없고, 생이 없으므로 생의 다함도 없고, 노사가 없으므로 노사의 다함도 없습니다. 무명으로부터 출발하여 마지막 노사 또한 실체가 없으므로, 노사로부터 벗어난다 할 것도 없다는 뜻입니다. 십이연기가 모두 이와 같습니다.

무명을 없애야 한다는 해석은 불법을 올바르게 이해하지 못한 것입니다. 그것은 아직 꿈속의 소식입니다. 눈뜬 소식이 아닙니다. "강도를 내가 없앴다. 나는 강도로부터 벗어났다"고 얘기한다면 그는 아직 꿈에서 벗어나지 못한 사람입니다. 눈뜬 사람은 그런 얘기를 하지 않습니다. 공의 세계에서 볼 때 그런 이야기는 아직 어리석은 중생의 소견에 불과함을 밝힘으로써 부처님 가르침에 대한 잘못된 이해를 바로잡고 있는 구절입니다.

6
즐거움은 짧고 괴로움은 길다

無苦集滅道

꿈에서 깨어나면 본래 괴로워할 일(苦)이 없으니 괴로움의 원
인(集)이랄 것도 없고, 괴로움을 없앨 것(滅)도 없고, 그러니 없애
는 방법(道)이랄 것도 없습니다.

인생은
괴로움

고苦는 괴로움입니다. 우리는 인생이 고라는 진리를 알아야
합니다. 인생을 살아가다 보면 괴로울 때도 있고 즐거울 때도

있지요. 즐겁기도 하고 괴롭기도 한 것이 인생인데, 인생을 괴로움이라 한다면 너무 비관적으로 본다고 오해하는 사람들도 있습니다.

즐거움과 괴로움은 따로 있지 않고 동전의 양면처럼 결합되어 있습니다. 즐거움이 곧 괴로움이 되고 괴로움이 곧 즐거움이 됩니다. 결혼을 못해서 괴로워하던 사람이 결혼을 하면 기뻐하지만, 결혼을 하고 나면 그것이 도리어 괴로움의 원인이 됩니다. 아이를 낳지 못해서 괴로워하다가 아이를 낳아 즐거움을 맛보지만 바로 그 아이로 인해 다시 괴로움에 빠집니다. 이렇게 즐거움은 또 다른 괴로움의 원인입니다. 또한 괴로움 가운데에도 즐거움이 있습니다. 물건을 잃어버리고 괴로워하지만 잃었던 물건을 다시 찾으면 기쁨이 일어납니다. 잃어버리지 않았으면 찾는 기쁨도 없습니다. 괴롭기 때문에 또 즐거워질 수 있습니다. 고와 낙은 이렇듯 결코 따로 떼어낼 수 없습니다.

그런데 우리는 끝없이 이 둘을 떼어내려고 애씁니다. 즐거움만 있고 괴로움은 없기를 바랍니다. 하지만 즐거움을 취하면 괴로움은 필연적으로 따라옵니다. 괴로움은 버리고 즐거움만 취하는 것은 현실적으로 가능하지 않은 일입니다. 지금 즐거움에 빠져 있으나 그것은 곧 괴로움이 되며, 지금 괴롭다고 한탄하지만 그것은 다시 즐거움이 됩니다. 즐거움과 괴로움, 괴로움과 즐거움이 끝없이 되풀이되는 것이 윤회입니다. 그러므로 괴로움은 말할 것도 없고 즐거움마저도 본질을 꿰뚫어보면 괴로움일 뿐이니, 고苦와 낙樂이 모두 고입니다. 인생이 고라 함은 인생이 고락의 윤회輪廻라는 말입니다.

괴로움의
근본 원인

괴로움의 원인은 십이연기의 하나인 애, 즉 갈애와 혐오에 있습니다. 하고 싶다는 마음, 하기 싫다는 그 욕망이 원인입니다. 원하는 대로 되면 즐겁고, 원하는 대로 되지 않으면 괴롭습니다.

이처럼 고의 원인은 욕망이지만 보다 직접적인 원인은 집착이고, 더 근본적인 원인은 무지, 즉 무명이라 할 수 있습니다. 그러니 이 무지를 타파하면 괴로움이 소멸됩니다. 무지는 한 생각에 사로잡힐 때 일어납니다. 한 생각을 일으켜 거기에 사로잡히는 것이 무지이고 전도몽상입니다. 캄캄한 밤에 목이 말라 머리맡 바가지에 담긴 물을 마셨을 때는 그 맛이 달콤하기 이를 데 없었습니다. 아침에 눈을 뜨고 그것이 해골에 담긴 물이었음을 알았을 때, 순간 구역질이 났습니다.

같은 물이고 같은 바가지인데 어제와 오늘이 이렇듯 다른 이유는 무엇일까요? 더러움은 바가지에 있거나 물에 있는 것이 아니라 해골바가지라는 선입견에 사로잡힌 내 마음에서 일어난 것입니다. 더러움이 내 마음에 있다 함은 내가 더럽다는 한 생각을 불러일으키고 거기에 사로잡혀 있다는 말이에요. 내가 꿈속에 강도를 만들어놓고서 그 강도가 실제로 존재한다고 생각해 도망다녀야 하는 것과 같습니다. 내 마음이 지어놓은 것임에도 더럽다는 생각에 사로잡히니 해골이 더럽다, 물이 더럽다 하며 자신이 아닌 외부 세계를 탓하게 되는 것입니다.

우리 인생이 다 이와 같습니다. 우리가 괴로운 이유가 무엇입니까? 남편이 술을 먹고 와서 괴롭고, 아이가 공부를 하지 않아서 괴롭고, 아내가 잔소리해서 괴롭고, 시어머니가 참견해서 괴롭습니다. 괴로움의 원인이 모두 밖에 있다고 생각합니다. 그러나 누구 때문에, 무엇 때문에 괴롭다는 생각은 전도몽상입니다. 자기 마음에서 일으킨 것을 뒤집어서 바깥에다 책임을 전가하며 그것이 사실이라고 착각하고 있는 거예요.

책임을 바깥에다가 전가해 놓은 상태에서는 문제를 해결할 수 없습니다. 원인이 밖에 있으니 문제가 해결되려면 남편이 술을 먹지 않아야 하고 아이가 공부를 잘해야 하고 시어머니가 잔소리를 그만두어야 합니다. 외부의 원인들을 고쳐야 하는데,

외부 원인은 내가 아무리 노력해도 쉽게 고쳐지지 않습니다. 나도 나를 고치지 못하는데 어떻게 남을 내 맘대로 고칠 수 있겠어요? 원하는 대로 고쳐지지 않으니 무언가 절대적인 힘을 빌려야만 하고, 그러니 부처님을 찾고 하나님을 찾아가며 내 마음대로 이루어지기를 빌게 됩니다. 돈을 내라면 얼마든지 내고 절을 하라면 얼마든지 할 테니 제발 저 사람만 좀 고쳐주십사 빌고 빌다가, 어쩌다 우연히 바라는 대로 이루어지면 소원대로 되었다고 즐거워하고 가피를 입었다고 기뻐합니다. 그러나 이것은 다 꿈속의 얘기입니다. 원인은 바깥에 있는 것이 아니라 내 마음 가운데 있습니다.

그런데도 자꾸 바깥을 바라보면 문제의 근본을 볼 수 없습니다. 원인을 정확히 규명해야 합니다. 괴로움이 발생하는 지점으로부터 원인을 규명하는 과정이 십이연기입니다.

괴로움에서
벗어나기

십이연기의 과정을 통해 괴로움의 원인을 규명해 보면 모든 괴로움은 나의 무지에서 일어나고, 한순간에 사로잡힘으로 인한 착각에서 일어납니다. 따라서 착각에서 깨어나면, 사로잡힘에서 벗어나면, 깨달으면, 꿈에서 깨어나면 본래 괴로울 일이 없습니다. 이것이 멸滅입니다.

깨달음을 얻는 방법

그러면 어떻게 해야 깨달음을 얻을 수 있을 것인가 하는 실천 방법론이 바로 도道입니다.

고는 괴로움입니다. 삶은 고락이 윤회하는 '고'임을 정확히 파악해야 합니다. 병이 있다는 사실을 정확히 알아야 합니다. 집은 병의 원인이 무엇인지 그 원인을 정확하게 찾아내는 것이고, 그래서 병을 치료해서 완치한 것이 멸입니다. 건강했던 사람에게 병이 생겼다는 것은 무언가 문제가 있었다는 뜻이지요. 이제 병을 완치했으니 다시는 재발하지 않도록 꾸준히 재활 치료하는 것이 도입니다.

불법은 이렇게 합리적인 가르침입니다. 사성제四聖諦인 고집멸도苦集滅道를 무조건 외기만 할 일이 아니라, 늘 이러한 방식으로 사물을 탐구해야 합니다. 어떤 상황에서든 현재의 상황을 정확히 알고 그 현상의 원인을 진단하여 그 원인을 소멸하고 다시는 그런 원인이 생기지 않도록 실천해 나가야 하는 겁니다.

여기서 소승에서는 괴로움이 있어서 괴로움을 소멸한다는 입장이라면 대승은 본래 괴로워할 일이 없음을 알아야 한다는 관점입니다.

깨달음으로 가는
여덟 가지 바른 길

도에는 팔정도八正道가 있습니다. 말 그대로 여덟 가지 바른 길입니다.

첫째, 바르게 보아야 합니다(정견正見). 바르게 본다는 것은 사물을 있는 그대로 보는 것입니다. 착각하거나 환상에 사로잡히지 않고, 있는 사실 그대로를 보아야 합니다. 또 사성제의 원리를 분명히 파악해야 합니다. 둘째, 정사正思는 바른 사유입니다. 인과의 법칙을 알아 할 일과 하지 말아야 할 일을 분명히 아는 것입니다. 정견과 정사를 합하면 있는 그대로 보고 바르게 판단하는 것이니, 지혜라고 할 수 있습니다.

또 정어正語는 바른 말, 정업正業은 바른 행동, 정명正命은 바른 생을 의미합니다. 정어는 거짓말하지 않고 이간질하지 않고 아양 떨지 않고 욕설하지 않는 것입니다. 정업은 살생하지 않고 도둑질하지 않고 사음하지 않는 것, 방생하고 보시하며 청정하게 사는 것을 말합니다. 정명이란 삶의 수단이 정당해야 함을 말합니다. 매매춘을 하거나 노름을 하고 장물을 팔고 사주를 봐주고 남의 운명을 점쳐주는 등 이런 일들은 바른 생활자세라고 할 수 없습니다. 출가한 승려가 고행을 함으로써 사람들에게 신비감을 주어 보시를 받는 행동도 바른 삶의 자세가 아닙니다. 정어, 정업, 정명의 이 세 가지는 지계持戒, 즉 계율을 지키는 일에 속합니다.

정정진正精進은 바른 노력, 정념正念은 바르게 깨어있기, 정정正定은 바른 집중과 안정을 말합니다. 마음이 고요하고 평정한 상태를 정정이라고 하고, 뚜렷하게 알아차려 마음이 깨어있는 상태를 정념이라 합니다. 정정진은 깨어있는 상태를 지속적으로 유지할 수 있도록 꾸준히 연습하는 것입니다. 이 셋을 선정이라고 말합니다.

계를 지키고 선정을 닦아 지혜를 얻는 것이 팔정도로, 이는 깨달음의 길로 나아가는 수행법입니다.

7
소승과 대승이 한 길에서 만나리

無智 亦無得

고라 할 실체가 없으므로 고의 원인이라 할 것도 없으며, 고의 원인의 소멸이라 할 것도 없으며, 고의 소멸에 이르는 길이라고 할 것 또한 없습니다. 그러니 깨달음이라 할 것도 없고(無智) 깨달음을 얻었다 할 것도 없습니다(亦無得). 제법이 공한 차원에서 보면 괴로움의 실체가 없으므로 괴로움의 원인을 찾을 일도 없고, 괴로움을 소멸시킬 일도 없습니다. '깨달음이다', '깨달음을 얻는다' 그런 생각들도 다 번뇌에 불과합니다. 그마저 버려야 비로소 자유의 문이 열립니다.

불법을 공부하는 이들 중에는 '깨달음'이라는 도그마, '깨달음을 얻는다'는 도그마에 사로잡혀서 그걸 얻겠다고 안달하는 사람이 많습니다. 돈 못 벌어서 한탄하고, 출세 못 해서 한탄하고, 명예를 못 얻어서 한탄하는 것처럼 도를 못 얻었다고 한탄합니다. 도를 얻지 못해 한탄한다면 그것은 도의 도그마이지, 도가 아닙니다. 그런데도 우리는 돈을 벌어야 된다는 환영에 평생을 바치는 것과 똑같이, 깨달음이라는 환영에 사로잡혀서 평생 전전긍긍합니다. 자유롭기 위해서 도를 닦으면서 도를 얻지 못했다고 괴로워하는 자기모순을 인식하지 못하는 겁니다. 도와 돈은 정반대의 영역 같아 보이지만 얻으려 하는 대상이라는 점에서는 다 같은 것입니다.

『반야심경』에서는 깨달음이라는 실체를 정해놓고 그것을 얻으려고 하는 생각을 부정합니다. 고집멸도의 사성제가 허위라는 뜻이 아니라 '이것이 진리다'라고 규정짓는 오류를 비판하는 것입니다. 깨달음에 어떤 실체가 있어서 얻을 수 있다는 생각은 무아의 근본 가르침에 맞지 않습니다. 사람들은 늘 무언가를 얻으려고 하지만, 참자유와 참행복은 움켜쥐는 것이 아니라 이제까지 움켜쥐고 있던 것들을 놓아버리는 데 있습니다.

착각에서 깨어나는 것이 깨달음입니다. 다이아몬드같이 반짝반짝 빛나는 불성이 있다는 생각으로 진아眞我를 찾으려 하는 것은 유아有我 사상으로, 무아의 가르침에 어긋나는 것입니다. 깨달음에 실체가 있다는 생각은 착각이에요. 깨달음이라 할 것도 없고, 깨달음을 얻었다 할 것도 없습니다. 자신의 어리석음을 깨우치고 한 생각 사로잡힌 데서 벗어나면 그것이 곧 깨달음입니다.

『금강경』에 '범소유상凡所有相 개시허망皆是虛妄'이라는 구절이 있습니다. 상相이 있는 것은 다 허망하다, 텅 비어 실체가 없다는 뜻입니다. '일체유위법一切有爲法 여몽환포영如夢幻泡影 여로역여전如露亦如電'이라고도 했습니다. 상相이 있는 모든 것은 꿈과 같고 꼭두각시와 같고 물거품과 같고 그림자와 같으며, 또한 이슬과 같고 번개와 같다는 뜻입니다. 꿈과 환영과 물거품과 그림자는 실재하는 것처럼 보이지만 실상은 어떤 실체도 없습니다. 아침 이슬과 번갯불은 있는 듯하지만 순식간에 사라지고 맙니다. 무아와 무상에 대한 비유입니다.

실체가 존재하는 줄 알지만, 자세히 보면 텅 비어 어떤 실체도 존재하지 않습니다. 약견제상若見諸相 비상非相 즉견여래卽見如來라고 했습니다. '모든 상相이 상 아님을 본다면 곧 부처를 보는 것'이라는 뜻입니다. 실체가 있는 줄 알았던 모든 것이 사실은 텅 비어 실체 없음을 안다면 그것이 곧 깨달음이라는 것입니다. 깨달음은 움켜쥐고 있던 것들을 놓아버리는 바로 그 자리에 있습니다. 내 것이라 생각했지만 알고 보면 내 것이 아니기 때문에 집착할 바가 없습니다. 또한 나라고 생각했지만, 알고 보면 나라고 할 게 없으니 집착할 바가 없습니다. 내가 옳다고 고집했지만 알고 보면 옳다고 할 것이 없으니 집착할 바가 없습니다. 무아, 무소유, 무아집의 도리를 깨치면 집착을 내려놓고 자유와 행복을 얻게 됩니다. 삶이 괴로운 이유는 나라는 존재에, 내 것에, 내가 옳다는 생각에 집착하기 때문이에요.

부지런히 수행하는데도 오히려 더 괴롭다면 수행이라는 또 다른 상을 움켜쥐고 있기 때문입니다. 절하고 염불하고 명상하는 게 수행이 아닙니다. 괴로움의 본질을 꿰뚫어서 집착을 내려놓아야 자유로운 삶의 길이 열립니다. 도를 얻으려고 수십 년간 수행했는데 아직도 도를 못 얻었다고 괴로워한다면 돈이나 명예, 권력을 갖지 못해 괴로워하는 것과 다를 게 없습니다. 말만 다를 뿐이에요. 얻으려고 하는 마음에서 고뇌가 생깁니다. 밖으로 향한 시선을 안으로 거둬들여서 더 이상 구할 것 없는 것이 도인 줄을 알아야 합니다.

산꼭대기에 올라가서 봐라

"서울에 가려면 어디로 갑니까?" 하면 그냥 "동쪽으로 가면 된다"고 말하지 않습니다. 인천에 있는 사람에게는 동쪽이고, 수원에 있는 사람에게는 북쪽이고, 춘천에 있는 사람에게는 서쪽이 됩니다. 서 있는 위치에 따라, 방향이 달라지는데 가는 방향에 높고 낮음이 없습니다. 의사는 병에 따라 처방을 내리는데 다 고칠 수 있는 의사에게는 중병, 가벼운 병이 따로 없다는 말과 같아요.

산을 비유로 들어볼까요? 밑에서 쳐다볼 때 꼭대기가 보이는 산도 있지만 앞산에 가려서 진짜 높은 봉우리가 안 보이는 경우도 있어요. 앞산 꼭대기에 올라가 보면 그 뒤에 더 높은 산꼭대기가 있는 경우가 많습니다. 자, 이런 경우에 어떤 사람이 그 산 아래 마을에서 태어나서 마을 밖으로 나가본 적이 한 번도 없다고 가정해봅시다.

부처님이 "저 산봉우리에 한번 올라가 봐라" 하신 것은 높이 가보면 더 넓은 세상이 보이니, 넓은 세상에서 보면 이게 옳으니 그르니 안 따져도 저절로 해결이 된다는 거지요. 거기 있는 사람들 눈에 높게 보이는 게 앞산 봉우리니까 "저기 한번 가봐라. 저기 가면 생각이 달라진다" 이렇게 말씀하신 겁니다. 거기 올라가서 내려다보면 고뇌와 분별이 다 해결되겠죠.

그런데 거기 올라가 보니까 더 높은 봉우리가 뒤쪽에 있는 겁니다. 그러면 더 높은 산꼭대기까지 올라가야 할까요, 아니면

이 산이라고 말씀하셨으니까 밑에서 보이는 이 산꼭대기에 올라간 것으로 끝내야 할까요? 더 올라가야 되겠지요. 그런데 우리는 "부처님이 이 봉우리를 가리켰어" 하면서 산 아래에서 보이는 봉우리에 집착할 위험이 있어요. 손으로 달을 가리키면 달은 안 보고 손가락 끝만 보듯이 이 봉우리에 집착합니다. 이게 바로 문자에 집착하는 거예요. 이렇게 되면 소승이 되는 겁니다. 문자에 집착하면 소승이 된다 이 말입니다.

대승경전은 누구에게 필요한 것입니까? 소승에게 필요한 거예요. 즉 자기 생각은 버렸는데 법에 집착하는 소승을 위해 설해진 것입니다. 그러면 소승인 사람의 병을 고치려면 어떻게 해야 되겠어요? "손가락 끝은 보지 말고 그 손가락이 가리키는 곳을 보라" 이렇게 말을 해야 하겠지요. 이 경은 법집을 가진 소승에게 그걸 버리고 진리를 보도록 하기 위해서 설해진 것입니다.

소승이 법집을 일으킨 것을 비유를 들어 설명하면, 산 중턱에 딱 앉아서 "여기서 세상 다 보인다" 한 거예요. 중턱에 있으면 산 아래에 있는 것보단 확실히 많이 보이죠. 중생보다는 낫습니다. 그러나 전체 세상 중 2분의 1만 보여요. 산 뒤는 큰 봉우리에 가려 안 보인단 말이에요. 그러니까 이것은 해탈의 경지가 아닌 거예요. 그러니 자연히 "이 봉우리가 아니고 저 봉우리다" 하고 말해야 하는 거지요. 부처님이 저 산봉우리에 올라가 보라고 손으로 가리켰는데 '저 산이 눈앞에 보이는 이 산이 아니고 이 산 위에 있는 더 높은 저 산이다'라고 가르쳐야 하는 거예요. 마치 대승경전은 소승경전을 비판하는 것처럼 보이지만 그게 아닙니다. 부처님의 말씀을 잘못 이해한 사람을 비판하는 것입니다. 오온설이 틀렸다는 말이 아니라 오온설을 잘못 이해했다는 거예요. 오온설이 진리라고 믿고 있는 사람에게 '잘못 이해했다'고 하면 해석을 두고 또 다투게 되잖아요. 그래서 오온 자체를 부정해 버린 겁니다. "오온이라 할 것도 없는 거야" 하고 말이지요.

그러니 소승은 틀린 것이고 대승만 옳다고 해서는 안 됩니다. 부처님의 근본 가르침이 문자에 집착해서 잘못 이해되고 있는 것을 부정하면서 더 바르게 가도록 한 것이 대승의 가르침입니다. 그러니까 소승은 틀리고 대승이 옳다고 하거나 대승은 높고 소승은 낮다고 이해해서는 안 됩니다. 부처님의 가르침은 대승·소승을 떠나서 있습니다.

모두
성불의 길

　경전을 공부한 스님은 대중들에게 이렇게 설법합니다. "불자들은 신행을 부처님 말씀에 근거해야 합니다. 자기 생각대로 멋대로 말하지 말고, 경전에 근거해서 불교를 말해야 합니다." 맞는 말씀입니다. 선불교를 공부한 스님은 "문자로는 진리를 검증할 수가 없다. 제 마음을 깨달아야 합니다"라고 해요. 이러면 듣는 사람은 헷갈리지요. 또 『화엄경』을 공부한 분은 이렇게 말합니다. "일체가 유심소조이니 극락도 천당도 다 내 마음 가운데 있습니다." 또 『정토삼부경』을 공부한 분은 "극락은 저 서방정토에 분명히 있습니다"라고 합니다. 이러면 헷갈리기 쉽지요. 그런데 불법을 제대로 이해했으면 '아, 저 스님은 저 경전을 공부해서 저렇게 말씀하시는구나' 이렇게 바로 알아듣습니다. '이 스님은 저 동네 분이구나' 이렇게 딱 알아서 '안 그래도 그 동네 얘기 듣고 싶었는데 그 동네 얘기 한번 잘 들어보자' 이렇게 생각하게 됩니다.

　어떤 사람이 음식 얘기를 하면서 한식이 맛있고 한식이 좋다하면 '저 사람은 한식 전문가구나' 하면 됩니다. 양식이 좋고 한식은 문제가 있다고 얘기하는 사람이 있을 때, '저 사람은 양식을 전문으로 하는 사람이구나. 그 얘기 좀 들어보자' 이러면 누구 얘기를 들어도 헷갈리지 않고 더 풍부해집니다. '아, 이 스님은 저 분야 전공이구나. 저 분야에서는 나보다 확실히 더 많이 아시는구나' 이렇게 생각하고 존경하게 되기도 합니다.

그런데 저 스님은 왜 저렇게 말하고 이 스님은 왜 이렇게 말하는지 불교는 헷갈리고 복잡해서 이해하기 힘들다고 하거나 저 스님은 틀렸다, 이 스님이 옳다 이러면 안 됩니다.

불교의 근본정신이 있느냐 없느냐

『반야심경』은 대승경전 중에도 초기 대승경전인 반야부 계통의 경전입니다. 『반야심경』은 소승의 법집을 타파하는 역할을 합니다. 그러다 보니 소승의 가르침을 부정하는 것처럼 보입니다. 그런데 잘못된 것만 부정해야지 무조건 다 부정하면 안 되잖아요? 바르게만 보면 소승에도, 대승에도 다 해탈의 길이 있습니다.

그래서 중기 대승으로 가면 소승까지 다 포용합니다. 그러니까 성문승·연각승은 틀렸고 보살승만 성불한다고 하다가 『법화경』에 가면 성문·연각·보살도 다 성불의 길이라고 합니다. 성불의 길은 한 가지만 있는 게 아니라 세 가지가 있는데 성문은 혼자 타고 가는 오토바이이고, 연각은 2~3명 타는 승용차이고, 대승은 수십 명 타는 관광버스인 셈이지요.

결국 성문이니 연각이니 보살이니 따로 있는 게 아니라 다 부처 되자는 얘기예요. 부처님의 모든 가르침은 오직 일불승, 즉 부처 되는 길 하나밖에 없다고 합니다. 삼승은 다 부처 되는 한 가지 일불승을 말하는 것입니다. 중생의 근기에 따라 설한 내용이 다를 뿐 혼자 가기를 좋아하는 사람에게는 부처님이 자가용을 줬고, 같이 타고 가기를 즐기는 사람에게 버스를 내줘서 포용했다는 말입니다.

이렇게 인식이 바로잡히면 어느 절에 가서 어떤 법문을 들어도 좋아요. 무당 굿 비슷한 행사를 하는 절에 가면 '우리 불법이 토착화하는 과정에서 토속 신앙을 포용하다 보니 민속 신앙과 많이 뒤섞였구나'라고 하면 됩니다. 우리나라 스님들이 인도 가서 밀교를 보면 불교가 아니라고 손가락질하며 비판하는 경우가 많아요. 인도의 전통 문화와 결합해서 우리 눈에는 이상하게 보이는 거죠. 일본에 가보면 불교가 일본 전통 신앙과 결합해서 또 이상해 보이겠죠. 그런데 남방불교 사람이 볼 때는 선불교가 완전히 도교와 결합한 것처럼 보입니다. 불법을 제대로 이해하려면 부처님이 설하신 근본정신이 있는지, 중도와 연기에 대한 올바른 인식이 있는지 이런 것을 봐야 합니다.

제4장

대
승
보
살
의
수
행

이무소득고 보리살타 의반야바라밀다고 심무가애 무가애고
以無所得故 菩提薩埵 依般若波羅蜜多故 心無罣碍 無罣碍故

무유공포 원리전도몽상 구경열반 삼세제불 의반야바라밀다고
無有恐怖 遠離顚倒夢想 究竟涅槃 三世諸佛 依般若波羅蜜多故

득아뇩다라삼먁삼보리 고지 반야바라밀다 시대신주 시대명주
得阿耨多羅三藐三菩提 故知 般若波羅蜜多 是大神呪 是大明呪

시무상주 시무등등주 능제일체고 진실불허
是無上呪 是無等等呪 能除一切苦 眞實不虛

1
얻을 바가 없으므로

以無所得故

우리는 항상 무엇인가를 얻고 싶어 합니다. 재물을 얻으려고 하고 또 권력을 얻으려고 합니다. 어떤 사람은 "야, 재물이나 권력 그런 건 하찮은 거야. 호랑이는 죽어서 가죽을 남기듯이 사람은 죽어서 이름을 남기니까 명예가 더 소중해"라거나 "명예도 필요 없어, 도를 얻어야지" 하며 도를 구하는 사람도 있어요.

돈을 얻으려고 하는 사람은 자기 원하는 만큼 돈을 얻지 못하면 신세를 한탄해요. "세월은 흐르고 나이는 들고 돈은 벌리지 않고 나는 인생을 허송세월했다." 권력을 얻으려는 사람은 세월이 흘렀는데도 국회의원이 못 되고 장관이 못 되면 한탄을 하지요. 명예를 얻으려는 사람도 명예를 얻기는커녕 이름이 더럽혀지거나 비난을 받으면 세상을 한탄하게 됩니다. 또 깊은 산속에 가서 갖가지 고행을 했는데 도를 깨치지 못하면 인생을 후회합니다. '이럴 줄 알았으면 장가나 갈걸. 이럴 줄 알았으면 다른 일을 할걸' 하고요. 왜 그럴까요? 얻으려고 하는 것은 돈이든 권력이든 명예든 도든 얻으려 하는 순간 고뇌가 생깁니다. 얻으려는 생각을 놓아버려야 괴로움과 번뇌가 사라집니다. 그러므로 수행자는 한 법도 얻을 바가 없는 줄 알아야 해탈과 열반에 이를 수 있습니다.

2
반야바라밀다 수행

菩提薩埵 依般若波羅蜜多故

 사실 '보리살타' 앞에 '제대諸大' 또는 '제諸(모든)'가 붙어야 됩니다. 관자재보살만이 아니라 모든 보살은 반야바라밀다에 의지한다는 뜻입니다. 반야바라밀다에 의지한다는 것은 반야바라밀다 수행을 한다는 말입니다.

 앞에서는 관자재보살이 반야바라밀다 수행을 통하여 제법이 공함을 깨우치고 모든 괴로움에서 벗어났음을 말하고, 여기서는 대승의 모든 보살들도 반야바라밀다 수행을 통해서 제법이 공함을 깨우친 까닭에 마음에 장애가 없어졌고, 마음에 장애가 없는 까닭에 마음에 두려움이 없어져 뒤바뀐 잘못된 생각을 멀리 떠나 마침내 괴로움이 없는 열반에 이르렀음을 강조하고 있습니다.

3

바람이 그물에 걸림이 없는 것처럼

心無罣碍 無罣碍故 無有恐怖

사람은 누구나 놀라면 실수를 하기가 쉽습니다. 또 욕심에 눈이 가려서, 화가 나면 눈에 보이는 것이 없어서, 놀라서, 정신이 없으면 헛것을 보게 됩니다. 그런데 '아무것도 얻을 것이 없음을 알기에 보살은 마음에 걸릴 것이 없고, 마음에 걸릴 것이 없으므로 마음에 두려움이 없습니다.' 마음에 두려움이 없다는 것은 마음이 고요하다는 말입니다.

우리는 경계에 부딪칠 때마다 마음이 들뜨고 두려움이 생기는데 그것은 무엇인가 얻으려고 하기 때문이에요. 아무것도 얻을 생각이 없이 절에 왔다면, 스님이 법문하면 법문 듣고, 불공하면 같이 불공하고, 연등 만들면 앉아서 연등 만들고, 밥 주면 밥 먹고, 잠잘 때는 잠자면 되겠죠. 어떻게 그렇게 하느냐고요? 아무것도 얻으려는 생각이 없으니 그렇게 되죠. 그런데 만약 뭔가 얻으려고 왔다면, 즉 법문을 들으려고 왔는데 법문을 안 하면 불만이 생기겠지요. 자기는 기도하러 왔는데 기도는 안 하고 일만 하면 짜증이 나겠지요. 자기는 수행하러 왔는데 연등 만들라고 하면 짜증이 나겠죠.

얻으려고 하면 무엇인가 마음에 걸림이 생기게 됩니다. 얻으려는 생각이 없으면 마치 바람이 그물에 걸림이 없는 것처럼 그냥 통과합니다. 얻으려는 게 없다고 하면, "아무런 목적의식 없이 어떻게 삽니까?" 하고 묻는 사람이 많습니다. 목적의식이 없는 것이 아니라 무엇을 얻어야 한다는 집착이 없으면 인연을 따라 적응하므로 바로 해탈의 길로 갑니다. 중생은 욕망에 집착하므로 중생의 삶에서 벗어나기가 어려운 겁니다.

4
뒤바뀐 헛된 생각을 멀리 떠나

遠離顚倒夢想 究竟涅槃

전도顚倒는 거꾸로 됐다는 말이고 몽상夢想은 꿈속의 생각을 말합니다. 쥐가 쥐약을 좋은 음식으로 알고 먹는 것처럼 거꾸로 아는 것을 전도라고 하고, 없는 것을 있다고 착각하는 것을 몽상이라고 표현했습니다. 멀리 떠난다(遠離)는 말은 제법이 공함을 깨쳤다는 뜻입니다. 앞에서 설명한 조견오온개공이란 말과 결국은 같은 내용입니다.

얻으려는 생각이 없는 마음은 바람처럼 아무 걸림 없이 움직입니다. 환상에서 벗어난 그 자리, 전도몽상에서 벗어난 그 자리가 깨달음입니다. 헛것을 있는 것으로 보는 착각으로부터 깨어나면 괴로움이 없는 열반에 이르게 됩니다.

5
위없는 깨달음

三世諸佛 依般若波羅蜜多故 得阿耨多羅三藐三菩提

삼세三世는 과거세·현재세·미래세를 통칭하는 말이고, 시방十方은 동서남북 사방과 그 사이에 있는 북동·북서·남동·남서 사유四維와 상하上下를 합쳐서 부르는 말입니다. 우주는 아무것도 없는 텅 빈 데서 이루어져서(成) 머무르다가(住) 흩어지고(壞) 사라집니다(空). 과거세에도 현재세에도 미래세에도 우주는 어김없이 성주괴공의 과정을 되풀이합니다. 인도의 우주관에서는 성주괴공하는 과거세의 긴 세월을 과거 장엄겁莊嚴劫이라 하고, 현재세를 현재 현겁賢劫, 미래세를 미래 성수겁星宿劫 또는 성숙겁이라 합니다. 그 가운데 우주가 머무르는 주겁에 생명이 태어나고 인간이 태어나고 부처님도 출현한다고 합니다.

과거 장엄겁에는 1,000분의 부처님이 출현했다고 합니다. 현재 현겁에는 이미 네 부처님이 출현했는데, 석가모니 부처님이 네 번째 부처님이고, 다섯 번째 출현하실 부처님이 미륵 부처님입니다. 앞으로 995분의 부처님이 더 출현해서 현겁에서도 1,000분의 부처님이 출현하고, 또 미래 성수겁에도 1,000분의 부처님이 출현하신다고 합니다.

그런데 같은 현재세라도 우리와 다른 타방 세계에 계시는 부처님도 있습니다. 서방정토 극락세계의 아미타 부처님, 동방정토 유리광세계의 약사여래 부처님 등이 그렇습니다. 이렇게 삼세의 모든 부처님과 시방의 모든 부처님을 합해서 시방삼세제불十方三世諸佛이라고 부릅니다. 삼세제불三世諸佛의 본딧말입니다. 모든 부처님을 통칭하는 말이죠.

아뇩다라삼먁삼보리阿耨多羅三藐三菩提는 산스크리트어를 음역한 말로, 의역하면 무상정등정각無上正等正覺이 됩니다. 무상無上은 그보다 더 높은 것이 없다는 뜻이고, 정등정각正等正覺은 바르고 평등한 깨달음이라는 뜻입니다. 바르다는 것은 객관적으로 타당하다는 뜻이고, 평등하다는 것은 모든 사람에게 두루 적용되는 보편성을 말하지요. 객관적인 타당성과 차별 없는 보편성은 진리의 두 가지 조건인데, 정등정각은 보편타당한 깨달음이란 뜻으로 그 가운데서도 이보다 더 높을 수 없는 최고의 깨달음이 바로 무상정등정각입니다. 그러니까 모든 대승 보살은 물론이고 모든 부처님까지도 반야바라밀다 수행을 통해서 무상정등정각, 곧 위없는 깨달음을 얻는다는 말입니다. 그러니 반야바라밀다 수행이야말로 그 어떤 수행보다 위대한 수행법, 최고의 수행법임을 다시 한번 강조하는 구절입니다.

6

기적을 일으키는 간절한 마음

故知 般若波羅蜜多 是大神呪 是大明呪 是無上呪 是無等等呪

대승의 모든 보살들이 이 반야바라밀다 수행을 통하여 마침
내 열반에 이르렀고, 시방삼세의 모든 부처님들도 이 반야바라
밀다를 행하여 아뇩다라삼먁삼보리를 얻었으니(三世諸佛 依般若
波羅蜜多故 得阿耨多羅三貌三菩提), 반야바라밀다를 수행하는 것은
가장 신비한 주문(故知 般若波羅蜜多 是大神呪)입니다. 신비함이란
기적이 나타남을 말하므로, 반야바라밀다는 그 어떤 믿음보다
더 큰 기적을 불러오는 가르침이란 뜻입니다.

또한 반야바라밀다는 이 세상의 그 어떤 앎보다 더 밝은 가
르침(是大明呪)이며, 가장 높은 실천의 가르침(是無上呪)입니다. 깨
달음을 통하여 모든 괴로움에서 벗어나는 반야의 행이야말로

실천 가운데 가장 높은 실천입니다.

시무등등주是無等等呪는 무엇과도 비교할 바가 없는 경지를 말합니다. 우리는 항상 누가 더 돈이 많은지를 비교하고, 누구의 신통이 더 큰지를 비교하고, 누가 더 높은 도를 이루는지를 비교합니다. 그러나 반야바라밀의 이 깨달음은 무엇과도 비교할 수 없는 높은 깨달음입니다.

천상천하무여불天上天下無如佛이니 하늘 위 하늘 아래 신들과 인간계를 통틀어 부처님과 비교될 만한 존재가 없는 것처럼, 종교적인 체험과 수행으로 그 어떤 궁극의 도를 얻었다 해도 반야바라밀을 증득한 것과 비교할 수는 없다는 뜻입니다.

신해행증信解行證

그러므로 '시대신주是大神呪 시대명주是大明呪 시무상주是無上呪 시무등등주是無等等呪'의 네 가지는 반야바라밀다의 위대함을 밝히고 강조하는 것입니다. 바꾸어 말하면, 우리가 진리로 나아가는 데 신해행증信解行證의 네 가지가 필요합니다.

첫째, 신信은 믿음입니다. 수행을 통해 진리로 나아가기 위해서는 먼저 굳건한 믿음이 기초가 되어야 합니다. 진실한 믿음은 기적을 이루어냅니다.

둘째, 해解는 올바른 앎, 밝고 환한 앎을 말합니다. 믿음만 클 뿐 어리석음에 갇혀 있다면 그 믿음은 맹신, 눈이 없는 믿음이며 미신, 어리석은 믿음이 되기 쉬워요. 아무리 성능 좋은 자동차를 타고 있다 하더라도 길을 잘못 들거나 운전이 서툴다면 큰 사고를 불러일으키는 것과 같습니다. 올바른 앎이 있어야 합니다. 믿음만 중요시하고 앎을 가볍게 여기면 맹신이나 미신에 머물게 되고, 반대로 앎만 중시하여 믿음이 없다면 그것은 지식이나 철학이 됩니다. 굳건한 믿음과 올바른 이해가 함께 이루어져야만 그것이 바른 믿음이고 바른 앎이라 할 수 있습니다.

셋째, 행行은 실천입니다. 굳건한 믿음과 올바른 앎이 있더라도 실제로 행동하는 실천이 따라야만 합니다. 실천 없는 앎은 생각 속에서만 헤매며 상을 짓는 사량분별思量分別에 불과합니다. 단순히 내 눈에 보이는 것만 가지고 머리를 굴리는 것을 '사량분별'이라고 표현하는 겁니다.

마지막으로, 증證은 진리의 증득입니다. 열심히 일을 하고 나서도 아무 성과를 내지 못하면 그 의미가 축소되는 것처럼, 부지런히 실천하면서도 깨달음을 증득하지 못하면 큰 이익은 얻지 못합니다. 실천을 통해 진리를 체험해야 합니다. 그러므로 굳건한 믿음과 올바른 이해와 높은 실천과 진리의 체득이 있어야만 참된 진리라 할 수 있습니다.

가장 신비로운
주문

주呪는 인도 말의 '다라니dhāranī'로, 직역하면 진언眞言, 즉 진실한 말씀입니다. 부처님의 말씀은 우리를 괴로움에서 벗어나게 하고, 모든 번뇌를 여의게 하며, 이 세상의 그 어떤 말보다도 진실하므로 '진언'이라 일컬어집니다. 주술적인 의미의 주문呪文이 아니라, 우리를 모든 고뇌에서 벗어나게 하고 꿈에서 깨어나게 하는 참으로 진실한 말씀이라는 뜻입니다.

간절히 성취하고자 하는 바가 있으나 사람의 힘으로는 도저히 불가능한 일인 듯 보일 때가 있지요? 병이 들어 의사를 찾아갔는데 치료할 길이 없다는 진단을 들으면 사람의 힘으로는 더이상은 어찌할 방법이 없습니다. 심각한 자연재해도 사람이 막을 도리가 없습니다. 바로 이런 때, 기적이 필요합니다. 기적은 불가능한 것을 가능하게 합니다. 신비함이란 기적이 나타나는 것으로, 생각지도 못할 기적을 불러오는 것은 하늘도 감동시키는 진실한 믿음입니다. 옛말에 지극한 기도에는 천지신명이 감동한다고 했습니다. 기적을 이루고자 하면 그만큼 간절한 믿음이 있어야 하는 겁니다.

날마다 108배를 해서 자식이 좋은 대학에 갈 수 있다면 대부분 그 정도쯤이야 할 수 있겠지만, 매일 3,000배를 해야 한다면 그것을 해내는 사람은 많지 않습니다. 부지런히 공부하지 않고 좋은 대학 가기를 바라거나, 복권이 당첨되어 하루아침에 부자 되기를 바라는 것은 좀 더 편하게 살고자 하는 욕심입니다. 욕심으로 하는 기도는 참으로 간절한 기도가 될 수 없어요. 욕심에는 죽을 고생을 하더라도 이루겠다 하는 간절함이 없지요. 욕심에서 비롯된 기도가 이루어지지 않는 이유는 그것이 올바르지 않기 때문이기도 하지만, 사실 진정으로 간절해지기가 어렵기 때문입니다.

기적을 일으키는 간절한 마음

옛날 이야기를 예로 들어보겠습니다. 부모가 병이 났습니다. 명의가 와서 진찰하고 온갖 약을 처방해도 효험이 없어요. 옛적에는 병든 부모를 간호할 책임이 누구보다 맏아들에게 있었습니다. 그런데 옛이야기를 보면, 온 가족이 모두 치료를 포기하려고 할 때쯤 막내아들이나 딸이 앞에 나서 부모를 살려달라고 의사에게 매달려요. 의사는 100년 묵은 산삼이나 눈 속에 꽃이 피는 약초같이 현실적으로 불가능한 방법을 제시하며 그것만이 부모를 살릴 수 있다고 말합니다. 막내딸은 계곡을 건너고 산을 넘고 숲속을 헤매 눈 속에 꽃이 핀 약초를 구해와서 부모의 목숨을 살리게 됩니다.

왜 이런 이야기들이 생겨났을까요? 부모의 병구완은 현실적으로 막내딸이 책임져야 할 일이 아니었습니다. 그럼에도 불구하고 온갖 어려움을 겪으며 오직 부모를 살리겠다는 일념으로 간절히 노력하니 기적이 일어난 거예요. 천지신명이 감동했습니다. 기적은 이렇게 일어납니다. 간절해지면 욕심은 사라집니다. '나'라는 고집도 없어지고 이룰 수 있을까 의심하는 마음도 없어집니다. 모두 안 된다고 말하는데도 반드시 이루어지리라 믿고 노력하니 끝내는 이루어질 수밖에 없습니다.

안 될 수도 있다는 생각은 아예 하지 않는 그것이 간절함입니다. 우리 조상들이 기도할 때, 목욕재계하고 음식을 삼가고 부부관계도 삼간 것은 정성을 기울인 간절한 마음을 갖기 위해서지요. 추운 겨울에 목욕재계를 하거나 금식을 하거나 부부가 한방을 쓰지 않아야만 기도가 성취되는 것은 아닙니다. 그런데도 이렇게 하는 것은 자신의 소원을 성취하기 위해서는 자기의 모든 것, 모든 욕구를 내려놓는 간절한 마음이 있어야 한다는 것이지요. 자기 카르마로부터 해방되면 욕심에서 비롯된 번뇌가 걷히고, 마음 깊은 곳에 있는 순수의식이 일어납니다.

순수의식은 깊은 무의식의 세계에 자리합니다. 신의 소리라거나 하나님의 계시라거나 신령의 도움이라는 것들은 대부분 마음 깊숙이 자리한 순수의식, 선의지가 의식의 표면으로 올라오는 현상입니다. 순수의식이 의식 위로 떠오르려면 잡다한 번뇌와 욕심이 사라져야 합니다. 불평과 불만과 미움이 모두 사라지게 됩니다. 무당이 굿을 할 때 도끼날 위에서 맨발로 펄쩍펄쩍 뛰어다녀도 상처 하나 생기지 않는 것은 그가 무의식의 세계에 들어갔기 때문입니다. 의식적으로 노력해서는 불가능한 일이지요. 순수 무의식의 상태여야 우리가 상상할 수 없는 기적이 일어납니다.

간절한 마음이란 이토록 중요합니다. 그런데 마음에 탐심貪心, 진심瞋心, 치심癡心의 세 가지 독성이 끼어들면 독심毒心이 됩니다. 맑고 깨끗한 물에 독이 퍼지면 감로수도 독약이 되어 사람을 해치듯이, 삼독심三毒心은 우리를 괴로움에 빠뜨립니다. 삼독심에 물들면 진리를 믿지 못하고 이해하지 못하고 실천하지 않습니다. 쥐가 쥐약을 먹듯이 순간적인 쾌락에 빠져서 스스로 고통을 자초하지요. 쥐약을 먹은 뒤에 괴롭다고 아무리 아우성을 쳐도 이미 모든 것은 자기의 어리석은 행동에 따른 과보이니 남을 탓할 데가 없습니다. 괴로움에서 벗어나는 길은 그 어리석음을 없애는 것뿐입니다.

깨달음은
최고의 기적을 일으킨다

부처님께서 늙고 병든 몸을 이끌고 이동하는 중에 심한 가뭄을 만났습니다. 가뭄이 너무 심해서 밥을 얻기가 어려울 정도였습니다. 그때 천민인 대장장이의 아들 춘다가 부처님의 설법을 듣고 감동하여 부처님 일행을 식사에 초대했습니다. 아난다는 부처님께서 춘다의 초대를 승낙하시는 것에 반대했습니다. 춘다는 가난한 천민이어서 대중을 위해 공양을 준비할 형편이 못 된다고 생각했기 때문입니다.

하지만 부처님께서는 "아난다여, 걱정 마라. 춘다는 능히 공양을 준비할 것이다"라고 하셨습니다. 이튿날 아침, 춘다는 부처님의 말씀대로 음식을 모두 준비해 놓아서 대중들을 깜짝 놀라게 했습니다. 당시 사회 상황과 춘다의 처지를 생각한다면 그것은 기적이었습니다.

공양이 시작되었습니다. 부처님께서는 스카라맛다바라는 음식을 공양받으면서 "비구들에게는 이 음식을 주지 마라. 보통 사람들은 이 음식을 소화하기 어려우니라. 땅을 파고 이것을 묻어라. 누구도 먹어서는 안 된다"고 춘다에게 말씀하셨습니다. 춘다는 부처님께서 시키는 대로 했습니다. 하지만 부처님께서는 홀로 그 음식을 드신 후 배가 몹시 아팠습니다. 그러나 그 통증을 지그시 누르시고 대중을 이끌고 길을 떠났습니다. 얼마를 걸은 후에는 피가 섞인 설사를 했습니다. 물을 드시고 쉬었다 가기를 여러 번 반복하다가 카쿠타강에 이르러 목욕을 하시고 강가의 망고나무 그늘에 누웠습니다.

부처님께서 극심한 육체적 고통에 시달리시니 "춘다는 부처님께 공양을 올렸지만 아무런 공덕이 없다"는 쑥덕거림이 대중들 사이에 일었습니다. 춘다가 음식을 잘못 올려서 결국 부처님이 병으로 돌아가시게 되었으므로 이것은 다 춘다의 책임이고, 춘다는 공덕은커녕 마땅히 벌을 받을 것이라고 했습니다. 그런 비난의 소리를 듣자 춘다는 한없이 괴로워했습니다.

부처님께서는 심한 통증에 시달리면서도 춘다의 괴로움을 염려해 아난다에게 물으셨습니다.

"아난다여, 춘다는 지금 어떠한가?"

"춘다는 심히 괴로워하고 있습니다. 자신이 올린 공양 때문에 부처님이 병이 나셨으니 몸 둘 바를 모르고 있습니다. 대중들도 춘다를 비난하고 있습니다."

부처님께서는 아난다를 가까이 부른 후 다시 물었습니다.

"아난다여, 이 세상에서 공양 가운데 그 공덕이 가장 큰 공양이 무엇이겠느냐?"

"부처님께 올리는 공양입니다."

"그렇다. 아난다여, 부처님께 올리는 공양 가운데서도 최고의 공덕이 있는 공양은 두 가지가 있다. 하나는 여래가 깨달음을 얻기 직전의 마지막 공양이고 다른 하나는 여래가 열반에 들기 직전의 마지막 공양이다."

부처님의 이 한마디 말씀으로 춘다는 부처님께서 열반하시기 전의 마지막 공양을 올린 사람, 가장 위대한 공양을 올린 자가 되었습니다. 부처님이 성도하시기 전에 공양을 올린 수자타와 같은 대공덕주가 되었습니다. 대중들의 비난이 한순간에 사라졌고 춘다의 얼굴이 밝아졌습니다. 그로부터 2,500년이 지난 지금까지도 우리는 춘다의 마지막 공양을 찬미하고 있습니다.

그 순간의 부처님 마음은 우리로서는 도저히 상상하기 어려운 경지입니다. 부처님께서는 독성이 있는 음식을 드시고 돌아가시면서도 그것을 올린 이의 심적 고통과 그를 비난하는 주위 사람들까지 염려하셨습니다. 음식에 독성이 있음을 미리 알고 먹지 않은 사람은 역사적으로 많습니다. 또 독이 든 음식을 먹고도 아무렇지도 않은 사람도 많습니다. 그러한 기적은 현대의 과학기술로 오늘날 얼마든지 재현할 수 있습니다. 독성 검사를 통해 음식에 독이 있는 것을 미리 알아낼 수 있고, 또 독이 든 음식을 먹은 후에도 약물로 독성을 중화시켜 치료할 수도 있습니다. 그러나 부처님의 마음, 그 대자대비는 무엇으로도 대체할 수 없는 것입니다.

수행의 위대함이 어떠한지를 알기에, 부처님 당시의 제자들은 부처님께서 열반에 드신 뒤에 결코 한 사람도 마음의 흐트러짐이 없었습니다. 부처님께서 열반에 드시고 2,500년이 지난 지금까지도 그 가르침의 위력은 여전합니다. 우리는 그런 가르침을 기록한 그 경전을 읽으며 감동합니다. 그 말씀 속에는 진실하고 신비한 힘이 들어 있기 때문입니다. 이것이야말로 진실한 말씀, 진언입니다. 이 몸이 비록 지옥에 떨어진다 한들 부처님의 법문을 들을 수만 있다면 지옥도 마다하지 않겠으며, 온갖 즐거움을 누릴 수 있다 하더라도 부처님의 말씀을 들을 수 없다면 천상의 기쁨도 마다하겠다는 마음, 이런 믿음이 진실한 믿음입니다.

기적을 불러일으키는 것은 깊은 믿음, 흔들리지 않는 믿음,

반석 같은 믿음, 대지와 같은 믿음입니다. 그런 믿음이 일어나려면 마음이 간절해야 합니다. 간절한 마음이 있어야만 순수의식 상태로 들어갈 수 있습니다. 먹을 것 다 먹고 입을 것 다 입고 잘 것 다 자고 놀 것 다 놀면서는 이루기 어렵습니다.

막강한 영국을 상대로 독립운동을 하던 인도의 마하트마 간디Mahatma Gandhi(1869-1948)는 견딜 수 없는 깊은 절망에 수없이 빠져야 했습니다. 대중은 기적을 요구합니다. 힘이 모자라는데도 서둘러 이기기만을 원하며, 문제가 빨리 해결되지 않으면 쉽게 포기합니다. 또한 조급하여 과격해지기 쉽습니다. 그러나 힘으로 대결해서는 세계에서 제일 큰 힘을 가진 영국을 이길 수 없습니다. 약한 자가 이기려면 힘으로 상대하지 말고 상대를 감동시켜 상대의 마음을 바꾸어야 합니다.

힘센 영국인들이 힘이 약한 인도인을 미워하면 문제가 해결되지 않습니다. 인도인들의 모습에 감동하여 영국 내에서 자국의 식민정책에 반대하는 사람이 생겨나야 해요. 힘을 가진 자가 약한 자를 미워하는 이상 해결이 되지 않습니다. 그런 어려운 상황에서 간디의 고뇌는 말할 수 없이 깊었습니다. 간디는 힘겨운 상황에 이를 때마다 지하실에 내려가 일주일이나 열흘씩 금식기도를 했습니다. 그의 기도는 문제를 해결해달라고 신에게 의지하는 것이 아니었습니다. 스스로 자기의 조급함과 무지를 떨쳐내고, 순수의식의 세계로 들어가서 죽음도 두려워하지 않는 믿음을 군건히 하는 과정이었습니다.

이런 기도를 하다 보면 '내가 과연 이 일을 이룰 수 있을까?' 하는 의심과 번뇌가 엄청나게 일어납니다. 부처님께서도 6년간 고행하실 때 그런 번뇌와 싸우셨습니다. 경전은 그것을 마왕 마라의 유혹이라고 기록합니다. "열반이란 본래 없는 것이야. 다만 열반이란 말이 있을 뿐이다. 이 숲속에서 혼자 고행하다 죽어버린다면 그게 무슨 의미가 있느냐. 고행을 포기하고 집으로 돌아가라. 신을 찬미하고 제사를 지내면 너에게 전륜성왕의 부귀가 도래하리라"라고 속삭이던 마왕의 끝없는 유혹은 부처님 자신의 카르마에서 일어나는 번뇌였어요. 그때 부처님께서는 다시 마음을 다잡고 마왕에게 물러가라 명하셨습니다.

이처럼 간절한 마음으로부터 믿음이 나오고 진실이 나오고 지혜가 나옵니다. 그만큼 믿음이 중요한 거예요. 간절한 마음이 군건한 믿음을 가져오고 기적을 가져옵니다. 기도는 그런 간절한 마음으로 해야 합니다. 그러나 무엇보다 더한 기적을 불러일으키는 것은 깨달음입니다.

반야바라밀다는 그 어떤 믿음, 그 믿음으로 가져오는 그 어떤 기적보다도 더 깊은 믿음이고, 더 큰 기적을 가져옵니다. 꿈속에서 강도에게 쫓기는 사람이 어떤 절대적 존재로부터 보호

받았다면 기적입니다. 종교적 행위로 인한 이런 기적과 달리, 깨달음은 꿈에서 깨어나 눈을 뜨는 것입니다. 눈을 떠서 꿈이었음을 아는 것입니다. 꿈속에서 일어난 그 어떤 기적도 꿈에서 깨는 것만 같지는 못하니, 반야바라밀다는 그 어떤 믿음보다도 더한 기적을 불러오는 최고의 신비한 믿음입니다.

가장 밝은 주문

세상을 순조롭게 살아가기 위해서는 많은 지식과 정보가 필요합니다. 자동차에 대해 잘 아는 사람이라면 금방 고칠 수 있는 작은 고장도, 차를 모르는 경우 몇 시간씩 매달려봤자 해결할 도리가 없습니다. 라디오가 고장 났을 때, 그 구조와 원리를 잘 아는 사람은 잠깐 손봐서 고칠 수 있습니다. 몸이 아파 오래 고생하던 사람이 병원에서 진찰받고 의사 처방대로 치료하고 나면 금세 좋아지는 경우가 있습니다. 아는 것이 힘입니다. 모르면 큰 고생이 되는 어려운 일도 알고 나면 그리 특별한 것이 없습니다. 신비하다는 마음은 대상을 잘 알지 못할 때 일어나는 심리 현상입니다. 알고 난 뒤에 생각해보면 별것 아닙니다.

원시인들이 텔레비전을 본다면, 작은 상자 속에 수많은 사람과 세상이 들어있다고 생각할 겁니다. 한없이 신비로운 마음이 들어, 신이라 여기고 엎드려 절을 할지도 모릅니다. 텔레비전의 구조와 이치를 알고 있는 우리는 그것이 하나도 신비롭지 않습니다. 모르는 데서 신비한 마음이 일어나니, 알고 나면 신비로울 것이 없습니다. 그래서 아는 것이 중요합니다. 공부를 하고 지식을 쌓으면 온갖 것을 환히 알 수 있습니다.

직접적인 경험으로 대상을 파악하여 아는 데는 다섯 가지 방식이 있습니다. 촉각을 통해 접촉함으로써 알고, 미각을 통해 맛봄으로써 알고, 후각을 통해 냄새 맡아 알고, 청각을 통해 소리 들어 알며, 시각을 통해 눈으로 봄으로써 알게 됩니다. 그 가운데 눈으로 보고 아는 시각적 방법이 가장 중요합니다. '백문이 불여일견', 백 번 듣는 것보다 한 번 보는 게 낫다고 하지요.

감각의 발전 단계에서 가장 원시적인 방법은 촉각입니다. 구더기의 앞을 손으로 막으면 구더기는 계속 기어와 손에 부딪힌 후에야 방향을 돌립니다. 눈이 없으니 미리 보지 못하고 부딪혀야만 촉각을 통해 장애물을 알아차립니다. 그보다 발달된 감각은 미각입니다. 물고기는 맛을 통해서 대상을 파악합니다. 좀 더 발전한 생명체는 후각과 청각이 예민합니다. 개는 냄새를 맡거나 소리를 듣는 데 아주 뛰어납니다.

그러나 촉각, 미각, 후각, 청각 등 모든 방법을 동원한다 해도 보는 것과는 비교되지 않습니다. 그것은 불이 꺼진 깜깜한 방에서 사방을 더듬어 물건을 찾는 것과 같습니다. 불을 켜면 온 방 안이 한눈에 드러나 보입니다. 이런 최고 수준의 감각인 시각이 가장 발달한 생명체 중 하나가 사람이며, 그래서 사람은 최고의 고등동물이라 할 수 있습니다.

　눈을 통해서 받아들이는 정보는 정확하고 빠릅니다. 사람은 시각을 통해 엄청난 양의 정보를 정확하고 빠르게 파악하므로 상대적으로 다른 감각들은 그 기능이 퇴화합니다. 휴대전화가 광범위하게 사용됨에 따라 유선전화의 필요성이 점차 줄어드는 것과 같습니다. 우리가 무언가를 여실히 알게 될 때 '환히 본다'는 표현을 사용하는 것도 시각이 이렇게 압도적인 역할을 하기 때문이에요. 보는 것이 곧 아는 것입니다.

　지知 자를 써야 할 자리에 견見이나 관觀을 사용하는 것도, 우리가 아는 것의 대부분이 보는 경험을 통해서 이루어지기 때문입니다. 그런데 보기 위해서는 빛이 있어야 하고 듣기 위해서는 소리가 있어야 합니다. 대상과 멀리 떨어지거나 그 사이에 장벽이 있다면, 빛과 소리는 그 장벽을 뚫고 나가지 못하므로 우리는 감각의 대상을 알아차릴 수 없습니다. 하지만 뇌파는 다른 것들과 달리, 그 장벽을 뚫고 나가서 지구 저편에 떨어져 있는 것까지 파악해냅니다. 이것을 '하늘의 눈'이라는 뜻에서 천안天眼이라 부르며, '신들의 눈'이라는 의미로 신안神眼이라 부르기도 해요. 여섯 번째 감각인 생각은 다섯 가지 감각을 종합해서 이루어집니다. 시각·청각·후각·미각·촉각에 생각까지, 우리의 앎은 이 여섯 가지 감각을 통해서 이루어집니다.

그러나 아무리 많은 책을 읽고 강의를 듣고 경험을 쌓는다 해도 앎은 완전하지 못합니다. 우리가 접하는 정보들 가운데는 잘못된 것들이 수없이 많고, 우리는 그 정보가 진실인지 거짓인지를 증명하지 못합니다. 지금 내가 바르게 안다고 확신하는 것들 중 많은 부분이 실은 잘못된 앎입니다. 남편, 아내, 자식, 친구에 대해서도 편견을 가진 탓에 많은 부분을 잘못 알고 있습니다. 자기 생각에 빠져 남의 얘기를 제대로 듣지 않고, 듣는다 해도 자기 식대로 들어 아는 것은 밝은 앎이 아닙니다. 그래서 아무리 많이 알고, 아무리 깊이 안다고 해도 확연히 깨닫는 것보다 더 밝게 알 수 없는 거예요. 온종일 깜깜한 방 안에 앉아 여기저기를 더듬어 방의 모습을 알아냈다 해도, 불을 탁 켜고 한눈에 보아 아는 것에 비할 바가 아닙니다. 더듬어 추측하였을 뿐이니 자기 나름대로의 착각으로 잘못 알고 있던 것들이 있습니다.

그래서 깨달음이 중요합니다. 반야바라밀다는 그 어떤 앎보다도 더 밝은 앎입니다. 그 어떤 신통력도 깨달음과 비교될 수 없습니다. 아무리 큰 신통력을 가졌더라도 그것으로는 중생의 삶을 벗어나지 못합니다. 지식도, 재물도, 명예나 지위도 모두 몇 푼어치에 불과하며 진실로 내 것이 되지 못합니다. 신통을 얻었다 해도, 저 하늘의 세계를 본다 해도, 신들의 음성을 듣는다 해도, 숙명통이 열리고 타심통이 열렸다 하더라도 깨달음에 비하면 아무것도 아닙니다. 마치 재물과 지위를 하찮게 여기듯 신통을 하찮게 여겨야 합니다. 그 어떤 앎보다도 더 위대한 앎, 비교할 수 없는 위대한 앎이 깨달음이니, 그래서 이 반야바라밀다는 가장 밝은 주문이며 가장 밝은 가르침입니다.

가장 높은 주문

　진리로 나아가기 위해서는 진실한 믿음과 올바른 앎, 즉 신信과 해解가 함께 있어야 합니다. 믿음은 있으나 앎이 없으면 미신에 머무르고, 앎이 있으나 믿음이 없으면 알음알이에 머물러 실천적 힘이 없습니다. 종교는 믿음이 군건하되 논리적 측면이 부족하므로 맹신적 요소가 많고, 철학은 논리적으로 합당하되 믿음이 없으므로 실천력이 동반되지 못합니다.

신해信解가 겸비된 다음에는 실천이 필요합니다. 베풂이 오히려 더 큰 이로움으로 돌아온다는 것을 알고 있다 한들, 아는 것만으로는 아무 의미가 없습니다. 일상 속에서 보시를 행해야 합니다. 담배를 끊는 게 좋다는 사실을 잘 알고 있어도 실제로 담배를 끊어 행하는 것이 중요해요. 운전 연습을 하듯이 반복하여 행하고 실천해야만 오류를 시정할 수 있습니다. 이 잘못을 고치고 다시 행함을 되풀이하여 실천하는 것이 정진입니다. 실천의 과정은 한번에 이루어지지 않습니다. 여러 번의 실패를 경험해야 하고, 실패한 원인을 점검하며 그것을 보완하기 위한 연구가 필요합니다. 단순히 똑같은 상태의 되풀이가 아니라 연구하는 과정이어야 해요. 이렇게 물러남 없이 꾸준히 계속되는 실천의 과정을 불퇴전不退轉의 정진이라 부릅니다.

실천을 행함으로써 결국 이루게 되는 궁극이 깨침입니다. 확연히 깨치는 것보다 더 높은 실천은 없습니다. 한문을 공부하다 보면 문리가 트이는 순간이 있다고 합니다. 처음에는 한 글자씩 배우고 뜻을 새겨 나가지만, 일정한 시기가 지나면 전체의 흐름을 저절로 아는 경지가 옵니다. 피아노를 치는 것도 마찬가지입니다. 처음에는 건반 하나하나를 봐가며 소리를 내지만 나중에는 건반을 보지 않고도 연주하게 됩니다. 자전거 탈 때도 그래요. 수도 없이 넘어지고 또 넘어지다가, 어느 순간에 균형 잡는 요령을 알고 나면 넘어지지 않고 탈 수 있게 됩니다. 좀 더 연습하면 이야기하면서도 타고, 뒤에 사람을 태우기도 하고, 손을 놓고도 균형을 잡을 수 있습니다. 연습을 거듭하며 실천하다 보면 이처럼 저절로 되는 단계에 이르는데, 이때 비로소 모든 이치가 확연히 한눈에 보입니다. 그것이 깨달음입니다.

실천의 가장 높은 단계에 깨달음이 있고, 깨치고 나면 그때 까지의 모든 단계를 뛰어넘게 됩니다. 꿈속에서 무슨 일이 있었 다 한들 궁극에는 눈을 떠야만 하며, 눈뜨고 나면 꿈속에서 있 었던 모든 순간을 넘어섭니다. 깨달음은 최고의 실천 단계이고 최고의 행行이니, 이보다 더 높은 실천은 없습니다.

무엇과도 비교할 수 없는 주문

무등등無等等은 '같지 않다'는 뜻입니다. 반야바라밀다는 그 무엇과 비교해도 같을 수 없으며, 깨달음은 그 어떤 경험과도 비교되지 않는 위대한 체험입니다. 신해행증信解行證, 다시 말해 증득證得은 실천을 통해 내가 경험한 완벽한 깨달음을 말합니다. 믿음도, 지식도, 실천도 내 스스로 경험하여 증득해야만 궁극적으로 진리임이 증명됩니다. 진리를 내 것으로 얻는 것은 그 어떤 얻음과도 비교할 수 없습니다. 재물을 태산같이 모았다 하더라도, 삼천대천세계를 칠보로 가득 채워 보시했다 하더라도 깨달음에 비하면 티끌과 같습니다. 권력이 제아무리 높아 설령 왕이 되었다 해도, 왕 중의 왕인 전륜성왕이 되고 자재천왕이 되었다 하더라도 깨달음에 비하면 이들 또한 하룻밤의 꿈에 불과합니다. 이 모두는 실체가 없고 늘 변하여 꿈같은 겁니다. 재물도 지위도 명예도 다 꿈속의 얘기일 뿐입니다. 오로지 깨달음만이 다시는 괴로움에 빠지지 않는 열반임을 알아야 합니다.

종합하면, 깨달음 즉 반야바라밀다는 그 어떤 믿음보다 더 신비한 기적을 나타내며, 그 어떤 앎보다 더 밝은 앎이 되며, 그 어떤 실천보다 더 높은 실천이며, 그 어떤 체험보다 더 비교할 바 없는 증득이 되니, 반야바라밀다야말로 능히 일체의 고통과 번뇌를 없애고 열반에 이르게 한다는 뜻이 됩니다.

7

꿈속에서 눈을 떠라

能除一切苦 眞實不虛

깨달음은 또한 능히 일체의 고를 없앨 수 있습니다(能除一切苦). 깨닫고 나면 모든 번뇌와 괴로움이 흔적 없이 사라지는 경지에 도달합니다. 그래서 관자재보살은 반야바라밀다를 통해 오온五蘊이 모두 공함을 깨달으시고 일체의 괴로움에서 벗어났습니다. 또한 모든 보살이 반야바라밀다에 의지해서 정진함으로써 잘못된 생각에서 벗어나 마침내 열반에 이르렀으며, 삼세 제불도 이 반야바라밀다에 의지하여 아뇩다라삼먁삼보리를 증득하셨습니다.

강도에게 쫓기든, 맹수에게 쫓기든, 감옥에 갇히거나 사형장에 서 있든 그것이 꿈속에서 일어난 일이라면 어떤 괴로움도 눈뜨고 나면 다 사라져버립니다. 꿈속에서 그 문제를 해결하려할 때는 상황에 따라 쉽고 어려움의 차이가 있습니다. 세상을 살아가면서 겪는 고통에도 쉬운 것과 어려운 것이 있습니다. 그러나 그것은 꿈속의 일일 뿐이니, 눈을 뜨면 한순간에 사라지므로 쉽고 어려움의 차이가 없습니다. 깨달음은 일체 고를 다 사라지게 합니다.

진실불허眞實不虛란 이제까지의 이야기가 온전히 진실이며 허황된 말이 아니라는 뜻입니다. 진실은『금강경』의 진어자眞語者와 실어자實語者를 압축해 놓은 표현입니다. 여래는 진어자이니 진실을 말하는 자이며, 또한 실어자이니 사실을 말하는 자라 했습니다. 불허는 헛된 말을 하지 않는다는 뜻으로,『금강경』의 불이어자不異語者(거듭 바꿔가며 다른 말을 하지 않는 자)와 불광어자不狂語者(미치광이 말을 하지 않는 자)를 줄인 말이에요. 반야바라밀다를 행하면 마침내 열반에 이르게 된다는 여래의 말씀은 참된 진리로, 절대로 헛된 말이 아님을 강조하는 구절입니다.

이제 우리에게 남은 일은 오로지 반야바라밀다를 행하는 것뿐, 다른 길이 없습니다. 지금까지는 꿈속 강도에게 쫓기면서 도망치거나 숨거나 맞서 싸우기도 하고, 때로는 누군가에게 도움을 요청해봤습니다. 이렇게 온갖 행동을 다 해보았으나, 이제 그 모든 것이 꿈이라는 것을 알았습니다. 꿈임을 알았다면 할 일은 오직 한 가지, 눈뜨는 일밖에 없습니다. 꿈인 줄 모를 때에는 백 가지, 천 가지로 대응하며 헤매지만, 꿈이라는 것을 알고 나면 눈뜨는 길뿐입니다. 꿈속에 휘말려 괴로워하다가 어느 순간 모든 게 꿈일지 모른다는 생각이 번쩍 스쳤던 경험이 있을 겁니다. 하지만 눈을 뜨려 해도 눈꺼풀은 좀처럼 떨어지지 않죠. 눈꺼풀 무게가 이루 말할 수 없이 무겁습니다. 잠시만 정신을 놓쳐도 다시 꿈속으로 빠져듭니다. 하지만 어렵사리 정신을 모아 눈을 떠보면 내 몸은 그대로 자리에 누워 있습니다. 아무 일도 일어나지 않았습니다. 이렇듯 꿈이라는 것을 알면 다른 행동, 다른 시도는 무의미합니다. 그러니 깨달음으로 향하는 것이 아닌 것은 해탈과 열반으로 가는 데 아무런 도움이 되지 않습니다.

남편이 술을 먹고 시어머니가 잔소리를 하고 아이가 공부하지 않는 일로 늘 괴로워하며 이럴까 저럴까 궁리하며 살아왔지만, 이제 그런 일쯤은 과감히 놓아두십시오. 남편은 자기가 먹고 싶은 것을 먹을 따름이고, 아이는 컴퓨터를 하고 있을 뿐이고, 시어머니는 당신의 경험을 가르쳐주려고 하는 것뿐입니다. 어머니 말씀은 배우는 자세로 들으면 되고, 아이 문제는 내 경험을 돌이켜 아이의 입장에서 조언하며 편안하게 받아들이면 됩니다.

"내 어릴 적을 돌이켜보면 나도 너만한 시절에는 공부하기를 싫어했단다. 그래, 너도 공부하기 싫을 거야. 그런데 공부를 하지 않으면 그만큼의 손실은 당연히 감수해야 하는 것이더구나. 네가 공부해서 대학을 가고 싶다면 물론 도와줄 수 있지만, 공부하기 싫어서 가지 않겠다면 그렇게 해도 괜찮아. 가고 싶지 않은 대학에 억지로 갈 필요는 없다. 나도 대학 가지 않고도 이렇게 잘 살고 있지 않니. 하지만 어떤 삶을 살아갈지 진지하게 생각해보렴." 이렇게 아이와 이야기하며 아이의 생각을 있는 그대로 편히 받아들이는 게 좋습니다.

　남편이 제멋대로 사는 것을 보면서도, '나도 내 맘대로 하며 살고 싶으니 당신도 당신 마음대로 하고 싶을 거야' 하고 이해할 수 있고, 정 마음에 들지 않으면 "당신이 계속 당신 혼자 맘대로 살겠다고 하면 결국은 당신과 헤어질 수밖에 없어"라고 가볍게 얘기할 수도 있습니다. 어려운 얘기가 아니에요. 꿈속에서는 참을 수 없이 무거운 일도 꿈을 깨고 나면 가벼운 일에 불과하기 때문입니다. 하나하나 남을 고쳐서 해결하려 하지 말고, 모든 것을 자기에게로 돌이키며 부처님의 가르침에 의지해서 우선 내가 해탈해야 합니다. 그래야 문제를 풀어내는 힘이 생깁니다. 무엇보다 우선 내 자신이 편안하니 주변의 상황을 그대로 놓아두어도 괜찮아지고, 만약 고쳐보고자 한다면 이전과는 다른 큰 힘이 생깁니다.

아이가 공부를 팽개치고 컴퓨터 게임에 중독되었을 때 보통의 부모들은 야단치고 달래기를 되풀이하며 오락가락합니다. 하지만 진정으로 아이의 습관을 고쳐주어야겠다고 결심했다면, 학교를 휴학시켜서라도 아이와 함께 깊은 산속에 들어가 몇 달쯤은 살다 올 정도의 각오가 있어야 합니다. 휴학을 하면 어떻고 공부를 하지 못하면 어때요? 아이에게 지금 가장 중요한 것이 무엇인가를 알고, 부모로서 이것만은 반드시 도와주어야겠다고 생각했다면 과감히 내 희생을 감수해야 해요. 자식의 낭비벽을 고치고자 하면 내가 먼저 근검절약해야 합니다. 그 아이의 낭비벽이 나를 보고 배운 것임을 알고, 내가 근검절약해야 하는 거예요. 습관을 바꾸는 일이 어렵더라도 자식을 위해서는 기꺼이 그 힘겨움을 감수해야 합니다.

남도 아니고 제 자식을 위하는 일인데 그마저도 힘들다고 마다한다면 세상을 너무 쉽게 살려는 것이지요. 잠깐 노력해보다가 잘되지 않으면 부처님에게 손 벌리고 하나님에게 손 벌리며 도와달라고들 빌지만, 하늘도 스스로 돕는 자를 돕는다잖아요. 내가 최선을 다할 때 이웃 사람도 감동해서 나를 돕는 겁니다. 자신이 최선을 다하는 것이 바로 수행이며, 그러한 수행의 과정을 거쳐 우리가 나아가야 할 바는 오로지 깨달음입니다.

제 5 장

아제아제 바라아제

고설 반야바리밀다주 즉설주왈

故說 般若波羅蜜多呪 卽說呪曰

아제아제 바라아제 바라승아제 모지 사바하

揭諦揭諦 波羅揭諦 波羅僧揭諦 菩提 娑婆訶

아제아제 바라아제 바라승아제 모지 사바하

揭諦揭諦 波羅揭諦 波羅僧揭諦 菩提 娑婆訶

아제아제 바라아제 바라승아제 모지 사바하

揭諦揭諦 波羅揭諦 波羅僧揭諦 菩提 娑婆訶

1

저 언덕으로 건너가자

故說 般若波羅蜜多呪 卽說呪曰

揭諦揭諦 波羅揭諦 波羅僧揭諦 菩提 娑婆訶

경전의 맨 마지막, 진언眞言에 대한 이야기입니다. 진언이란 거짓이라고는 털끝만큼도 없는 진실하고 참된 말씀이며, 기적을 불러오는 말씀입니다. 최고의 기적은 해탈과 열반입니다. 괴로운 사람이 고통에서 벗어나고 속박받는 사람이 얽매임으로부터 벗어납니다. 진언은 어리석은 중생이 깨달음을 얻어서 해탈과 열반을 증득하는 기적을 일으키는 부처님의 말씀입니다. 인도 말로는 '다라니', 직역하면 '진언,' 의역하면 '주문'이라고 합니다. 『반야심경』은 그 전체가 진리의 말씀이고 중생을 구제하는 말씀입니다. 괴로움에 빠진 중생이 어리석음에서 깨어나 모든 속박에서 벗어날 수 있게 하니, 그 전부가 진언입니다. 어느 한 글자, 어느 한 말씀도 버릴 것이 없습니다.

참자유와
참행복의 길

중생이 해탈하고 열반을 증득하는 길은 오로지 깨달음입니다. 깨달음을 이루는 것이 이 고해에서 벗어나 진정한 자유와 진정한 행복을 만나는 유일한 길입니다. 그러나 중생은 어리석게도 한없이 다른 길을 헤맵니다. 돈을 많이 벌면 행복해질까, 지위가 높으면 행복해질까, 인기를 얻으면 행복해질까, 건강하면 행복해질까, 자식이 잘 되면 행복해질까, 늘 전전긍긍합니다. 깨우치면 이 모든 괴로움에서 벗어나게 됩니다. 과거의 모든 보살들이 이 길을 가셨고, 과거의 모든 부처님도 이 길을 가셨습니다. 오늘날 우리 중생들도 깨우쳐서 해탈에 이르는 이 길을 가는 것이 최고의 수행이에요. 어떤 굳은 믿음도, 그 어떤 밝은 지식도, 그 어떤 높은 실천도, 그 어떤 체험도 깨달음에 비교할 수는 없습니다.

이제 우리의 선택만 남았습니다. 우리는 반야바라밀다를 행하는 이 길을 가야 합니다. 반야바라밀다를 통해서 깨달음을 이루어야 합니다. 잘 먹고 잘 입고 큰 집에 산다고 해서 그것이 행복을 담보해주지는 않습니다. 기본적인 의식주가 필요 없다는 게 아니에요. 그것이 행복으로 가는 유일한 해결책은 아니라는 겁니다. 의식주는 생활하는 데 필요한 여러 가지 가운데 하나일 뿐입니다. 진정한 행복은 돈 벌고 집 사는 데 있는 것이 아니라, 나의 무지를 깨우쳐 열반을 증득하는 데 있습니다.

지금까지의 삶에 대한 반성이 필요합니다. 먹고 입고 자는 것에 대한 지나친 집착을 내려놓아야만 합니다. 내 생각이 옳다는 주장도 내려놓아야 합니다. 그동안 우리는 환영을 좇으며 어리석게 살았습니다. 이제 탐진치 삼독을 버리고 부처님의 말씀을 따라 깨달음의 길로 가야 합니다. 이것이 수행자가 가야 할 길, 진정한 행복과 자유를 원하는 사람들이 가야 할 길입니다.

저 언덕으로
건너가자

깊은 괴로움으로부터 벗어나 망설임 없이 해탈열반의 세계로 나아가자는 진언이 바로 '아제아제 바라아제', 인도어로는 '갓데 gate 갓데gate 파라갓데pāragate'입니다. 갓데는 '가자'라는 뜻이고,

파라는 '저 언덕(彼岸, 깨달음의 세계)'이라는 뜻이므로, '가세! 가세! 저 언덕으로(깨달음으로) 건너가세'로 풀이합니다.

우리는 고통의 바다, 윤회의 세계에서 맴돌고 있습니다. 시소를 타듯이 오르락내리락합니다. 복을 좀 지어 천상에 태어나면 마냥 좋아하다가 그 복이 다해 지옥에 떨어지면 괴롭다고 아우성치며 윤회의 쳇바퀴를 돌고 있습니다. 이제는 윤회의 사슬을 끊고 저 언덕을 훌쩍 뛰어넘어 깨달음의 세계, 열반의 세계, 해탈의 세계로 건너가야겠습니다. 저 언덕(彼岸)은 부처님의 세계로 열반과 해탈, 그리고 고통이 없는 자유로운 정토의 세계입니다. 반면에 이 언덕(此岸, 태어나고 죽는 고통의 현실세계)은 윤회하는 중생의 세계이며, 어둠과 고통, 예토의 세계입니다. 이제 우리는 이 세계를 떠나 저 세계로, 진정한 깨달음과 열반과 해탈로 나아가는 데 인생의 목표를 두어야 합니다.

오늘날 우리 인류에게 제일 중요한 인생의 목표는 잘사는 것이고, 잘사는 기준은 남보다 많이 소비하는 것입니다. 집도 크고 음식도 풍요롭고 옷도 많고 차도 좋아야 합니다. 늘 남보다 더 많고, 더 크고, 더 좋기를 바라며 그것을 이루었을 때 성공했다고 말합니다. 좋은 대학 가고, 좋은 직장 갖고, 돈 많이 벌어서 하고 싶은 일이 큰 집 사고 좋은 옷 입고 맛있는 음식 먹고 해외여행 가는 것, 결국 소비 수준을 높이는 것입니다.

흔히 선진국으로 분류되는 나라들은 높은 소비 수준을 담보하기 위해서 그만큼 많은 생산량을 확보해야 합니다. 기계화된 대량생산을 위해서는 엄청난 양의 원자재가 필요하므로 자원 고갈은 필연적인 결과입니다. 과거에는 지구의 자원이 무한하다고 생각했습니다. 지구 생태계가 자원을 재생하는 속도가 인간이 자원을 사용하는 속도보다 빨랐기 때문입니다. 하지만 최근 백 년간 자원 사용량이 급증하면서 이제는 지구 자원의 일부가 바닥날 지경에 이르렀습니다.

자원이 부족하면 원자재 값이 오를 수밖에 없고, 자원을 더 많이 차지하려는 다툼까지 일어납니다. 수많은 전쟁의 역사가 되풀이되는 이유이기도 해요. 오늘날에는 총칼 대신 돈으로 자원을 점유하려 합니다. 원자재 값을 올리면 부유한 나라들이 자원의 대부분을 사들이면서 가난한 나라들은 자원에서 소외되고 가격은 다시 높아지는 현상이 나타납니다. 석유가 부족하면 석유 값이 폭등하고, 곡물이 부족하면 곡물 가격이 폭등하고, 철강이나 석탄 가격도 다 같이 올라갑니다. 국민소득이 1인당 2만 달러라 하더라도 물건 값이 두 배로 오르면 실질소득은 오히려 줄어들어 1만 달러가 됩니다. 명목소득이 올라도 실제 살기는 어려워진다고 아우성치는 것도 그 때문입니다.

지금까지는 유럽 국가들이 이와 같은 방식으로 대부분의 재화를 독점해왔습니다. 최근 들어 일본이나 우리나라 등 아시아의 일부 국가가 그 대열에 합류했으며, 중국과 인도를 합한 25억 인구가 경제성장이라는 이름으로 그에 한발 더 다가서고 있습니다. 그러다 보니 자원이 부족해지기 시작했고, 이런 현상이 점점 심화될 수밖에 없는 것이 지금의 상황입니다. 그런 과정을 거치는 동안 가난한 사람은 일찌감치 굶어죽든지 가까스로 생존만 유지할 뿐 아무런 희망도 없는 삶 속에서 엄청난 상실감을 느낍니다. 많은 사람들이 그렇게 자포자기하게 되면 사회 전체가 큰 혼란에 빠질 수도 있습니다.

욕심내고 집착하는
삶의 방식을 버려야

대량소비는 대량의 폐기물을 발생시키고 환경을 오염시킵니다. 환경이 오염되면 자연의 생명력이 떨어져서 곡물의 생산량이 줄어들고 우리 삶의 토대도 망가집니다. 오존층이 파괴되어 자외선에 직접 노출되면 피부암 등 각종 질병이 나타나고, 온실가스의 증가로 온실효과가 나타나면 기온의 상승으로 기후위기가 일어납니다. 이상기후가 지속되면 자연생태계가 변화하고,

생물종이 변하고, 신종 세균과 바이러스가 창궐하게 됩니다.

지구환경의 변화로 인해 대형 수해, 화재, 지진, 가뭄 등 천재지변이 일어나면 그것이 다시 농업생산력을 저하시킵니다. 석유 가격 인상에 따라 농기계 유지 비용이나 비룟값 등 농업 생산 원가가 증가하고, 무절제하고 탐욕적인 소비로 음식물 소비량이 늘어난 데다, 홍수나 가뭄 피해로 곡물 생산량까지 떨어지면 농산물 가격이 올라갈 수밖에 없습니다. 식비가 두세 배 오르면 하루 벌어 하루 먹고사는 사람은 세 끼를 두 끼로, 두 끼를 한 끼로 줄여나가야 합니다. 약한 고리에서부터 굶어죽는 사람이 생겨나요. 지금 북한이나 제3세계의 가난한 나라들에서 굶어 죽는 사람이 나오는 이유입니다.

한쪽에서는 음식이 남아돌아서 음식쓰레기 버리느라 애를 쓰고 다른 한쪽에서는 음식이 모자라서 굶어 죽어가는 현상, 한쪽에선 지나치게 먹고 살찌는 바람에 다이어트하느라 돈 들여야 하고 다른 쪽에서는 많은 사람들이 영양실조에 걸려 병들어 죽어가는 모순이 가중되고 있습니다. 이런 모순이 심화되면 자원 고갈과 환경 오염은 가난한 사람뿐 아니라 결국은 부유한 사람들까지 포함해 모든 계층을 위협할 겁니다. 부자들은 이런 상황이 자신들과는 아무 상관없는 일이라고 생각하기 쉽지만, 위기는 모든 계층에 순차적으로 확산되게 마련입니다.

자연환경이 파괴되면 그 영향은 미생물부터 시작해서 작은 물고기나 벌레를 거쳐 먹이사슬을 따라 생태계 전체로 확대됩니다. 그 피해가 확산되는 동안에도 인간은 끄떡없다고 태연하지만, 결국 이 모든 영향이 인간에게까지 이르게 될 것입니다. 우리가 지금처럼 욕심을 채우는 데만 집중한다면 인류의 위기는 당연한 귀결입니다. 10년 후든 100년 후든 인류의 종말은 인연과보에 따른 필연적인 결과입니다.

　또 그런 과정에서 극심한 갈등이 나타날 수도 있습니다. 모든 생존의 토대가 허물어지는 종말이 오지 않아도 이미 우리는 갈등 속에서 괴로워하게 됩니다. 최근 30년 동안 경쟁은 눈에 띄게 치열해지고 있습니다. 최근 몇 년은 더욱 그렇습니다. 앞서 말한 것과 같이, 한정된 자원을 더 많이 점유하려는 쟁탈전이 점점 거세졌기 때문이에요. 나라와 나라 사이의 경쟁도 치열해지고 개인과 개인 사이의 경쟁도 치열해집니다. 경쟁의 정도가 심해지다 보면 전쟁으로 갈 수밖에 없습니다. 이렇게 되면 부처님께서 말씀하신 공생공영共生共榮, 더불어 함께 살고 함께 번영을 누리는 삶을 이루지 못합니다. 우리가 이것을 미리 깨닫고 대비하면 이 재앙을 막을 수 있고, 우리가 어리석어 이대로 끝까지 간다면 결국은 공멸하게 됩니다. 이것을 깨우쳐야 하고, 이를 깨우치는 것이 바로 반야의 지혜입니다.

부부간에 지나치게 나를 고집함으로써 부부 갈등을 불러일으켜 가정의 평화를 깨뜨려서 내 인생을 괴롭히는 것도 어리석은 일이지만, 오늘날 인류 삶의 방향이 종말을 향해 치닫고 있는 이것 또한 공멸을 자초하는 길입니다. 혼자 가만히 앉아서 명상만 하며 보지도 듣지도 않은 채 내 마음 편안한 게 해탈이라고 생각한다면 그건 부처님의 말씀을 부분적으로만 이해하는 것입니다. 그런 협소한 시각으로 본다면, 부처님께서 중생을 구제하고 중생의 병을 치유하는 큰 의사라는 평가는 아무 의미가 없습니다.

인류 전체가 어리석은 삶에 대한 깨우침이 있어야 합니다. 배고픈 쥐가 쥐약을 먹으면 먹는 동안은 배고픔에서 벗어날 수 있어 좋지만 결국 쥐는 그 독으로 죽고 맙니다. 물고기가 낚싯밥을 무는 것과도 같습니다. 이러한 삶에서 깨어나야 합니다. 먹는 것은 건강을 유지하는 정도만 되면 충분하니 혓바닥에 집착해서는 안 됩니다. 맛에 집착하면 과소비를 하게 되고 건강도 해치며 버리는 음식도 많아집니다.

고기는 먹지 않는 것이 제일 좋습니다. 소가 옥수수나 보리 등 곡물을 4~5킬로그램가량 먹어야 1킬로그램의 쇠고기가 생산됩니다. 쇠고기 1킬로그램을 먹는 것은 곡식을 4~5킬로그램을 먹는 것과 같습니다. 그러므로 육식은 엄청난 과소비입니다.

또 소를 한 마리 잡았으면 알뜰히 다 먹으면 그래도 좀 낫겠는데, 맛에 집착하다 보니 갈비나 등심 같은 일부 부위만 골라먹고 나머지 절반가량은 그냥 버립니다. 게다가 생산원가를 낮추려고 옥수수나 보리 대신 버려지는 쇠고기의 찌꺼기를 사료로 만들어 먹입니다. 그러면 소가 살도 빨리 찌고 사료도 절약되고 버리는 고기도 줄일 수 있으니까요. 그러나 소가 쇠고기를 먹으니 이상이 생기지 않을 수 없습니다. 광우병 같은 새로운 가축 질병을 자초하고 있습니다. 그러고도 문제를 근원적으로 풀려고 하지 않습니다. 장사꾼은 팔아먹는 데만 혈안이 돼 있고, 소비자는 제 건강만 챙기거나 손해 보지 않을 궁리만 하며 싸우고 있습니다.

문제를 해결하려면 우리가 쇠고기를 먹지 않든가, 최소한 적게 먹으려고 노력해야 합니다. 고기에 대한 수요가 줄어서 가격이 떨어지면 소에게 비싼 곡물을 먹여서는 수익을 내지 못하므로 대량 축산 이전처럼 풀을 먹이는 것만으로도 충분히 수요를 감당할 수 있습니다. 모든 것은 과욕으로부터 비롯됩니다. 오늘날 우리가 이런 문명적 재앙을 입는 것도 과욕 때문입니다. 과욕의 어리석음을 깨우쳐야 합니다. 욕심을 버리면 내 건강에도 좋고, 이웃들과 나눠가질 수도 있고, 미래의 우리 후손들이 쓸 자원을 남겨놓을 수도 있습니다. 나도 편안해지고, 사람들과의 관계도 좋아지고, 후손들까지도 행복하게 살 수 있습니다.

지혜와
자비

그러니 갈등에서 벗어난 행복한 삶을 위해서는 깨우쳐 올바르게 알아야 합니다. 무엇보다 으뜸인 것이 깨우침입니다. 이런 깨달음, 이런 진리의 길을 주위 사람들에게 전해야 합니다. 그것이 전법입니다. 그리고 어리석음에 희생되어 고통받는 사람들을 돌보아야 합니다. 그것이 자비입니다. 먹지 못하는 사람이 있다면 음식을 나누어야 하고, 병이 들었는데도 치료받지 못하는 사람이 있다면 치료를 해줘야 하며, 배우지 못하는 아이들이 있다면 배울 기회를 주어야 합니다. 불쌍히 여기고 감싸 안아 함께 나아가야 합니다. 어리석은 자에게 깨우침의 길을 전해야 하고, 뒤처지고 버려져 고통받는 사람에게는 먼저 보살핌을 주어야 합니다.

굶주린 사람은 먹게 하고, 병든 사람은 치료하고, 어린아이는 배우게 하고, 외로운 자는 위로해야 합니다. 그렇게 감싸 안아서 기본적인 생존을 지킬 수 있게 하고, 그리고 그 다음에 그들도 깨우치도록 가르침을 주었던 것이 부처님의 삶이었습니다. 부처님께서는 젊은 시절에 온갖 부귀영화를 다 가졌지만 행복하지 않았습니다. 모든 걸 버리고 행복을 찾아 용맹정진하여 마침내 깨우침을 얻었고, 어리석은 자들을 위해서 법을 전하며 고통받는 사람들을 보살피는 일로 한평생을 살았습니다.

이제 우리도 부처님이 가셨던 길, 깨달음의 길을 따라가야 합니다. 이제 부처의 세계, 깨달음의 세계인 저 언덕으로 가야 합니다. 그것이 바로 '아제아제 바라아제'의 가르침입니다. 이어지는 '바라승아제'는 인도말로 '파라상갓데pārasaṃgate'입니다. 바라아제를 '저 언덕으로 가자'라고 해석하는 데 비해, 바라승아제는 '저 언덕에 도착했다' 또는 '저 언덕에 도달하여'라고 풀이합니다. 과거 완료형입니다. '모지 사바하'는 '보디 스파하bodhi svāhā'의 음역으로, '깨달음을 이루자'는 뜻입니다. 우리 삶의 궁극적인 목표가 깨달음임을 정확히 요약한 구절입니다.

깨닫고 나면 모든 괴로움이 사라집니다. 관자재보살께서 오온이 모두 공함을 밝게 비춰 깨달음을 얻어 일체의 괴로움에서 벗어나셨습니다. 모든 보살들도 전도몽상에서 멀리 떠남으로써 모든 괴로움이 사라지고 진정한 행복을 얻었습니다. 깨달음을 이루면 진정한 자유와 행복이 있습니다.

저 언덕으로 건너가서
깨달음을 이루세

참자유란 무엇일까요? 내가 하고 싶은 대로 다 이루어지는 것, 남편이 내 뜻을 다 들어주고 자식이 내가 원하는 대로 따라주는 것일까요? 참자유는 물이 그릇에 따라 모양을 바꾸듯이, 어떤 정형이 없어서 어디를 가도 걸림이 없는 삶을 사는 거예요. 산에 가면 산이 좋고, 바다에 가면 바다가 좋고, 집에 오면 집이 좋고, 돈이 없으면 수행하기 좋고, 돈이 있으면 베풀기 좋고, 지위가 높으면 포교하기 좋고, 지위가 낮으면 인욕하며 하심하기 좋으니, 그 어떤 조건이든 자신을 행복하게 하는 기회로 삼는 것이 자유로운 삶입니다.

옛적에 유마 거사는 몸이 아플 때 아픈 몸을 이용해서 법을 전했습니다. 몸이라는 게 얼마나 무상한가를 보여주는 도구로 사용했습니다. 무엇이든 그렇게 쓰일 데가 있습니다. 제가 만약 죽는다면 그 죽음을 통해 몸이 얼마나 무상한지를 여러분에게 보여줄 수 있습니다. 무엇이든지 중생을 이롭게 하는 도구가 될 수 있습니다. 우리가 가진 재능이나 육신이나 하나도 버릴 게 없이, 정토를 구현하는 하나의 수단으로 쓸 수 있습니다. 그렇게 할 때 삶은 자유로워집니다.

남편이 내 말을 들어주지 않을 때 그저 답답해하면 괴로움에 빠질 따름이지만, 고집하는 남편을 통해 마찬가지로 고집하는 내 모습을 알아차리는 기회로 삼아 내 고집을 놓아버리면 남편을 그대로 두고도 나는 자유를 만끽할 수 있어요. 일체는 다 마음이 짓는 것이라는 걸 확인할 수 있습니다. 내가 먼저 숙이고 나서 시간이 흐르면 자연히 남편도 나에게 숙이는 때가 옵니다. 이때 상대를 제압함으로써가 아니라 상대에게 고개 숙임으로써 다시 이기는 길이 있다는 공부를 하게 되지요. 그러니 주어지는 일은 무엇이든 다 수행의 소재가 됩니다. 세상을 등지고 아무도 없는 깊은 산속으로 들어가야만 수행이 되는 게 아닙니다. 우리가 사는 이 세상에서 나에게 벌어지는 일들을 과제 삼아 수행해 나가면 됩니다.

그러므로 '저 언덕'은 죽어서 가는 어떤 세계나 타방정토他方淨土나 미래 정토가 아니라 지금 내가 갈 수 있는 세계, 한 생각 돌이키면 도달할 수 있는 세계, 유심정토唯心淨土입니다. 그런 세계로 나아가고, 그런 세계에 도달하면 참자유와 진정한 행복을 얻을 수 있습니다. 또 나의 자유와 행복을 얻는 데에만 머무르지 않고, 중생과 더불어 공생공영하는 세계로 나아갈 수 있습니다. 이 몸과 이 재능을 이용해서 어리석은 중생을 깨우치고, 배고픈 자에게는 양식이 되고, 병든 자에게는 양약이 될 수 있습니다.

　중생의 고통을 구제하기 위해 보살이 화현化現을 하듯, 부모가 필요한 어린아이에게 그의 엄마로 화현하고, 아내가 필요한 남편에게는 그의 아내로 화현하며, 자식이 필요한 노인에게 그의 자식으로 화현합니다. 세상을 살아가면서 처한 상황에 따라 나에게 주어지는 역할을 하는 겁니다. 불보살은 천백억 화신이라고 합니다. 헤아릴 수 없는 많은 모습으로 중생 앞에 화현합니다. 인연을 따라 한량없는 모습으로 몸을 나툽니다. 가는 티끌의 수만큼, 천백억 가지로 몸을 나투어 중생을 구제합니다. 바로 그것이 수행자가 가지는 힘입니다.

　그러니 『반야심경』의 가르침을 통해 깨달음의 길로 나아가는 수행에 매진합시다. 정진을 통해서 깨달음을 얻은 뒤에는 이좋은 법을 이 세상에 널리 전하고, 고통받는 중생을 구제합시다. 우리가 할 일은 이것밖에 없습니다. 이러한 가르침을 담고 있는 마지막 부분이니, 이 구절은 크고 힘찬 목소리로 읽어볼까요?

　아제아제 바라아제 바라승아제 모지 사바하
　아제아제 바라아제 바라승아제 모지 사바하
　아제아제 바라아제 바라승아제 모지 사바하

가세 가세 저 언덕으로 건너가세.

저 언덕으로 건너가서 깨달음을 이루세.

부록 摩訶般若波羅蜜多心經 마하반야바라밀다 심경

摩訶般若波羅蜜多心經

마하반야바라밀다심경(광본)

계빈국 삼장 반야공이언 등역

罽賓國 三藏 般若共利言 等譯

이와 같이 내가 들었다.

한때 부처님께서 왕사성王舍城 기사굴산耆闍崛山 중에 계실 때 여러 대비구와 보살들과 함께 계셨다. 그때 부처님께서는 광대심심삼매廣大甚深三昧에 드셨다. 그때 회중에 한 보살마하살이 계셨으니 이름을 관자재觀自在라 하였고 깊은 바라밀다를 행할 때 오온五蘊이 다 공空함을 비추어 보고 모든 고액苦厄에서 벗어났다.

그때에 사리불舍利弗이 부처님의 위신력을 입어 합장 공경하고 관자재보살마하살에게 사뢰었다.

"선남자시여, 심히 깊은 바라밀다행을 배우고자 하면 어떻게 닦아야 하오리까?"

그때 관자재보살마하살이 장로 사리불에게 말씀하셨다.

"사리자여, 만약 선남자 선여인이 심히 깊은 바라밀다행을 행할 때는 마땅히 오온의 성품이 공함을 관하여야 하느니라. 사리자여, 색色이 공空과 다르지 않고 공이 색과 다르지 않아 색이 곧 공이며, 공이 곧 색이니 수상행식受想行識도 또한 다시 그러하니라. 사리자여, 이 모든 법이 공한 상은 나지도 않고 없어지지도 않으며, 더럽지도 않고 깨끗하지도 않으며 늘지도 않고 줄지도 않느니라.

이 까닭에 공 가운데는 색이 없으며, 수·상·행·식도 없으며, 안眼·이耳·비鼻·설舌·신身·의意도 없으며, 색色·성聲·향香·미味·촉觸·법法도 없으며, 안계眼界도 없으며, 내지 의식계意識界까지도 없으며, 무명無明도 없으며, 또한 무명이 다함도 없으며, 노사老死까지도 없으며, 또한 노사가 다함도 없으며, 고苦·집集·멸滅·도道도 없으며, 지혜도 없고 또한 얻음도 없느니라. 얻을 바가 없으므로 보리살타가 반야바라밀다에 의지하는 고로 마음에 걸림이 없고 걸림이 없으므로 공포가 없으며, 전도몽상顚倒夢想을 멀리 여의고 구경究竟 열반涅槃하며 삼세제불도 반야바라밀다에 의지하는 고로 아뇩다라삼먁삼보리阿耨多羅三藐三菩提를 얻느니라. 이 까닭에 반야바라밀다는 이것이 대신주大神呪

며, 대명주大明呪며, 무상주無上呪며, 무등등주無等等呪임을 알라. 능히 일체고를 없이하며, 진실하고 헛되지 않기에 짐짓 반야바라밀다주를 설하노라"하고 곧 주를 설하셨다.

"아제 아제 바라아제 바라승아제 모지 사바하."

사리불아, 모든 보살마하살은 심히 깊은 반야바라밀다행을 이와 같이 행하느니라.

이와 같이 말씀하시니 세존께서는 곧 광대심심삼매에서 나오시어 관자재보살마하살을 찬탄하셨다.

"옳다, 그렇다 선남자여, 그러하고 그러하니라. 네가 말한 바와 같이 심히 깊은 반야바라밀다행은 마땅히 그와 같이 행해야 하니 이와 같이 행할 때에 일체 여래가 모두 함께 기뻐하시느니라."

그때에 세존께서 이 말씀을 마치시니 장로 사리불은 크게 기뻐하였고, 관자재보살마하살 또한 크게 환희하시고 그때 회중에 함께 있던 천天·인人·아수라阿修羅·건달바乾闥婆 등이 부처님의 말씀을 듣고 모두 크게 환희하여 믿고 받아 받들어 행하였다.

摩訶般若波羅蜜多心經
마하반야바라밀다심경(약본)

관자재보살 행심반야바라밀다시 조견 오온개공 도일체고
觀自在菩薩 行深般若波羅蜜多時 照見 五蘊皆空 度一切苦

액 사리자 색불이공 공불이색 색즉시공 공즉시색 수상행식
厄 舍利子 色不異空 空不異色 色卽是空 空卽是色 受想行識

역부여시 사리자 시제법공상 불생불멸 불구부정 부증불감
亦復如是 舍利子 是諸法空相 不生不滅 不垢不淨 不增不減

시고 공중무색 무수상행식 무안이비설신의 무색성향미촉법
是故 空中無色 無受想行識 無眼耳鼻舌身意 無色聲香味觸法

무안계 내지 무의식계 무무명 역무무명진 내지 무노사
無眼界 乃至 無意識界 無無明 亦無無明盡 乃至 無老死

역무노사진 무고집멸도 무지역무득 이무소득고 보리살타
亦無老死盡 無苦集滅道 無智亦無得 以無所得故 菩提薩埵

의반야바라밀다고 심무가애 무가애고 무유공포 원리전도
依般若波羅蜜多故　心無罣碍　無罣碍故　無有恐怖　遠離顚倒

몽상 구경열반 삼세제불 의반야바라밀다고 득아뇩다라
夢想　究竟涅槃　三世諸佛　依般若波羅蜜多故　得阿耨多羅

삼먁삼보리 고지 반야바라밀다 시대신주 시대명주 시무상
三藐三菩提　故知　般若波羅蜜多　是大神呪　是大明呪　是無上

주 시무등등주 능제일체고 진실불허 고설 반야바라밀다주
呪　是無等等呪　能除一切苦　眞實不虛　故說　般若波羅蜜多呪

즉설주왈
卽說呪曰

아제아제 바라아제 바라승아제 모지 사바하
揭諦揭諦　波羅揭諦　波羅僧揭諦　菩提　娑婆訶

아제아제 바라아제 바라승아제 모지 사바하
揭諦揭諦　波羅揭諦　波羅僧揭諦　菩提　娑婆訶

아제아제 바라아제 바라승아제 모지 사바하
揭諦揭諦　波羅揭諦　波羅僧揭諦　菩提　娑婆訶

우리말 반야심경

마하반야바라밀다심경

관자재보살이 깊은 반야바라밀다를 행할 때

오온이 공한 것을 비추어 보고 온갖 고통에서 건너느니라

사리자여!

색이 공과 다르지 않고 공이 색과 다르지 않으며

색이 곧 공이요 공이 곧 색이니, 수 상 행 식도 그러하니라

사리자여!

모든 법은 공하여 나지도 멸하지도 않으며

더럽지도 깨끗하지도 않으며 늘지도 줄지도 않느니라

그러므로 공 가운데는 색이 없고 수상행식도 없으며

안이비설신의眼耳鼻舌身意도 없고

색성향미촉법色聲香味觸法도 없으며

눈의 경계도 의식의 경계까지도 없고

무명도 무명이 다함까지도 없으며

늙고 죽음도 늙고 죽음이 다함까지도 없고

고집멸도苦集滅道도 없으며 지혜도 얻음도 없느니라

얻을 것이 없는 까닭에 보살은

반야바라밀다를 의지하므로

마음에 걸림이 없고 걸림이 없으므로 두려움이 없어서

뒤바뀐 헛된 생각을 멀리 떠나 완전한 열반에 들어가며

삼세의 모든 부처님도 반야바라밀다를 의지하므로

최상의 깨달음을 얻느니라

반야바라밀다는 가장 신비하고 밝은 주문이며

위없는 주문이며 무엇과도 견줄 수 없는 주문이니

온갖 괴로움을 없애고 진실하여

허망하지 않음을 알지니라

이제 반야바라밀다주를 말하리라

아제아제 바라아제 바라승아제 모지 사바하(3번)

지은이 | 법륜 스님

법륜法輪 스님은 평화와 화해의 메시지를 전하는 평화 운동가이자 제3세계를 지원하는 활동가이며 인류의 문명 전환을 실현해 가는 사상가, 깨어있는 수행자이다. 1988년, 괴로움이 없고 자유로운 사람, 이웃과 세상에 보탬이 되는 보살의 삶을 서원으로 한 수행공동체 '정토회'를 설립했다.

법륜 스님의 법문은 쉽고 명쾌하다. 언제나 현대인의 눈높이에 맞추어 깨달음과 수행을 이야기 한다. 법륜 스님의 말과 글은 빙 돌려 말하지 않고 군더더기 없이 근본을 직시한다. 밖을 향해 있는 우리의 시선을 안으로 돌이킨다. 어렵고 난해한 경전 역시 법륜 스님을 만나면 스님의 지혜와 직관, 통찰의 힘으로 살아 숨 쉬는 가르침이 된다.

스님은 일반 대중들과 함께하는 '즉문즉설卽問卽說'과 '행복학교'를 통해 괴로움이 없는 삶(행복)을 안내하고 있다. 특히 즉문즉설은 한국에서 1,200회가 넘게 진행되었고, 유튜브 채널의 동영상 누적 조회 수는 17억 뷰에 달한다(2022년, 4월 기준). 2020년 코로나 팬데믹 이후에는 외국인 대상 즉문즉설을 포함해

서 수십만 명의 대중과 온라인 즉문즉설로 만나고 있다.

한편, 개인의 수행과 사회 참여가 결코 둘이 아니라는 사상을 기초로, 한반도 평화통일과 난민 지원, 국제구호활동, 종교간 화해와 협력을 위한 다양한 평화운동을 전개하고 있다. 이러한 공로를 인정받아 2002년 '아시아의 노벨상'으로 불리는 라몬 막사이사이상을 수상했고, 2020년 제37회 니와노 평화상을 수상했다.

지은 책으로는 『지금 이대로 좋다』『인간 붓다』『법륜 스님의 금강경 강의』가 있다. 이외에도 젊은이들에게 꾸준히 사랑받고 있는 『스님의 주례사』『법륜 스님의 행복』『나는 괜찮은 사람입니다』, 현대인의 삶의 지침서 『인생수업』, 수행 지침서 『기도 : 내려놓기』, 교사들을 위한 『선생님의 마음공부』, 환경 문제의 대안을 제시하는 『생명의 강』, 한반도의 평화와 통일의 비전을 제시하는 『스님, 왜 통일을 해야 하나요』『새로운 100년』 등 50여 권이 있다.

http://www.jungto.org